TOEIC Speaking

Part 356

혹독훈련

이렇게 혹독하게
훈련하자!

TOEIC Speaking 파트356
학습 Planner

TOEIC Speaking Part 356 혹독훈련 Book+MP3 이렇게 활용하세요.

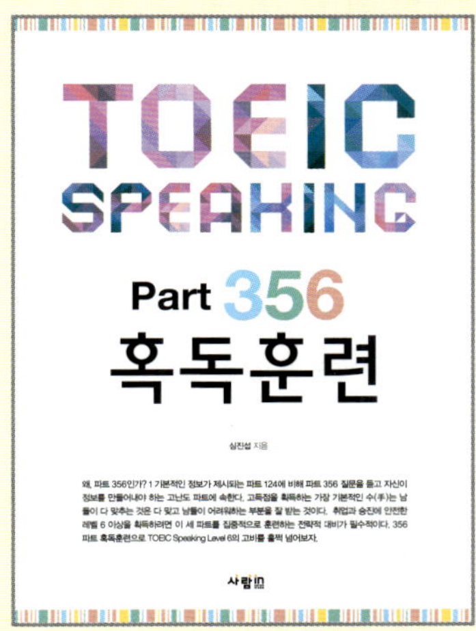

📙 TOEIC Speaking Part 356 혹독훈련 Book

TOEIC Speaking Part 356 혹독훈련은 토익 스피킹 파트 356만을 위한 책이 아닙니다. 처음부터 끝까지 정독하면서 TOEIC Speaking Part 356 혹독훈련만의 6단계 철통방어 학습 시스템을 제대로 따라간다면 자신이 원하는 레벨 정복은 물론 스피킹 실력까지 쑥쑥 올라갑니다. 학습 플래너에 꼼꼼히 기록하면서 일취월장하는 나의 스피킹 실력을 확인하세요!

🎧 TOEIC Speaking Part 356 혹독훈련만의 빵빵한 MP3

TOEIC Speaking Part 356 혹독훈련의 MP3는 원어민의 정확한 발음으로 7시간에 걸쳐 녹음했습니다. 이 MP3만 10번씩 반복하여 들어도 스피킹 훈련을 하는 데 손색이 없을 것입니다. 책의 흐름을 따라가면서 듣고 따라 말할 수 있도록 설계하여 더욱 효율적으로 학습할 수 있으며 스피킹 학습의 극대화를 위해 모든 파일을 세분화하여 편집하였습니다.

Step 1
Part
Introduction

TOEIC Speaking ★ 감 익히기

본책은 어느 파트에서든 시작해도 흐름을 놓치지 않도록 구성했습니다. 가장 취약하다고 생각하는 파트부터 공부해도 좋고 각 파트를 동시에 공부하셔도 무방합니다. 어느 쪽이든 자신이 공부할 Part의 Introduction을 읽으며 토익 스피킹에 대한 감을 익히세요.

Step 2
Vocabulary
& Idioms

☑ **meal** [miːl] 식사, 끼니
☐ **reasonable** [ríːzənəbl] 논리즈
☐ **area** [έəriə] 지역

TOEIC Speaking 준비하기 ★ 어휘 데이터 쌓기

Study Flow 아는 단어를 표시하며 정독한다. → 실전 문제 템플릿 학습 후 다시 한 번 확인한다.

토익 스피킹에 대한 감을 익혔다면, 영어의 기본 중의 기본인 어휘 데이터를 내 머릿속에 입력해야 합니다. 어휘를 확인하며 내가 아는 단어들을 ☑ 해봅니다. 모르는 단어가 너무 많다고 좌절하지 말고 한꺼번에 외우려 하지도 마세요. 한 번 정도만 정독하고 넘어가세요. TOEIC Speaking Part 356 혹독훈련 학습 플래너를 따르다보면 어휘에 대한 걱정은 싹 잊으실 거예요.

Step 3
Patterns

☑ I eat out twice a day. 저는 하루
☐ I eat out all the time. 저는 항상
☐ I usually eat out more thar

TOEIC Speaking 준비하기 ★ 표현 데이터 쌓기

Study Flow 아는 표현을 표시하며 정독한다. → 아는 표현은 3번, 모르는 표현은 익숙해질 때까지 따라 말한다. → 실전 문제 템플릿 학습 후 다시 한 번 확인한다.

이제 핵심표현을 익혀 영어 입말을 내 입에 익숙하게 할 차례입니다. 먼저 박스 안의 핵심 표현과 아래 제시된 예문이 나에게 익숙한지 확인해봅니다. 익숙하다면 예문에 ☑ 표시하고 MP3를 들으며 큰 소리로 3번씩 따라 말하세요. 익숙하지 않다면 3번이 아니라 10번, 20번씩 따라 하셔야 합니다. 이 예문까지 모두 익숙해지면 자신만의 문장을 만들어 봅니다. 이 문장은 앞으로도 절대 잊어버리지 않을 거예요. 이 단계를 끝까지 체화하셔야 실전 문제에 강해질 수 있습니다. 포기하지 마세요.

Step 4
Sample Training 🎧

TOEIC Speaking 혹독훈련 ★ 기출동형문제로 훈련

TOEIC Speaking에 강해지는 비결 중 하나는 기출과 가장 비슷한 문제를 많이 접하는 것입니다. 각 파트마다 제시되는 기출동형문제와 전략을 정독하고 많이 읽어보세요. 실전문제 템플릿을 공부하면서도 계속해서 참고해야 하는 부분이므로 몇 번씩 반복하여 정독하길 권합니다.

Step 5
Actual Test 🎧

TOEIC Speaking 혹독훈련 ★ 실전문제로 훈련

Study Flow 문제를 먼저 들으며 자신이 아는 선에서 대답해 본다. → MP3를 들으며 모범 답안을 정독한다. → MP3를 들으며 10번 따라 읽은 후 플래너에 표시한다. → 스크립트를 보지 않고 질문을 들으며 암기한 답안을 말해 본다. → 제대로 대답하지 못한 문제를 플래너에 표시하고 다시 한 번 들으며 완전히 외울 때까지 따라 말한다. → 마지막으로 질문을 들으며 다시 한 번 대답해본다.

욕심 내지 말고 하루에 한 문제 정복을 목표로 합니다. 하루 한 문제라도 이 책에서 제시하는 템플릿과 답을 달달 외우려면 Part 3는 5개 문제 + 10개 답을, Part 5는 2개 문제 + 2개 답을, Part 6는 1개 문제 + 2개 답을 소화해야 합니다. 영어 스피킹이 익숙지 않은 수험자에게 이 양은 결코 만만한 양이 아닙니다. 절대 자만하지 말고 하루 한 문제씩 조금씩 토익 스피킹의 산을 정복해보세요! 구체적인 훈련 Plan은 다음 페이지를 참고해주세요.

Step 6
Out-and-Out Review

TOEIC Speaking ★ 실전보다 더 혹독한 Review

문제를 모두 암기했다면 어휘와 표현을 복습합니다.

어휘 Review 형광펜으로 칠해진 어휘를 쭉 살펴보며 단어의 의미를 떠올립니다. 이때 절대 모르는 단어가 없을 것입니다. 만약 있다면 Actual Test 학습 과정이 충분치 않아서입니다. Step 5로 돌아가서 완전히 암기할 때까지 외우세요.

표현 Review 실전문제의 모범답안에는 핵심표현 정리에서 학습한 표현들이 번호와 함께 표시되어 있습니다. 절대 앞을 보지 말고 이 문장들을 보면서 문장을 만들어보거나 앞서 학습한 예문들을 떠올려 봅니다. 문장을 만들기 어렵거나 예문이 떠오르지 않는다면 이 또한 표현학습이 충분치 않아서입니다. Step 3로 돌아가 다시 학습하세요.

Actual Test Study Planner

Part 3 Respond to questions

파트3는 한 문제 당 두 개의 모범 답안이 주어진다. 이 중에 하나를 선택해도 좋고 두 개의 답안 모두를
선택해도 무방하다. 단, 자신이 정한 목표는 끝까지 완수하도록 하자.

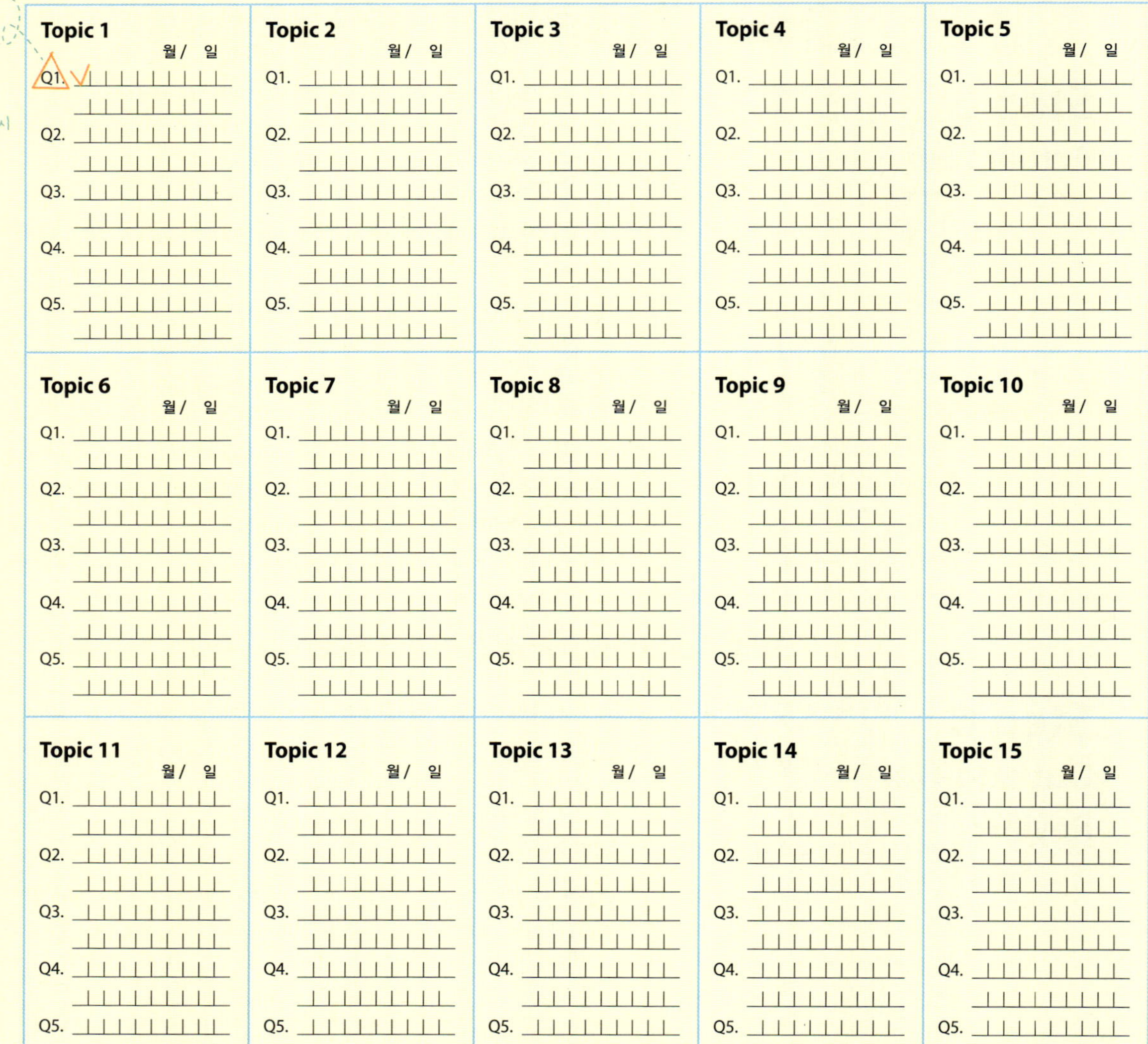

Topic 16
월/ 일

Q1.
Q2.
Q3.
Q4.
Q5.

Topic 17
월/ 일

Q1.
Q2.
Q3.
Q4.
Q5.

Topic 18
월/ 일

Q1.
Q2.
Q3.
Q4.
Q5.

Topic 19
월/ 일

Q1.
Q2.
Q3.
Q4.
Q5.

Topic 20
월/ 일

Q1.
Q2.
Q3.
Q4.
Q5.

Topic 21
월/ 일

Q1.
Q2.
Q3.
Q4.
Q5.

Topic 22
월/ 일

Q1.
Q2.
Q3.
Q4.
Q5.

Topic 23
월/ 일

Q1.
Q2.
Q3.
Q4.
Q5.

Topic 24
월/ 일

Q1.
Q2.
Q3.
Q4.
Q5.

Topic 25
월/ 일

Q1.
Q2.
Q3.
Q4.
Q5.

Topic 26
월/ 일

Q1.
Q2.
Q3.
Q4.
Q5.

Topic 27
월/ 일

Q1.
Q2.
Q3.
Q4.
Q5.

Topic 28
월/ 일

Q1.
Q2.
Q3.
Q4.
Q5.

Topic 29
월/ 일

Q1.
Q2.
Q3.
Q4.
Q5.

Topic 30
월/ 일

Q1.
Q2.
Q3.
Q4.
Q5.

Part 5 Propose a solution

파트5는 두 개의 문제가 주어지고 각각의 모범답안이 하나씩 제시된다. 이 파트에서는 두 개의 답을 반드시 완전 학습하도록 하자.

Topic 1 월/ 일	Topic 2 월/ 일	Topic 3 월/ 일	Topic 4 월/ 일	Topic 5 월/ 일
Q1. Q2.	Q1. Q2.	Q1. Q2.	Q1. Q2.	Q1. Q2.
Topic 6 월/ 일	Topic 7 월/ 일	Topic 8 월/ 일	Topic 9 월/ 일	Topic 10 월/ 일
Q1. Q2.	Q1. Q2.	Q1. Q2.	Q1. Q2.	Q1. Q2.
Topic 11 월/ 일	Topic 12 월/ 일	Topic 13 월/ 일	Topic 14 월/ 일	Topic 15 월/ 일
Q1. Q2.	Q1. Q2.	Q1. Q2.	Q1. Q2.	Q1. Q2.

Part 6 Express an opinion

파트6는 한 문제 당 두 개의 모범 답안이 주어진다. 파트3와 마찬가지로 이 중 하나를 선택해도 좋고 두 개의 답안 모두를 선택해도 무방하다. 하지만 자신이 정한 목표는 반드시 완수하도록 하자

Topic 1 월/ 일	Topic 2 월/ 일	Topic 3 월/ 일	Topic 4 월/ 일	Topic 5 월/ 일
Q.	Q.	Q.	Q.	Q.
Topic 6 월/ 일	Topic 7 월/ 일	Topic 8 월/ 일	Topic 9 월/ 일	Topic 10 월/ 일
Q.	Q.	Q.	Q.	Q.
Topic 11 월/ 일	Topic 12 월/ 일	Topic 13 월/ 일	Topic 14 월/ 일	Topic 15 월/ 일
Q.	Q.	Q.	Q.	Q.
Topic 16 월/ 일	Topic 17 월/ 일	Topic 18 월/ 일	Topic 19 월/ 일	Topic 20 월/ 일
Q.	Q.	Q.	Q.	Q.

TOEIC Speaking

Part 356 혹독훈련

TOEIC Speaking Part 356 혹독훈련

저자 | 심진섭
초판 1쇄 인쇄 | 2013년 11월 11일
초판 1쇄 발행 | 2013년 11월 18일

발행인 | 박효상
편집장 | 강성실
기획 · 편집 | 박운희, 박문정
디자인 | 손정수   조판 | 이정임
마케팅 총괄 | 이종선
마케팅 | 이태호, 이전희

종이 | 월드페이퍼
인쇄 · 제본 | 현문자현

출판등록 | 제10-1835호
발행처 | 사람in
주소 | 121-839 서울시 마포구 서교동 378-16번지 4F
전화 | 02) 338-3555(代)   팩스 | 02) 338-3545
E-mail | saramin@netsgo.com
Homepage | www.saramin.com

:: 책값은 뒤표지에 있습니다.
:: 파본은 바꾸어 드립니다.

ⓒ 심진섭 2013
ISBN 978-89-6049-366-7 18740

사람이 중심이 되는 세상, 세상과 소통하는 책 **사람in**
편집팀_ 강성실, 박운희, 박문정 | 디자인팀_ 손정수 | 디지털사업부_ 이지호, 김정숙
마케팅_ 이종선, 이태호, 이전희 | 관리_ 남채윤

토익 스피킹의 레벨을 결정하는 파트 356 집중 훈련 코스

TOEIC Speaking

Part 356 혹독훈련

심진섭 지음

사람in
saram
in.com

토익 스피킹도 가르치기 시작한 지 벌써 5년째다. 그리 긴 세월이 아닌 것 같지만 꽤 많은 사람들을 만났다. '점수 잘 받았다. 정말 고맙다'며 소주 한 잔 사는 친구들도 있었고, 고전(股戰)에 고전을 거듭하다 수업기간 중 소리 없이 사라진 친구들도 부지기수였다.

나는 토익 스피킹을 가르치면서 일종의 가책을 느낀다. 내가 영어 스피킹 선생인지 운전면허 선생인지 헷갈릴 때가 있기 때문이다. 토익 스피킹 수업에 모이는 사람들은 모두 단기간에 특정 목표 점수를 달성하고 싶어 하고 나는 이 때문에 기분이 찜찜하다. 영어시험을 위해 공부했으면 영어실력이 좋아져야 마땅하지 않은가?

나도 이런 말을 귀에 못이 박히게 들었다. 영어는 영어고, 시험은 시험이라고. 입사든 졸업이든 승진이든 하고 봐야 한단다. 일단 점수를 잘 받고 진짜 영어공부는 추후에 시간이 나면 생각해 보겠다고 한다. 이 분들의 주장에 나는 크게 반대하지도 그 분들을 만류하지도 않는다. 그러나 토익 스피킹 수업을 오는 학생들 대다수가 '졸업 후 영어를 한동안 놓고 있어서요……' '영어는 토익공부를 중점적으로 했거든요………' 등 걱정 가득한 변명을 늘어놓는다. 솔직히 얘기하면 이분들이 강의만 듣고 목표점수를 달성할 확률은 10%도 되지 않는다. 절망적인 얘기겠지만 사실이 그렇다.

체력훈련은 한 번 하지 않고 골 넣는 연습만 몇 번 해본 채 출전하는 축구선수가 있다면 그 결과는 불 보듯 뻔하다. 입을 영어근육으로 바꾸지 않고, 아무 생각 없이 쏟아낼 수 있는 영어문장 수가 적은 사람들이 스피킹 시험에서 목표점수를 달성하기 쉽지가 않다.

다음 달까지 Level 6 이상을 못 받으면 입사 지원서를 내지도 못하고 또는 승진후보에서 누락된다며 나를 찾아오는 분들을 위해, 나는 오늘도 만병통치 비상용 답안지를 그저 외우라고 권해야 한다. 그 분들은 몇 개월 후, 혹은 몇 년 후에 나를 다시 찾는다. 토익 스피킹 점수 유효기간이 지나서, 갑자기 영어로 접대할 일이 생겨서, 출장이 다음달에 잡혀서…… 이유도 많다.

어떻게 하면, 잊을만하면 우리를 괴롭히는 영어 스피킹을 잡을 수 있을까? 방법은 두 가지다. 첫째, 미국에서 좀 오래 지내면 된다. 미국 장기 거주자는 거의 Level 7 이상 나온다. 입에 영어가 달려있는 상태이기 때문이다. 둘째, 입으로 혹독하게 연습하는 거다. '그걸 누가 모르냐? 그럴 시간이 어딨냐?'하겠지만, 이건 시간의 문제가 아니라 횟수의 문제다. How are you? Fine. Thank you. And you?가 왜 우리 입에 익숙할까? 입으로 100번 말했기 때문이다.

반대로, 어떻게 하면 토익 스피킹 점수를 못 받을까? 책상에 책 펴고 앉아 모범답안을 그저 눈으로 읽거나 펜으로 줄긋고 있다면 원하는 점수를 받을 확률이 거의 0%에 가깝다. 눈으로 보고 뇌에 내용을 저장하는 일은 십 년 넘게 해왔다. 우리는 줄기차게 수능시험 보는 자세로 토익 스피킹 시험공부를 한다. 잠깐만. 우리가 왜 스피킹 시험을 보는 걸까? 하도 읽고 써서 입으로 한 마디 못하는 사람들이라 그런 것 아닌가?

큰 소리로 읽으시라. 한국어 발음과 문장으로 수십 년간 단련된 우리의 구강 혁명은 이것부터 시작한다. 창피할 것 없다. 어차피 우리는 틀릴 권리가 있는 외국인들이다.

많이 외우시라. 대부분의 시간을 한국어로 생활하는 우리들이 무조건 반사 속도로 쏟아내는 문장을 많게 하려면 암기가 최고의 방법이다. 다소 고통이 따르지만 꼭 해내시라.

책을 시작하겠다. 그간 이 책에서 다룬 소재와 같은 문제가 시험에 많이 출제되었고 또 앞으로도 더 그럴 것 같기 때문에 자신 있게 여러분을 이끌어보려 한다. 같이 달려준 예쁜 레이나 선생님, 멋쟁이 이혜진 선생님께 감사 드린다.

비가 많이 오늘 2013년 여름 오후에

심 진섭

| Contents |

Part 5

Part 6

Part Introduction

상대방을 알아야 그에 알맞은 전략을 짜는 법이다.
토익 스피킹 파트 356의 개략적인 구성과 공략법을 알아본 후,
알맞은 전략을 구성해보도록 한다.

mp3활용법은
TOEIC Speaking Part
365 혹독훈련만의
특별한 학습플래너에서
확인하세요!

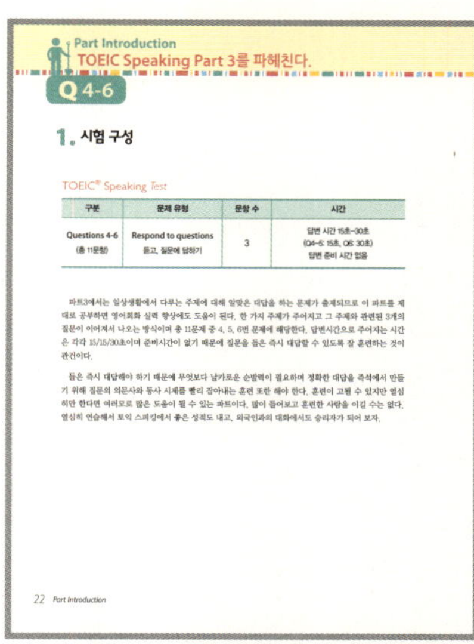

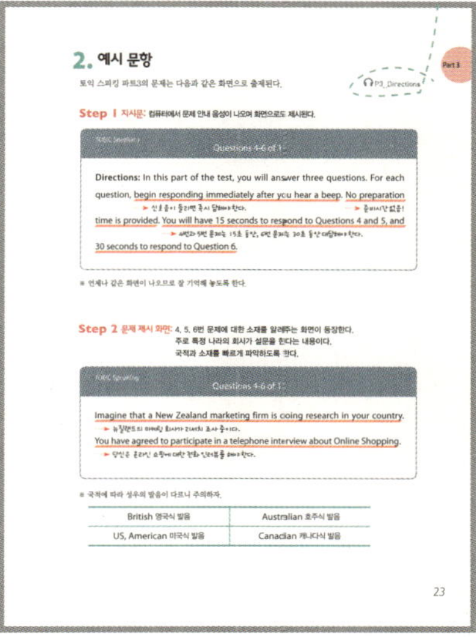

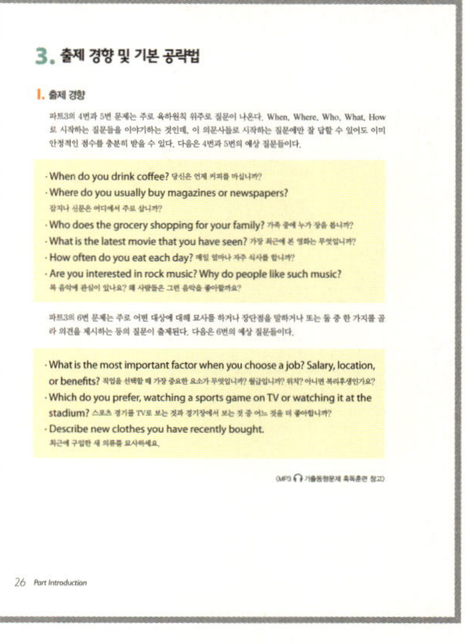

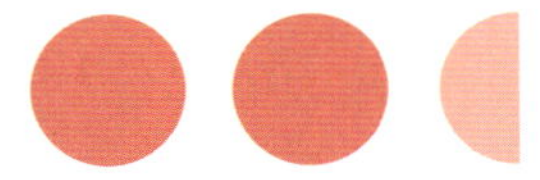

Chapter Ⅰ. 준비편

❶ 필수 어휘, 표현 훈련

토익 스피킹을 잘하기 위해 영어를 잘해야 한다는 건 두말할 것도 없다.

영어를 잘하기 위해서는 먼저 그 기본기를 탄탄히 쌓아야 한다.

Chapter Ⅱ 템플릿에 등장하는 필수 어휘와 표현을 먼저 꼼꼼히 살펴

토익 스피킹에 대해 이중 보안장치를 설치해보자.

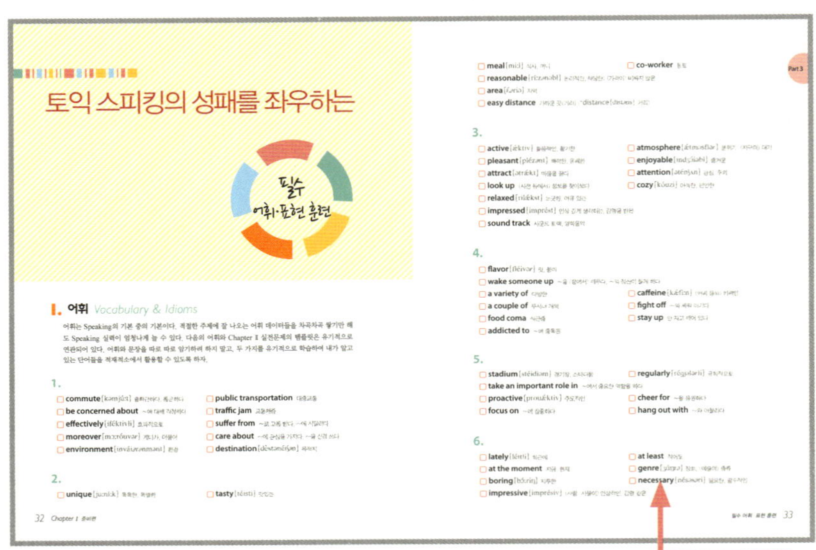

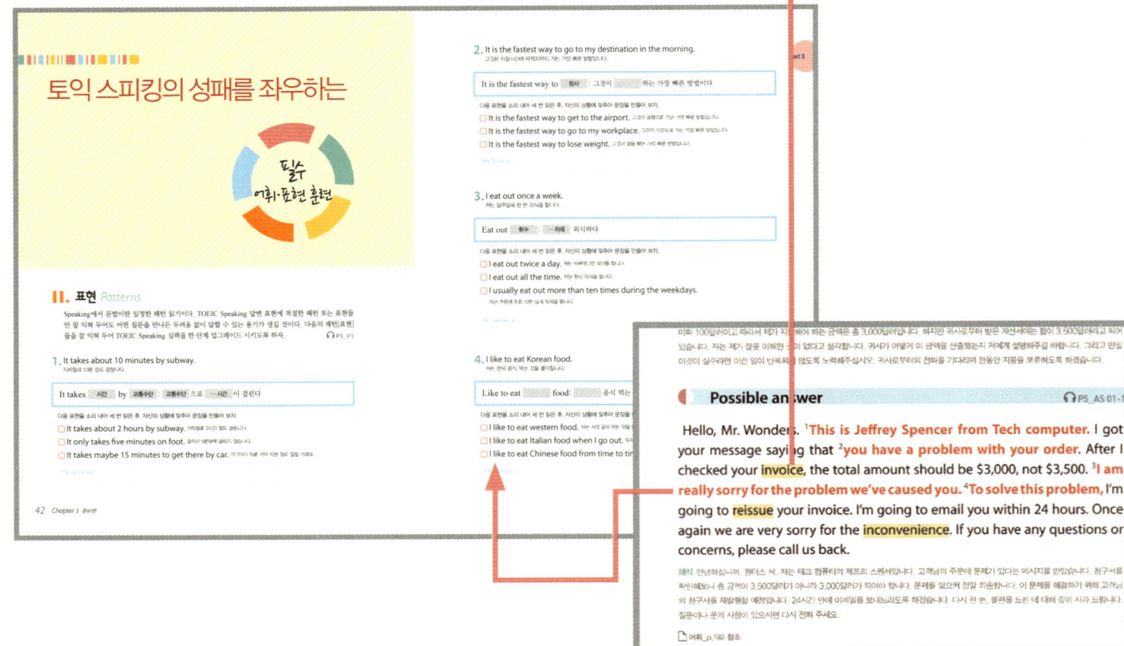

❷ 기출동형문제 혹독훈련

기출문제에 자주 출제되었던 동형문제들을 각 전략을 적용하면서
실전에 대한 감각을 키운다. 기출동형문제를 단지 시험에 나온다고 생각하지 말고
보편적으로 영어로 이야기를 할 때 자주 나오는 질문이라 생각해보면 부담이 적을 것이다.

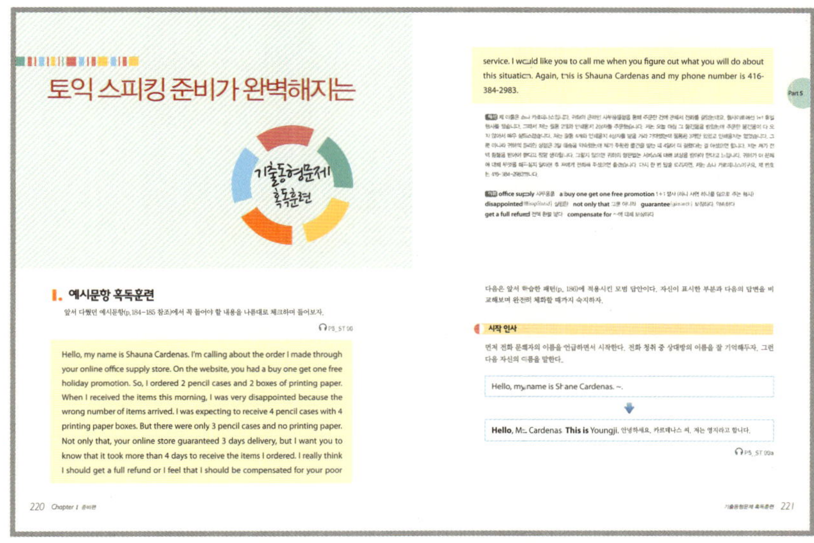

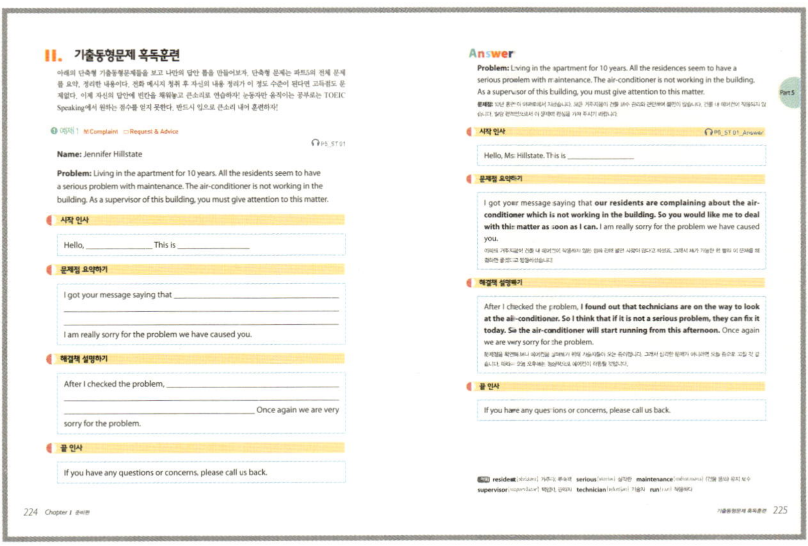

Chapter Ⅱ. 실전편

실전문제 혹독훈련

좋은 문제를 많이 푸는 것은 시험에 있어 원하는 점수를 얻는 가장 좋은 방법 중 하나이다.
총 65개 주제, 370개의 답변 템플릿은 여러분이 원하는 토익 스피킹 레벨을 무조건 받게 해줄 것이다.

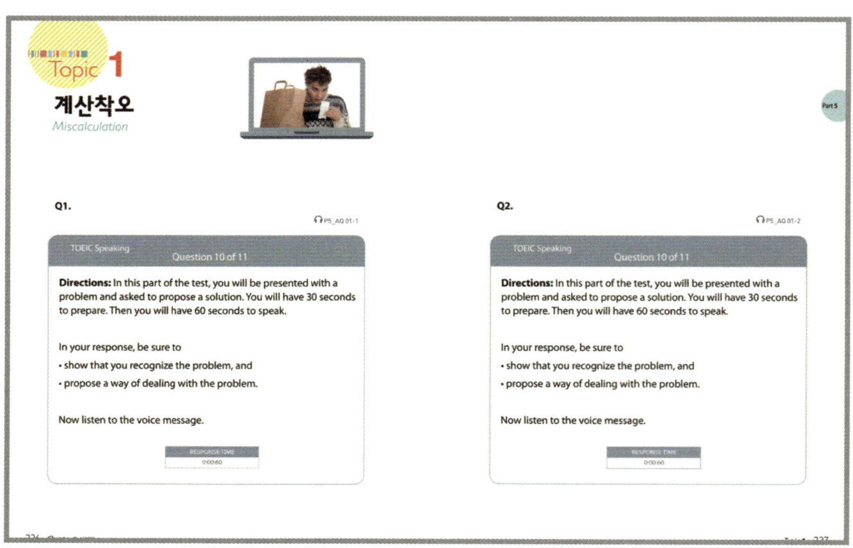

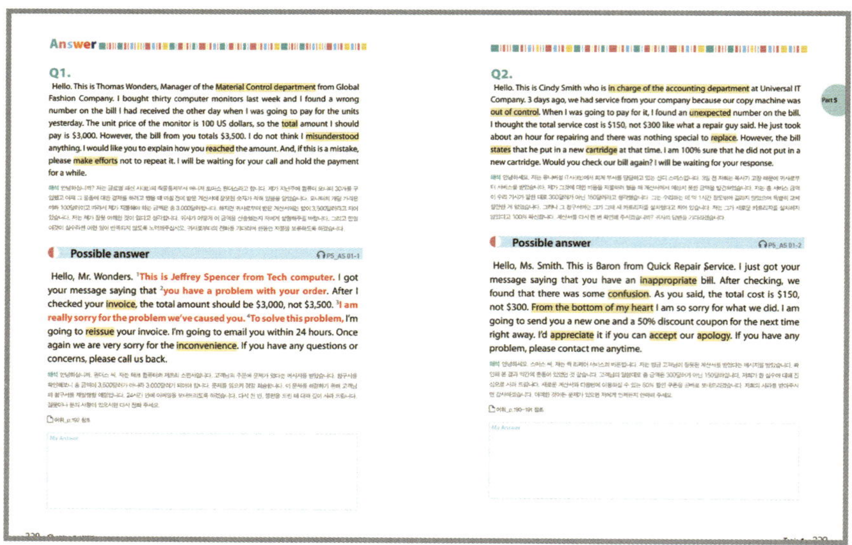

TOEIC Introduction

1 ***All about TOEIC Speaking*** 토익 스피킹의 모든 것

2 ***Why You Should Study Part 356?*** 왜 파트 356인가?

1 *All about TOEIC Speaking* 토익 스피킹의 모든 것

많은 사람들이 취직과 승진을 위해 TOEIC 시험을 준비하고 있다. TOEIC 시험은 기본적으로 듣기와 읽기를 평가하는 시험이었다. 그러나 점점 많은 기업들이 실질적인 업무에 필요한 영어 Speaking 능력을 더 많이 요구하고 있고 기존의 듣기와 읽기 평가 방식으로는 말하기 능력을 가늠할 수 없기에 TOEIC Speaking 시험을 더 많이 채택하고 있다. TOEIC Speaking 점수가 없으면 이력서를 쓸 수도 없을 정도로 많은 대기업과 중소 기업이 TOEIC Speaking 점수를 원하고 있다. 이처럼 나의 삶을 좌우할 수 있는 TOEIC Speaking, 이 시험이 과연 무엇인지 알아야 확실히 대비할 수 있을 것이다. 먼저 토익 스피킹의 구성과 평가 기준을 알아보자.

■ 토익 스피킹TOEIC Speaking의 시험 구성

Part	질문	유형	문항	시간
Part 1	Questions 1~2	문장 읽기 Read a text aloud	2 questions	준비시간 45초 답변시간 45초
Part 2	Question 3	사진 묘사 Describe a picture	1 question	준비시간 30초 답변시간 45초
Part 3	Questions 4~6	듣고, 질문에 답하기 Respond to questions	3 questions	준비시간 없음 답변시간 15/15/30초
Part 4	Questions 7~9	제공된 정보를 사용하여 질문에 답하기 Respond to questions using information provided	3 questions	준비시간 없음 답변시간 15/15/30초
Part 5	Question 10	해결책 제안하기 Propose a solution	1 question	준비시간 30초 답변시간 60초
Part 6	Question 11	의견 제시하기 Express an opinion	1 question	준비시간 15초 답변시간 60초

토익 스피킹은 총 11문제로 구성되고 6파트(Part)로 나누어져 있다. 시험장에 입실해서 퇴실까진 40분에서 45분의 시간이 걸리지만 실제로 시험이 시작 되고 끝나는 시간은 18분에서 20분 정도이다. Part 3과 Part 4를 제외하고는 준비 시간과 답변 시간으로 나누어져 있는데 준비 시간이 충분히 주어지지 않기 때문에 순발력 있게 생각해서 답변을 해야 한다. 그렇기 때문에 단지 영어를 잘 한다고 해서 좋은 점수를 받을 수 있는 게 아니라 각 Part 별 이해와 연습을 통해서만 고득점을 받을 수 있다.

■ 토익 스피킹TOEIC Speaking 시험의 평가 기준

시험이 진행되는 동안 답변이 녹음이 된다. 그 녹음된 음성은 EST On-Line-Scoring-Network로 보내져서 전문가가 아래의 평가 기준을 준수하여 결과가 나온다. 결과는 1~200점으로 나뉘며 그에 따라 레벨이 결정이 된다.

질문 Question	평가 기준 Evaluation Criteria	레벨 Speaking Level	점수 Scaled Score
Questions 1~2	발음, 강세, 억양 유창성과 자연스러움	8 and above	190-200
Question 3	위의 모든 사항들과 문법, 상황에 맞는 어휘 사용, 일관성	7	160-180
Questions 4~6	위의 모든 사항들과 타당성, 완성도	6	130-150
Questions 7~9	위의 모든 사항들	5	110-120
Question 10	위의 모든 사항들	4	80-100
Question 11	위의 모든 사항들	3 and below	70 and below

Part 1. Questions 1~2

문장 읽기 Read a text aloud
Preparation Time 45초 / Response Time 45초

하나의 지문이 주어지고 그 지문을 있는 그대로 읽는 문제가 두 문항 출제된다. 단순히 읽는다고 좋은 점수를 받는 게 아니라 정보 전달의 목적을 갖고 정확한 발음으로 실수 없이 읽어야 한다. 40-50개의 단어를 주어진 45초의 답변 시간 안에 읽어야 한다.

Tip! 리듬감을 가지고 의미단위로 끊으며 정확한 발음으로 또박또박 읽는다.

Part 2. Question 3

사진 묘사 Describe a picture
Preparation Time 30초 / Response Time 45초

한 장의 사진이 주어지고 이 사진을 묘사하는 문제이다. 화면에 나타난 그 사진을 보고 30초 동안 어떻게 설명할지 구상 후 45초라는 시간 동안 설명한다. 최대한 짜임새 있게 사진에 어울리는 어휘를 사용하여 답변한다.

Tip! 사진은 단순하지만 토익 Listening의 사진 묘사 문제를 생각하면 오산이다. 할말이 없더라도 사진에 없는 내용을 상상해서 말해서는 안 된다. 오히려 사진에 대한 자신의 상황이나 의견을 제시하는 것이 훨씬 더 높은 점수를 받을 수 있는 방법이다.

Part 3. Questions 4~6

듣고, 질문에 답하기 Respond to questions
Preparation Time 없음 / Response Time 15/15/30초

한 가지 주제에 대해 3가지 다양한 질문이 출제되는 파트이다. 준비 시간이 따로 주어진 않기 때문에 순발력 있게 답변해야 한다. 우리가 일상적으로 접하는 주제가 주어지기 때문에 질문은 어렵지 않으나 다양한 질문에 바로 대처할 수 있는 순발력과 질문에 대한 답변 데이터 구축이 필요하다.

Tip! 문법적인 실수를 최소화해야 하고, 주어진 시간을 최대한 활용하도록 한다. 답변할 때는 최대한 여유가 느껴지도록 속도를 빨리 하지 않도록 주의한다.

Part 4. Questions 7~9

제공된 정보를 사용하여 질문에 답하기 | Respond to questions using information provided
Preparation Time 없음 / Response Time 15/15/30초

TOEIC Reading Comprehension의 Part 7이 기억나는가? 토익 스피킹의 이 파트에서 주어지는 정보는 읽기 영역의 Part 7에서 보던 도표이다. 일반적으로 회의 일정, 비행 일정, 영수증 …… 등 다양한 도표들이 출제된다. 이 정보를 30초의 준비시간 동안 이해하고 3개의 질문에 답변해야 한다.

Tip! PART 3까지는 질문이 화면에 보이기 때문에 문제에 대한 답을 하는데 있어 부담이 적다. 그러나 PART 4와 PART 5는 문제가 화면에 보이지 않는다. 듣기에서 놓친 부분이 있더라도 무조건 주어진 시간 안에 표와 관련된 답을 전달해야기본 점수를 받을수 있다.

Part 5. Question 10

해결책 제안하기 | Propose a solution
Preparation Time 30초 / Response Time 60초

전화로 설명하는 문제상황을 듣고 30초의 준비 시간 후 어떻게 그 문제를 해결할지를 60초 동안 체계적으로 답변해야 하는 유형이다. 주어진 60초 동안 최대한 말을 많이 하되, 〈문제점 – 해결책〉을 체계적이고 논리적으로 설명하는 것이 중요하다.

Tip! 아무리 영어를 잘 하는 사람이라도 45초 – 50초의 지문을 듣고 그 내용을 30초 안에 체계적으로 정리하기란 쉽지 않다. 이 또한 연습이 필요하다. 무턱대고 답변부터 말하려고 노력하지 말고 문제의 유형을 먼저 파악한 후 내용을 체계적으로 정리하는 연습부터 시작해야한다.

Part 6. Question 11

해결책 제안하기 | Express an opinion
Preparation Time 15초 / Response Time 60초

주어진 문제를 보고 자신의 생각이나 의견을 15초 동안 정리한 후 60초라는 시간 안에 정리한 내용을 서술해 나가야 한다. 주어진 60초의 답변 시간 동안 최대한 기승전결을 살려 답변해야 하며 이유와 예시를 통해 자신의 주장을 뒷받침해야 함을 잊지 말아야 한다.

Tip! 많은 말을 하기보다는 전달하고자 하는 내용을 차분하게 얘기한다. 빨리 말하면 말할수록 상대가 알아 듣기 어렵고 정확한 내용이 전달 되지 않아 오히려 더 마이너스이다.

토익 스피킹은 준비해야 할 파트가 6개다. 따라서 그 중 3개 파트만 다루는 이 책은 토익 스피킹을 준비하는 분들에게 완벽한 수험서는 될 수 없다. 그러나 시험을 이미 한두 번 봤다거나, 학원 수업을 수강해본 분들 대부분은 이 책이 왜 필요한지 잘 알 것이다.

이 책에서 다루고 있지 않은 파트들, 즉 지문을 읽는 Part 1, 그림을 묘사하는 Part 2, 표를 분석하는 Part 4는 학원 또는 온라인 강의를 듣는다거나 심지어 혼자 독학을 해도 목표점수가 어렵지 않게 잡힌다.

그러나 Part 356은 이야기가 다르다. 기본적인 영어 실력이 없으면 고득점이 어렵다. 머리로 작문해내며 겨우겨우 답해내는 문장들이 많아지면 안 된다. 입이 암기하는 문장이 많아야 한다. 영어를 말한 후 다음 문장을 한국어로 생각해서도 안 된다. 영어가 영어를 낳아야 한다.

스피킹 시험이 처음이거나 오랜만인 많은 수험생들이 파트 356으로 골치를 앓는다. 이 문제를 해결하기 위해서는 본인이 혹독하게 훈련해서 자신의 입을 영어화해 놓는 방법밖에 없다. 그래서 모든 파트를 다 아우르는 일반적인 수험서보다는 파트 356만 집중적으로 연습해 고득점에 다다르게 돕는 워크북이 더 유용할 수 있다.

이 책이 파트 356만을 다루고 있는 이유는 또 하나 있다.

본인의 뜻은 아니겠지만 많은 응시자들이 시험이 끝난 즉시 그간 공부한 내용을 잊기 시작한다. 영어 잘하는 사람이 토익 스피킹을 잘 보는 건 당연지사지만, 토익 스피킹 시험 점수가 높은 사람이 다 영어를 잘하는 것은 아니다. 토익 스피킹은 그저 시험일뿐이라는 의미도 되고, 답 말하는 기술만 연마한다면 나의 진짜 영어실력에 별반 도움이 못 된다는 의미도 된다.

영어로 말해야 하는 기회는 도둑처럼 나타난다. 한 수강생의 이야기이다. 토익 스피킹 고득점으로 영어실력을 인정받고 회사에 취직한 후 다시 나에게 찾아왔다. "다음 달에 미국에서 바이어들이 오는데 프레젠테이션을 제가 해야 됩니다. 입사서류에 나온 토익 스피킹 점수를 보고 제가 영어를 잘하는 줄 아는데, 어떡하죠?"

 토익 스피킹과 회화는 다르다고 하는 사람들이 많지만, 토익 스피킹에는 학교, 회사, 심지어 외국에서도 아주 유용하게 쓸 파트들이 있다. 그게 바로 파트 356이다. 이왕 영어 공부를 한다면, 시험 점수도 잘 받고 외국인과 대화도 잘하는 두 마리 토끼를 잡으면 어떨까?

Part 3을 줄기차게 공부하면 외국인과 대화하는 데 정말 효과가 좋다. 우리가 원하는 스피킹 실력이 무엇인가? 빨리 튀어나오고 길게 이야기하는 것 아닌가? 파트3의 첫 두 문제가 우리 영어의 순발력을 키워주며 마지막 한 문제가 스피킹 양을 엿가락처럼 늘려준다.

Part 5의 대답 훈련은 해외 비즈니스 업무를 하는 분들이 반드시 갖추어야 할 무기를 안겨준다. 외국 거래처와 전화로 상황을 설명하고, 의견을 제시하고, 동의를 구하는 기술과 노하우를 왜 나중에 따로 공부하려 하는가? 파트5만큼 좋은 연습도 없다.

Part 6는 한국인이 가장 취약하다는 영어 회의나 논쟁에서 자신을 부각시킬 능력을 갖게 해준다. 내 주장을 표현하고 이에 대한 부연 설명, 사례소개 등뿐 아니라 다른 사람 의견에 반론하는 내공도 향상된다. 영어 회의 때마다 꿔다 놓은 보리자루가 되는 신세에서 해방시켜주는 파트다.

서점에 가보면 훌륭한 토익 스피킹 책들이 많다. 그러나 Part 356 때문에 목표점수 달성에 실패하는 수험생들이 많은 것이 사실이고, 우리들 대다수가 시험 후 다시 꿀 먹은 영어벙어리로 돌아가는 것 또한 현실이다. 이 책이 여러분이 원하는 TOEIC Speaking 레벨에 도달하는 데 큰 도움이 되리라 믿어 의심치 않는다.

Part 3

⭕ **Part Introduction**

TOEIC Speaking Part 3를 파헤친다.

⭕ **Chapter Ⅰ 준비편**

TOEIC Speaking Part 3를 완벽하게 준비한다.

⭕ **Chapter Ⅱ 실전편**

TOEIC Speaking Part 3, 실전문제를 혹독하게 훈련한다.

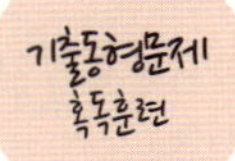

1. 시험 구성

TOEIC® Speaking *Test*

구분	문제 유형	문항 수	시간
Questions 4-6 (총 11문항)	**Respond to questions** 듣고, 질문에 답하기	3	답변 시간 15초–30초 (Q4–5: 15초, Q6: 30초) 답변 준비 시간 없음

파트3에서는 일상생활에서 다루는 주제에 대해 알맞은 대답을 하는 문제가 출제되므로 이 파트를 제대로 공부하면 영어회화 실력 향상에도 도움이 된다. 한 가지 주제가 주어지고 그 주제와 관련된 3개의 질문이 이어져서 나오는 방식이며 총 11문제 중 4, 5, 6번 문제에 해당한다. 답변시간으로 주어지는 시간은 각각 15/15/30초이며 준비시간이 없기 때문에 질문을 들은 즉시 대답할 수 있도록 잘 훈련하는 것이 관건이다.

들은 즉시 대답해야 하기 때문에 무엇보다 날카로운 순발력이 필요하며 정확한 대답을 즉석에서 만들기 위해 질문의 의문사와 동사 시제를 빨리 잡아내는 훈련 또한 해야 한다. 훈련이 고될 수 있지만 열심히만 한다면 여러모로 많은 도움이 될 수 있는 파트이다. 많이 들어보고 훈련한 사람을 이길 수는 없다. 열심히 연습해서 토익 스피킹에서 좋은 성적도 내고, 외국인과의 대화에서도 승리자가 되어 보자.

2. 예시 문항

토익 스피킹 파트3의 문제는 다음과 같은 화면으로 출제된다.

🎧 P3_Directions

Step 1 지시문: 컴퓨터에서 문제 안내 음성이 나오며 화면으로도 제시된다.

> **TOEIC Speaking**
>
> Questions 4-6 of 11
>
> **Directions:** In this part of the test, you will answer three questions. For each
> question, begin responding immediately after you hear a beep. No preparation
>
> ┈┈▶ 신호음이 들리면 즉시 답해야 한다.　　　　　　┈┈▶ 준비시간 없음!
>
> time is provided. You will have 15 seconds to respond to Questions 4 and 5, and
>
> ┈┈▶ 4번과 5번 문제는 15초 동안, 6번 문제는 30초 동안 대답해야 한다.
>
> 30 seconds to respond to Question 6.

※ 언제나 같은 화면이 나오므로 잘 기억해 놓도록 한다.

Step 2 문제 제시 화면: 4, 5, 6번 문제에 대한 소재를 알려주는 화면이 등장한다.
주로 특정 나라의 회사가 설문을 한다는 내용이다.
국적과 소재를 빠르게 파악하도록 한다.

> **TOEIC Speaking**
>
> Questions 4-6 of 11
>
> Imagine that a New Zealand marketing firm is doing research in your country.
>
> ┈┈▶ 뉴질랜드의 마케팅 회사가 리서치 조사 중이다.
>
> You have agreed to participate in a telephone interview about Online Shopping.
>
> ┈┈▶ 당신은 온라인 쇼핑에 대한 전화 인터뷰를 해야 한다.

※ 국적에 따라 성우의 발음이 다르니 주의하자.

British 영국식 발음	Australian 호주식 발음
US, American 미국식 발음	Canadian 캐나다식 발음

Step 3 **4번 문제 출제:** 상황과 소재는 계속해서 화면에 제시되나 이때부터는 무시하고 질문에 집중해 들
어야 한다. 문제는 화면에 제시되지 않고 단 한 번만 들려주므로 최대한 집중하도
록 한다. 신호음이 들리면 소리가 들리면 즉시 대답한다.
❶ 4번 문항은 간단한 내용 두 가지를 한 번에 묻는 경우도 있다.
❷ 의문사에 주목하여 기억하고 답변한다.

TOEIC Speaking

Question 4 of 11

Imagine that New Zealand marketing firm is doing research in your country. You have agreed to participate in a telephone interview about Online Shopping.

Question 4: How often do you shop online and what do you usually shop for online?

> ·····▶ 4번 문항은 두 가지를 한번에 물을 수 있으니 두 가지 내용 모두 기억해야 한다.

RESPONSE TIME
0:00:15

Step 4 **5번 문제 출제:** 4번과 마찬가지로 준비 시간 없이 15초 이내에 대답해야 한다. 4번과 같이 간단
한 질문이며 취향, 종류, 의견 등을 주로 물어본다.

TOEIC Speaking

Question 5 of 11

Imagine that a New Zealand marketing firm is doing research in your country. You have agreed to participate in a telephone interview about Online Shopping.

Question 5: What is a product you would never buy online?

RESPONSE TIME
0:00:15

Step 5 6번 문제 출제: 6번 문제에 대한 대답시간은 30초가 주어진다. 대답을 그만큼 길게 해야 하므로 적어도 5-6문장 정도는 만들어 답하도록 한다.

❶ 주제에 대한 특징, 장단점을 나열하거나 의견을 제시하도록 묻는 경우가 많다. 또는 두 가지 중 한 가지를 선택하도록 요구하기도 한다.

❷ 질문에 대한 자신의 의견을 한 문장으로 답한 후, 그 이유를 구체적이고 타당하게 서술해야 한다.

TOEIC Speaking

Question 6 of 11

Imagine that a New Zealand marketing firm is doing research in your country. You have agreed to participate in a telephone interview about Online Shopping.

Question 6: What factor do you consider the most when you decide which online store to use?

RESPONSE TIME
0:00:30

3. 출제 경향 및 기본 공략법

I. 출제 경향

파트3의 4번과 5번 문제는 주로 육하원칙 위주로 질문이 나온다. When, Where, Who, What, How 로 시작하는 질문들을 이야기하는 것인데, 이 의문사들로 시작하는 질문에만 잘 답할 수 있어도 이미 안정적인 점수를 충분히 받을 수 있다. 다음은 4번과 5번의 예상 질문들이다.

· When do you drink coffee? 당신은 언제 커피를 마십니까?

· Where do you usually buy magazines or newspapers?

  잡지나 신문은 어디에서 주로 삽니까?

· Who does the grocery shopping for your family? 가족 중에 누가 장을 봅니까?

· What is the latest movie that you have seen? 가장 최근에 본 영화는 무엇입니까?

· How often do you eat each day? 매일 얼마나 자주 식사를 합니까?

· Are you interested in rock music? Why do people like such music?

  록 음악에 관심이 있나요? 왜 사람들은 그런 음악을 좋아할까요?

파트3의 6번 문제는 주로 어떤 대상에 대해 묘사를 하거나 장단점을 말하거나 또는 둘 중 한 가지를 골라 의견을 제시하는 등의 질문이 출제된다. 다음은 6번의 예상 질문들이다.

· What is the most important factor when you choose a job? Salary, location, or benefits? 직업을 선택할 때 가장 중요한 요소가 무엇입니까? 월급입니까? 위치? 아니면 복리후생인가요?

· Which do you prefer, watching a sports game on TV or watching it at the stadium? 스포츠 경기를 TV로 보는 것과 경기장에서 보는 것 중 어느 것을 더 좋아합니까?

· Describe new clothes you have recently bought.

  최근에 구입한 새 의류를 묘사하세요.

〈MP3 기출동형문제 혹독훈련 참고〉

II. 기본 공략법

그럼 다음의 예상 질문들을 보면서 공략 방법을 살펴보자.　　　　　　　🎧 P3_Strategies

◗ **Q4-5**

> Q4. **How often do you shop online and what do you usually shop for online?**
>
> 당신은 얼마나 자주 온라인에서 쇼핑을 합니까? 그리고 무엇을 주로 삽니까?
>
> Q5. **What is a product you would never buy online?**
>
> 온라인에서 절대 사지 않는 상품은 무엇입니까?

이 질문에서 가장 먼저 주의를 기울일 것은 How often과 What이다. 이처럼 4번과 5번 문제에서는 두 가지 질문이 한꺼번에 나올 수 있으므로 의문사를 절대 놓치지 말아야 한다. 그리고 이 두 의문사 뒤에 나오는 내용에 대해서도 적절히 대답해야 Part 3에서 안정적인 점수를 받을 수 있다. How often에 대한 대답으로는 once a week, more than three times a month … 등, What에 대한 대답으로는 clothes, shoes 등 어떤 활동에도 쓸 만한 단어와 표현들이 입에서 줄줄 나오도록 익혀두어야 한다. 이러한 단어와 표현들은 Chapter II에서 더 구체적으로 살펴보도록 하고 다음 권장 답을 살펴보도록 하자.

> A4. I shop online **once a month** and I usually shop for **clothes** there.
>
> 저는 한 달에 한 번 온라인 쇼핑을 하고 그곳에서 보통 옷을 삽니다.
>
> A5. I never buy **shoes** online. Because they don't guarantee follow-up services.
>
> 저는 절대 온라인에서 신발을 사지 않습니다. 왜냐하면 사후 서비스를 보장하지 않거든요.

보다시피 you를 I로 바꾸고 How often과 What에 대한 대답 부분 외에는 거의 그대로 사용하였다. 그리고 필요한 경우 이유나 근거를 덧붙였다. 필수 어휘를 꾸준히 익히고 유형에 대한 이해와 훈련만 하면 이와 같은 문장은 들은 즉시 술술 나올 수 있다.

Q6. What factor do you consider the most when you decide which online store to use? 어느 온라인 상점을 이용할지 결정할 때 가장 중요하게 생각하는 요소는 무엇인가요?

6번 문제는 30초 답변이기 때문에 15초 답변 문제인 4번과 5번에 비해서는 당연히 더 어렵다. 단순히 육하원칙에 의거하여 답변하는 게 아니라 왜 그러한지에 대한 설명이 들어가야 한다. 이 질문은 What factor로 시작하는데 여기에서 factor(요인, 요소)에는 여러 가지 선택사항이 있을 것이다. 예를 들어, 다른 사람들의 의견을 고려한다든지, 가격비교를 한다든지, 서비스를 고려할 수도 있다. 이처럼 다양한 요소 중 한 가지를 선택한 후, 합당한 이유를 들어 본인의 답을 완성하면 된다.

A6. I consider others' opinions or advice when I decide which online store to use. Before I purchase things online, I always ask my friends first. Or I read other users' reviews and comments on the Internet to find out more information about the online store. So I always try to get others' opinions or advice.

저는 어느 온라인 상점을 이용할지 결정할 때 다른 사람의 의견이나 조언을 고려합니다. 온라인에서 물건을 구매하기 전에 저는 언제나 친구들에게 먼저 물어봅니다. 또는 인터넷에서 다른 구매자가 쓴 리뷰나 평가를 읽고 그 온라인 상점에 대한 추가 정보를 찾습니다. 결론적으로 저는 다른 사람의 의견이나 조언을 얻기 위해 항상 노력합니다.

Tip! 파트3 질문에 대한 답변을 할 때에는 이야기를 만들어 내는 기지도 필요하다. 보통은 긍정적인 답변이 부연 설명하기가 편한데, 예를 들어 우리 주변에 "How often do you cook at home? (집에서 얼마나 자주 요리를 하나요?)"라는 질문에 대답할 수 있는 입장의 남성들이 얼마나 될까? 그렇다고 "I don't cook. (저는 요리를 하지 않습니다.)"이라고 사실대로 말해 뒤에 할 말을 애당초 끊어버리기보다는 "I try to cook more than twice a week for my family. (저는 가족들을 위해 일주일에 2번 이상 요리를 하려고 노력합니다.)" 정도로 말을 만들어주는 것도 나쁘지 않다. 그래야 더 풍부한 대답을 만들 수 있지 않을까? 요리야 앞으로 열심히 하면 되니까 말이다.

Strong reasons make strong actions.

- William Shakespeare

Chapter I
준비편

**TOEIC Speaking Part 3를
완벽하게 준비한다.**

ETS TOEIC 시험의 평가 기준에 따르면 Part 3 이후부터는 문법과 어휘, 내용의 일관성과 완성도 면에서 평가된다. 문법과 어휘는 오랜 시간을 들여 충분히 실력을 쌓아야 하지만, 각 파트에서 자주 출제되는 질문들을 중심으로 TOEIC Speaking에 필요한 표현과 어휘를 집중적으로 공부한다면, 충분히 좋은 점수를 확보할 수 있을 것이다.

내용의 일관성과 완성도 또한 이 책에서 제시하는 기출동형문제와 풍부한 템플릿을 자신만의 것으로 만들어 낸다면 TOEIC Speaking에서 원하는 점수를 받을 수 있다.

토익 스피킹의 성패를 좌우하는

I. 어휘 *Vocabulary & Idioms*

어휘는 Speaking의 기본 중의 기본이다. 적절한 주제에 잘 나오는 어휘 데이터들을 차곡차곡 쌓기만 해도 Speaking 실력이 엄청나게 늘 수 있다. 다음의 어휘와 Chapter II 실전문제의 템플릿은 유기적으로 연관되어 있다. 어휘와 문장을 따로 따로 암기하려 하지 말고, 두 가지를 유기적으로 학습하여 내가 알고 있는 단어들을 적재적소에서 활용할 수 있도록 하자.

1.

- ☐ **commute** [kəmjúːt] 출퇴근하다, 통근하다
- ☐ **be concerned about** ~에 대해 걱정하다
- ☐ **effectively** [iféktivli] 효과적으로
- ☐ **moreover** [mɔːróuvər] 게다가, 더불어
- ☐ **environment** [inváiərənmənt] 환경
- ☐ **public transportation** 대중교통
- ☐ **traffic jam** 교통체증
- ☐ **suffer from** ~로 고통 받다, ~에 시달리다
- ☐ **care about** ~에 관심을 가지다, ~을 신경 쓰다
- ☐ **destination** [dèstənéiʃən] 목적지

2.

- ☐ **unique** [juːníːk] 독특한, 특별한
- ☐ **tasty** [téisti] 맛있는

☐ **meal** [miːl] 식사, 끼니
☐ **co-worker** 동료
☐ **reasonable** [ríːzənəbl] 논리적인, 타당한; (가격이) 비싸지 않은
☐ **area** [ɛ́əriə] 지역
☐ **easy distance** 가까운 곳(거리) (*distance [dístəns] 거리)

3.

☐ **active** [ǽktiv] 활동적인, 활기찬
☐ **atmosphere** [ǽtməsfìər] 분위기; (지구의) 대기
☐ **pleasant** [plézənt] 쾌적한, 유쾌한
☐ **enjoyable** [indʒɔ́iəbl] 즐거운
☐ **attract** [ətrǽkt] 마음을 끌다
☐ **attention** [əténʃʌn] 관심, 주의
☐ **look up** (사전 등에서) 정보를 찾아보다
☐ **cozy** [kóuzi] 아늑한, 편안한
☐ **relaxed** [rilǽkst] 느긋한, 여유 있는
☐ **impressed** [imprést] 인상 깊게 생각하는, 감명을 받은
☐ **sound track** 사운드 트랙, 영화음악

4.

☐ **flavor** [fléivər] 맛, 풍미
☐ **wake someone up** ~을 (잠에서) 깨우다, ~의 정신이 들게 하다
☐ **a variety of** 다양한
☐ **caffeine** [kǽfiːn] (커피 등의) 카페인
☐ **a couple of** 두서너 개의
☐ **fight off** ~와 싸워 이기다
☐ **food coma** 식곤증
☐ **stay up** 안 자고 깨어 있다
☐ **addicted to** ~에 중독된

5.

☐ **stadium** [stéidiəm] 경기장, 스타디움
☐ **regularly** [régjələrli] 규칙적으로
☐ **take an important role in** ~에서 중요한 역할을 하다
☐ **proactive** [prouǽktiv] 주도적인
☐ **cheer for** ~을 응원하다
☐ **focus on** ~에 집중하다
☐ **hang out with** ~와 어울리다

6.

☐ **lately** [léitli] 최근에
☐ **at least** 적어도
☐ **at the moment** 지금, 현재
☐ **genre** [ʒáŋrə] 장르, (예술의) 종류
☐ **boring** [bɔ́ːriŋ] 지루한
☐ **necessary** [nésəsəri] 필요한, 필수적인
☐ **impressive** [imprésiv] (사람·사물이) 인상적인, 감명 깊은

☐ **touching** [tʌ́tʃiŋ] 감동적인　　☐ **wisdom** [wízdəm] 지혜

☐ **implicated** [ímplikèitid] 연루(연관)된　　☐ **popular** [pápjələr] 인기 있는

7.

☐ **function** [fʌ́ŋkʃən] 기능; 기능하다

☐ **text** [tekst] 문자를 보내다 (*text message 문자 메시지)

☐ **convenient** [kənví:njənt] 편리한 (*conveniently [kənví:njəntli] 편리하게)

☐ **contact** [kántækt] ~에게 연락하다　　☐ **keep in touch with** ~와 연락하다

☐ **consider** [kənsídər] 고려하다　　☐ **solidness** [sálidnes] 단단함, 굳음

☐ **for a long time** 오랫동안　　☐ **afford to** ~할 여유가 있다

☐ **be interested in** ~에 관심이(흥미가) 있다

☐ **electronic** [ilektránik] 전자의, 전자 장비와 관련된

☐ **be in favor of** ~을 선호하다　　☐ **in the habit of -ing** ~하는 습관이 있는

☐ **value** [vǽlju:] ~을 소중히 여기다; 가치

☐ **have no choice but to** (어쩔 수 없이) ~하지 않을 수 없다, 별 도리가 없다

☐ **unfortunately** [ʌnfɔ́:rtʃənətli] 불행하게도, 유감스럽게도

☐ **rather than** ~하는 대신에, ~라기보다는　　☐ **fix** [fiks] 고치다, 수리하다

8.

☐ **spend time -ing** ~하는 데 시간을 보내다　　☐ **work for** ~에서 일하다, 근무하다

☐ **take care of** ~을 다루다, 처리하다　　☐ **document** [dákjəmənt] 문서, 서류

☐ **be (not) good at** ~을 잘하다(못하다)　　☐ **word processing** 문서 작성

☐ **skillful at** ~에 숙련된, 능숙한　　☐ **keep -ing** 계속해서 ~하다

9.

☐ **comfortable** [kʌ́mfərtəbl] 편안한

☐ **don't have to** ~할 필요가 없다 (＝don't need to)

☐ **put on** (옷을) 입다

☐ **sweat shirt** 두껍고 헐거운 스웨터(운동선수들이 보온 또는 발한용으로 입는 옷)

☐ **formal** [fɔ́:rməl] 격식을 차린, 정중한　　☐ **suit** [su:t] 정장

☐ **department store** 백화점　　☐ **fabulous** [fǽbjələs] 기막히게 좋은(멋진)

☐ **quality** [kwáləti] 품질　　☐ **various** [véəriəs] 다양한

☐ **twice[once] a month** 한 달에 두 번(한 번)　　☐ **originality** [ərìdʒənǽləti] 독창성, 개성

☐ **tool** [tu:l] 도구　　☐ **express** [iksprés] 표현하다

- [ ] **personality** [pə̀rsənǽləti] 성격
- [ ] **confident** [kánfidənt] 자신감 있는
- [ ] **attitude** [ǽtitjùːd] 태도
- [ ] **awesome** [ɔ́ːsəm] 정말 좋은, 굉장한

10.

- [ ] **vehicle** [víːikl] 차량, 탈 것
- [ ] **professor** [prəfésər] (대학) 교수
- [ ] **except for** ~을 제외하고
- [ ] **major** [méidʒər] (대학에서의) 전공
- [ ] **requirement** [rikwáiərmənt] 자격 요건; 필수 조건 (*major requirements 전공 필수 과목)
- [ ] **seldom** [séldəm] 거의 ~하지 않는
- [ ] **all day long** 하루 종일
- [ ] **assistant** [əsístənt] 조수, 조교
- [ ] **elective** [iléktiv] 선택하는; 선택강좌
- [ ] **had['d] better** ~하는 게 낫다

11.

- [ ] **have a wonderful time -ing** ~하면서 즐거운 시간을 보내다
- [ ] **get along with** ~와 어울리다
- [ ] **one another** 서로
- [ ] **nervous** [nə́ːrvəs] 불안해하는, 초조해 하는
- [ ] **memory** [méməri] 기억, 추억
- [ ] **have few chances to** ~할 기회가 거의 없다
- [ ] **shy** [ʃai] 수줍음이 많은

12.

- [ ] **make a decision** 결정을 하다
- [ ] **refund** [ríːfʌnd] 환불; 환불을 하다
- [ ] **lead someone to** ~가 …하게 하다
- [ ] **commonly** [kámənli] 일반적으로, 흔히
- [ ] **try on** (옷을) 입어보다
- [ ] **product** [prádəkt] 상품
- [ ] **It depends** 상황에 따라 다르다
- [ ] **take a long time to** ~하는 데 시간이 오래 걸리다

13.

- [ ] **get rid of** ~을 없애다
- [ ] **rest** [rest] 쉬다, 휴식을 취하다
- [ ] **emergency** [imə́ːrdʒənsi] 위급상황, 급한 일
- [ ] **be planning to** ~할 계획이다
- [ ] **be thinking of** ~할 생각(계획)이다
- [ ] **tension** [ténʃən] 긴장(감)
- [ ] **in case of** ~의 경우에
- [ ] **significant** [signífikənt] 중요한, 의미 있는
- [ ] **clean up** ~을 청소하다, 깨끗이 치우다
- [ ] **scenery** [síːnəri] 경치, 풍경

14.

- [ ] **hardly** [háːrdli] 거의 ~하지 않는
- [ ] **have enough time to** ~할 시간이 충분하다, ~하는 데 시간을 충분히 들이다
- [ ] **find time** 시간을 내다

☐ **as (often) as possible** 가능한 한 ~하게(자주)   ☐ **memorable** [mémərəbl] 잊지 못할, 기억에 남을

15.

☐ **weather forecast** 일기예보   ☐ **long-lasting** 오래 지속되는

☐ **be full of** ~로 가득하다   ☐ **harvest** [háːrvist] 수확, 추수

☐ **chilly** [tʃíli] 쌀쌀한, 추운

☐ **would rather ~ than ...** …하기보다는 ~하고 싶다

☐ **take a break** 쉬다, 휴식을 취하다   ☐ **predict** [pridíkt] 예상하다; (날씨를) 예보하다

☐ **damage** [dǽmidʒ] 피해, 손해   ☐ **property** [prápərti] 재산, 소유물

☐ **throughout** [θruːáut] ~ 동안 죽, 내내; 도처에

16.

☐ **skip** [skip] 거르다, 건너뛰다   ☐ **be used to -ing** ~하는 데 익숙하다

☐ **appetite** [ǽpətàit] 식욕, 입맛   ☐ **nutritious** [njuːtríʃəs] 영양가가 많은

☐ **substantial** [səbstǽnʃəl] (음식이) 든든한; (양이) 상당한

☐ **starve** [staːrv] 굶주리다, 굶기다   ☐ **perform** [pərfɔ́ːrm] 행하다, 수행하다; 공연하다

☐ **inefficiently** [ìnifíʃəntli] 비효율적으로   ☐ **hunger** [hʌ́ŋgər] 굶주림, 배고픔

☐ **automatically** [ɔ̀ːtəmǽtikəli] 자동적으로, 기계적으로

☐ **gain weight** 살이 찌다   ☐ **modern** [mádərn] 현대의

☐ **hectic** [héktik] 정신없이 바쁜, 빡빡한   ☐ **stomachache** [stʌ́məkeik] 복통, 배 아픔

17.

☐ **fatigue** [fətíːg] 피로 (= tiredness [táiərdnes])   ☐ **drowsy** [dráuzi] 졸리는, 나른하게 하는

☐ **grab** [græb] 붙잡다, 움켜쥐다; 잠깐 ~하다   ☐ **take a nap** 낮잠을 자다

☐ **take a bath** 목욕하다   ☐ **effective** [iféktiv] 효과적인

☐ **blood circulation** (혈액) 순환   ☐ **relax** [rilǽks] 휴식을 취하다; (근육 등의) 긴장을 풀다

☐ **tense** [tens] 긴장한, 신경이 날카로운   ☐ **muscle** [mʌ́sl] 근육

☐ **normally** [nɔ́ːrməli] 보통, 일반적으로   ☐ **in charge of** ~의 책임을 맡은

☐ **tight** [tait] 빡빡한, 꽉 찬; 단단한   ☐ **be packed with** ~로 꽉 차다

☐ **exhausted** [igzɔ́ːstid] 기진맥진한, 진이 다 빠진   ☐ **organize** [ɔ́ːrgənàiz] 준비하다, 조직하다

☐ **besides** [bisáidz] 게다가, 더욱이   ☐ **in order** 정돈된

☐ **firework** [fáiərwə̀ːrk] 불꽃놀이   ☐ **riverside** [rívərsàid] 강가, 강변

☐ **in a rush** 아주 바쁘게, 서둘러   ☐ **head back (to)** (~로) 돌아가다

☐ **get out of** ~을 버리다, 회피하다, ~에서 빠져 나오다   ☐ **energetic** [ènərdʒétik] 활동적인, 정력적인

- ☐ **refresh** [rifréʃ] 생기를 되찾게 하다, 상쾌하게 하다
- ☐ **handle** [hǽndl] ~을 다루다, 처리하다
- ☐ **overwhelming** [òuvərwélmiŋ] 압도적인, 저항하기 힘든
- ☐ **outdoor activity** 야외 활동
- ☐ **based on** ~에 기초하여

18.

- ☐ **assign** [əsáin] ((to)) ~을 (…에게) 배정〔할당〕하다
- ☐ **attend** [əténd] 참석하다
- ☐ **disturb** [distə́ːrb] 방해하다
- ☐ **feel like -ing** ~하고 싶다
- ☐ **spicy** [spáisi] 양념 맛이 강한, 매운
- ☐ **restore** [ristɔ́ːr] ~을 회복시키다
- ☐ **waste time (with) -ing** ~하느라 시간을 낭비하다
- ☐ **busy -ing** ~하느라 바쁜
- ☐ **at the same time** 동시에
- ☐ **catch up on[with]** (뒤떨어진 일을) 만회하다
- ☐ **gathering** [gǽðəriŋ] 모임
- ☐ **unbearable** [ʌnbéərəbl] 참을 수 없는
- ☐ **concentrate on** ~에 집중하다
- ☐ **relieve** [rilíːv] ~을 덜다, 경감하다
- ☐ **so that** ~하기 위해서; 그래서, 따라서
- ☐ **strength** [streŋkθ] 힘, 기운
- ☐ **task** [tæsk] 일, 작업
- ☐ **go for a picnic** 소풍 가다

19.

- ☐ **recently** [ríːsəntli] 최근에
- ☐ **suffer from** ~ 때문에 고통 받다, 고생하다
- ☐ **stuffy** [stʌ́fi] 답답한; 고루한
- ☐ **relieved** [rilíːvd] 안도하는, 다행으로 여기는
- ☐ **check-up** 건강 검진
- ☐ **stomach cancer** 위암
- ☐ **disease** [dizíːz] 병, 질병
- ☐ **endoscopy** [endáskəpi] 내시경 검사 (*endoscope 내시경)
- ☐ **symptom** [símptəm] 증상, 징후
- ☐ **diagnose** [dáiəgnòuz] ((with)) (질병을) 진단하다
- ☐ **terminal** [tə́ːrminəl] (질병이) 말기의
- ☐ **undergo** [ʌndərgóu] (안 좋은 일을) 겪다
- ☐ **remind A of B** A로 하여금 B를 생각나게 하다
- ☐ **sight** [sait] 모습, 광경
- ☐ **heartbroken** [háːrtbròukən] 가슴이 아픈, 상심한
- ☐ **protect A from B** B로부터 A를 보호하다
- ☐ **flu** [fluː] 독감, 감기
- ☐ **extreme** [ikstríːm] 극도의, 극심한
- ☐ **be in good condition** 건강하다, 컨디션이 좋다
- ☐ **medical** [médikəl] 의학의, 의료의
- ☐ **on a regular basis** 정기적으로
- ☐ **diabetes** [dàiəbíːtiːz] 당뇨병
- ☐ **colon cancer** 대장암
- ☐ **anticancer treatment** 항암 치료
- ☐ **thyroid cancer** 갑상선 암
- ☐ **plentiful** [pléntifəl] 풍부한

☐ **vaccination** [væksinéiʃən] 백신 (예방) 접종
☐ **cervical cancer** 자궁경부암
☐ **hepatitis** [hèpətáitis] 간염
☐ **work out** 운동하다
☐ **keep in shape** 건강을 유지하다, 건강하게 있다
☐ **combine** [kəmbáin] 결합하다
☐ **aerobic exercise** 유산소 운동 (↔ anaerobic exercise 무산소 운동)
☐ **build up** ~을 키우다, 더 높이다
☐ **train** [trein] 훈련(단련)하다

20.

☐ **take notice of** ~을 알아차리다, 주의하다
☐ **at best** 기껏, 잘해야
☐ **except** [iksépt] ~을 제외하고 (= but)
☐ **on the way to** ~로 가는 길
☐ **for free** 무료로, 공짜로 (= free of charge)
☐ **economical** [ì:kənámikəl] 경제적인, 실속 있는 (* economic 경제의)
☐ **viewpoint** [vjú:pɔint] 관점, 시각 (= point of view)
☐ **analogue** [ǽnəlɔ(:)g] 아날로그식의
☐ **publisher** [pʌ́bliʃər] 발행인
☐ **article** [á:rtikl] (신문의) 기사
☐ **in real time** 동시에, 즉시
☐ **numerous** [njú:mərəs] 많은
☐ **journalist** [dʒə́:rnəlist] 기자
☐ **neutrality** [nju:trǽləti] 중립
☐ **browse** [brauz] 대강 읽다, 훑어보다; 인터넷을 돌아다니다
☐ **keep track of** ~을 계속 알다, 파악하다
☐ **current** [kə́:rənt] 현재의
☐ **political** [pəlítikəl] 정치적인, 정치의
☐ **crazy about** ~에 빠져 있는
☐ **keep up with** ~에 뒤지지 않다, 보조를 맞추다
☐ **have fun** 즐거운 시간을 보내다
☐ **gossip** [gásip] 소문, 험담

21.

☐ **be on a diet** 체중감량을 하다, 다이어트를 하다
☐ **lose weight** 체중을 줄이다
☐ **yummy** [jʌ́mi] 맛있는
☐ **appease one's hunger** 요기를 하다 (*appease [əpí:z] ~을 달래다, hunger [hʌ́ŋgər] 배고픔)
☐ **prevent A from -ing** A가 ~하지 못하게 하다
☐ **overeat** [òuvərí:t] 과식하다
☐ **not A but B** A가 아니라 B인
☐ **recommend** [rèkəménd] 추천하다
☐ **cholesterol** [kəléstərɔl] 콜레스테롤
☐ **well-balanced** 균형이 잡힌
☐ **nutrition** [nju:tríʃən] 영양 (*nutrient [njú:triənt] 영양소)
☐ **fulfill** [fulfíl] 달성하다, 성취시키다
☐ **contain** [kəntéin] 포함하다
☐ **artificial** [à:rtifíʃəl] 인공의, 인조의
☐ **additive** [ǽdətiv] 첨가물

22.

- **honeymoon** [hʌ́nimùːn] 신혼여행
- **communicate** [kəmjúːnikèit] 의사소통하다
- **memorable** [mémərəbl] 기억에 남는, 잊을 수 없는
- **historical** [histɔ́(ː)rikəl] 역사적, 역사상의
- **preserve** [prizə́ːrv] 지키다, 보호하다
- **observe** [əbzə́ːrv] 관찰하다, 알다
- **attractive** [ətrǽktiv] 매력적인, 마음을 끄는
- **get on** (교통수단)에 타다
- **backpacker** [bǽkpæ̀kər] 배낭여행자
- **unfamiliar** [ʌ̀nfəmíljər] 익숙지 않은, 낯선
- **seriously** [síəriəsli] 심각하게, 진지하게
- **like-minded** 생각이 비슷한
- **structure** [strʌ́ktʃər] 구조물, 건축물
- **well known (for)** (~로) 유명한, 잘 알려진
- **trend** [trend] 경향, 추세
- **and so on** 기타 등등
- **chili** [tʃíli] 고추
- **all over the world** 세계 곳곳에
- **share** [ʃɛər] 공유하다, 나누다

23.

- **daily necessities** 생활필수품 (= basic necessities)
- **advanced** [ədvǽnst] 선진의, 고급의
- **at the same time** 동시에
- **compare** [kəmpɛ́ər] ~와 비교하다
- **spending** [spéndiŋ] 지출
- **invest in** ~에 투자하다
- **real estate** 부동산 (중개업)
- **insurance** [inʃúərəns] 보험
- **crisis** [kráisis] 위기, 공황
- **financial** [fainǽnʃəl] 재정의, 금융의
- **stagnant** [stǽgnənt] 고여 있는, 침체된
- **in order not to** ~하지 않기 위해서 (↔ in order to)
- **provide A with B** A에게 B를 제공하다
- **obsessive** [əbsésiv] 사로잡혀 있는, 강박적인
- **require** [rikwáiər] 요구(요청)하다
- **earn** [əːrn] (돈을) 벌다
- **salary** [sǽləri] 월급, 봉급
- **reduce** [ridjúːs] 줄이다, 감소시키다
- **save money** 돈을 절약하다
- **stock** [stɑk] 주식; 재고
- **take out** (보험 등을) 들다, (투자를) 하다
- **lose one's job** 직장을 잃다
- **lay off** ~을 해고하다
- **economy** [ikánəmi] 경제
- **shelter** [ʃéltər] 주거지, 피신처
- **count** [kaunt] 숫자를 세다; 중요하다

24.

- **respect** [rispékt] 존중하다, 존경하다
- **tend to** ~하는 경향이 있다
- **reputation** [rèpjutéiʃən] 평판, 명성
- **responsible** [rispánsəbl] 책임감 있는
- **employee** [implɔiíː] 직원
- **ignore** [ignɔ́ːr] 무시하다
- **trustworthy** [trʌ́stwə̀ːrði] 신뢰할(믿을) 수 있는

☐ **break a[one's] promise** 약속을 어기다 (↔ keep a[one's] promise)

☐ **unreliable** [ʌ̀nriláiəbl] 믿을 수 없는, 신뢰할 수 없는

☐ **get to** ~하게 되다, (어떤 결과에) 이르다

☐ **in the end** 결국에는

☐ **considerate** [kənsídərit] 사려 깊은, 배려하는

☐ **boost** [bu:st] 신장시키다, 북돋우다

☐ **morale** [mərǽl] 사기, 의욕

☐ **make a profit** 이윤을 내다

☐ **conservative** [kənsə́:rvətiv] 보수적인

☐ **open-minded** 마음이 열린, 편협하지 않은

☐ **in spite of** ~에도 불구하고

☐ **authoritative** [əθɔ́:ritèitiv] 권위적인, 권위 있는

25.

☐ **every other day** 이틀에 한 번

☐ **deal with** ~와 거래하다; ~을 다루다

☐ **withdraw** [wiðdrɔ́:] (돈을) 인출하다

☐ **(bank) account** 은행 계좌

☐ **neighborhood** [néibərhùd] 근처, 인근, 이웃

☐ **on foot** 걸어서, 도보로

☐ **debt** [det] 빚, 부채

☐ **owe** [ou] 빚을 지고 있다; 신세를 지고 있다

☐ **encourage** [inkə́:ridʒ] 격려하다; 조장하다

☐ **excessive** [iksésiv] 지나친, 과도한

☐ **consumption** [kənsʌ́mpʃən] 소비, 소모

☐ **approximately** [əprɑ́ksimətli] 대략, 약

☐ **wallet** [wɑ́lit] 지갑

☐ **go out for dinner** 저녁식사를 하다

26.

☐ **landscape** [lǽndskèip] 풍경

☐ **go -ing** ~하러 가다

☐ **abroad** [əbrɔ́:d] 해외로, 해외에서

☐ **chat** [tʃæt] 이야기를 나누다, 수다를 떨다

☐ **overseas** [óuvərsì:z] 해외로, 해외의

☐ **in particular** 특히

☐ **site** [sait] 위치, 장소

☐ **in every corner of the world** 세계 곳곳의

27.

☐ **regard A as B** A를 B로 여기다

☐ **considering (that)** ~을 고려하면

☐ **well-educated** 잘 교육된, 교양 있는

☐ **generally** [dʒénərəli] 일반적으로

☐ **succeed in** ~에서 성공하다

☐ **that** (부사로 쓰여) 그렇게

☐ **make it** 성공하다

☐ **private** [práivit] 사유의, 사적인; 사립의

☐ **institute** [ínstitjù:t] 기관, 협회

☐ **government** [gʌ́vərnmənt] 정부

☐ **increase** [inkrí:s] 증가하다, 늘리다

☐ **budget** [bʌ́dʒit] 예산

☐ **as well** ~도 또한

☐ **affect** [əfékt] ~에 영향을 미치다 (= have an effect on)

☐ **develop** [divéləp] 발전하다, 발전시키다

☐ **a sense of responsibility** 책임감

☐ **for oneself** 스스로

☐ **quarter** [kwɔ́:rtər] 4분의 1

- ☐ **valuable** [vǽljuəbl] 귀중한, 소중한
- ☐ **benefit** [bénəfit] 혜택, 이득; 유익하다
- ☐ **broaden** [brɔ́:dən] 넓어지다, 퍼지다; 넓히다
- ☐ **distraction** [distrǽkʃən] 집중을 방해하는 것
- ☐ **investment** [invéstmənt] 투자
- ☐ **have a chance to** ~할 기회를 갖다
- ☐ **achieve** [ətʃí:v] 성취하다
- ☐ **control A over B** A에 대해 B를 통제(제어)하다

28.

- ☐ **survive** [sərváiv] 살아남다
- ☐ **do business with** ~와 거래하다, 사업하다
- ☐ **whenever** [wenévər] ~할 때는 언제든지
- ☐ **interpreter** [intə́:rpritər] 통역사
- ☐ **grammar** [grǽmər] (언어) 문법
- ☐ **have a good[great] command of** ~을 자유자재로 구사하다
- ☐ **growing** [gróuiŋ] 커지는, 성장하는
- ☐ **competition** [kàmpitíʃən] 경쟁
- ☐ **globalized age** 세계화 시대
- ☐ **have a hard time -ing** ~하는 데 어려움을 겪다
- ☐ **translator** [trænsléitər] 번역가, 통역사
- ☐ **transaction** [trænzǽkʃən] 거래, 매매

29.

- ☐ **go on a business trip** 출장을 가다
- ☐ **international** [ìntərnǽʃənəl] 국제적인
- ☐ **give a demonstration** 시연하다, 보여주다
- ☐ **sightsee** [sáitsì:] 관광 여행하다
- ☐ **airsick** [ɛ́ərsìk] 비행기 멀미를 하는 (* airsickness 비행기 멀미)
- ☐ **bullet train** 고속 열차
- ☐ **participate in** ~에 참석하다
- ☐ **conference** [kánfərəns] 회의
- ☐ **account** [əkáunt] 계좌; 단골, 고객
- ☐ **route** [ru:t] 길, 경로, 루트

30.

- ☐ **sickly** [síkli] (몸이) 허약한
- ☐ **sugary** [ʃúgəri] 설탕이 든, 설탕 맛이 나는
- ☐ **supplement** [sʌ́plimənt] 보충물
- ☐ **multivitamin** [mʌ́ltivàitəmin] 종합 비타민제
- ☐ **immune system** 면역 체계
- ☐ **steady** [stédi] 꾸준한
- ☐ **get rid of** ~을 없애다
- ☐ **meaningless** [mí:niŋlis] 의미 없는
- ☐ **guarantee** [gæ̀rəntí:] ~을 보장하다
- ☐ **come down with** (병에) 걸리다
- ☐ **dietary** [dáiətèri] 음식물의, 식이요법의
- ☐ **pill** [pil] 알약
- ☐ **improve** [imprú:v] 향상시키다
- ☐ **balanced** [bǽlənst] 균형 잡힌, 안정된
- ☐ **cut down on** ~을 줄이다
- ☐ **no matter how** 아무리 ~할지라도
- ☐ **tons of** 다수의

토익 스피킹의 성패를 좌우하는

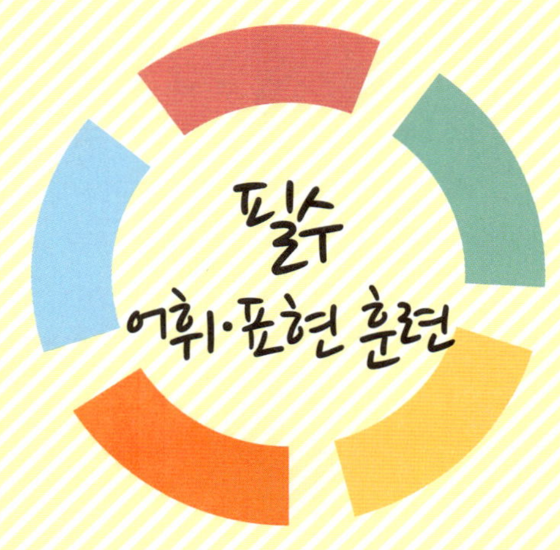

II. 표현 *Patterns*

Speaking에서 문법이란 일정한 패턴 읽기이다. TOEIC Speaking 답변 표현에 적절한 패턴 또는 표현들만 잘 익혀 두어도 어떤 질문을 만나든 두려움 없이 답할 수 있는 용기가 생길 것이다. 다음의 패턴[표현]들을 잘 익혀 두어 TOEIC Speaking 실력을 한 단계 업그레이드 시키도록 하자. 🎧 P3_PT

1. It takes about 10 minutes by subway.
지하철로 10분 정도 걸립니다.

> It takes 　시간　 by 　교통수단　 : 　교통수단　 으로 … 시간 이 걸린다

다음 표현을 소리 내어 세 번 읽은 후, 자신의 상황에 맞추어 문장을 만들어 보자.

☐ It takes about 2 hours by subway. 지하철로 2시간 정도 걸립니다.

☐ It only takes five minutes on foot. 걸어서 5분밖에 걸리지 않습니다.

☐ It takes maybe 15 minutes to get there by car. 거기까지 차로 아마 15분 정도 걸릴 거예요.

My Sentence

2. It is the fastest way to go to my destination in the morning.
그것은 아침시간에 목적지까지 가는 가장 빠른 방법입니다.

> It is the fastest way to 동사 : 그것이   하는 가장 빠른 방법이다

다음 표현을 소리 내어 세 번 읽은 후, 자신의 상황에 맞추어 문장을 만들어 보자.

- ☐ It is the fastest way to get to the airport. 그것이 공항으로 가는 가장 빠른 방법입니다.
- ☐ It is the fastest way to go to my workplace. 그것이 직장으로 가는 가장 빠른 방법입니다.
- ☐ It is the fastest way to lose weight. 그것이 살을 빼는 가장 빠른 방법입니다.

My Sentence

---

3. I eat out once a week.
저는 일주일에 한 번 외식을 합니다.

> Eat out 횟수 : … 차례 외식하다

다음 표현을 소리 내어 세 번 읽은 후, 자신의 상황에 맞추어 문장을 만들어 보자.

- ☐ I eat out twice a day. 저는 하루에 2번 외식을 합니다.
- ☐ I eat out all the time. 저는 항상 외식을 합니다.
- ☐ I usually eat out more than ten times during the weekdays.
  저는 주중에 주로 10번 넘게 외식을 합니다.

My Sentence

---

4. I like to eat Korean food.
저는 한국 음식 먹는 것을 좋아합니다.

> Like to eat   food: 음식 먹는 것을 좋아하다

다음 표현을 소리 내어 세 번 읽은 후, 자신의 상황에 맞추어 문장을 만들어 보자.

- ☐ I like to eat western food. 저는 서양 음식 먹는 것을 좋아합니다.
- ☐ I like to eat Italian food when I go out. 외식할 땐 이탈리아 음식 먹는 것을 좋아합니다.
- ☐ I like to eat Chinese food from time to time. 저는 때때로 중국 음식 먹는 것을 좋아합니다.

My Sentence

5. I mostly watch romantic comedies.
저는 주로 로맨틱 코미디를 즐겨 봅니다.

> Watch 영화 장르 : ⬚ 장르를 즐겨 보다

- ☐ I mainly watch action movies. 저는 주로 액션영화를 즐겨 봅니다.
- ☐ I watch horror movies all the time. 저는 항상 공포영화를 즐겨 봅니다.
- ☐ I mostly enjoy watching sci-fi movies. 저는 주로 공상과학영화를 즐겨 봅니다.

My Sentence

6. I look up some movies to watch with my children.
저는 아이들과 같이 볼 영화를 찾고 있습니다.

> Look up 명사 , Look 대명사 up: ⬚ 을 찾아보다

- ☐ I looked it up on the website. 저는 웹사이트에서 그것을 찾아보았습니다.
- ☐ He tried to look up this word in the dictionary. 그는 사전에서 이 단어를 찾아보려고 노력했다.
- ☐ I was looking up some information on the Internet. 저는 인터넷에서 정보를 좀 찾고 있었습니다.

My Sentence

7. My favorite coffee is Café Latte.
제가 가장 좋아하는 커피는 카페 라테입니다.

> My favorite ⬚ (of all time) is ⬚ : 내가 가장 좋아하는 ⬚ 은 ⬚ 이다

- ☐ My favorite vacation spot of all time is Jeju Island. 지금껏 제가 가장 좋아하는 휴가지는 제주도입니다.
- ☐ My favorite sports player is Yuna Kim. 제가 가장 좋아하는 운동선수는 김연아입니다.
- ☐ My favorite movie of all time is Titanic. 지금껏 제가 가장 좋아하는 영화는 타이타닉입니다.

My Sentence

8. I drink two cups of coffee a day.
저는 커피를 하루에 2잔 마십니다.

Drink coffee 횟수 : … 차례 커피를 마시다

- I drink coffee once or twice a week. 저는 일주일에 한두 번 커피를 마십니다.
- I drink coffee more than three times a week. 저는 일주일에 세 번 이상 커피를 마십니다.
- I hardly drink coffee most days. 저는 평소에 커피를 거의 마시지 않습니다.

9. I'm cheering for SK Wyverns.
저는 SK 와이번즈를 응원합니다.

Be cheering for 팀명/선수 : 팀/선수 를 응원하다

- I am cheering for KIA Tigers. 저는 기아 타이거즈를 응원합니다.
- I am cheering for Manchester United. 저는 맨체스터 유나이티드를 응원합니다.
- I am always cheering for my home team. 홈팀을 항상 응원합니다.

10. I usually play table-tennis with my friends.
저는 친구와 주로 탁구를 칩니다.

Play 스포츠 (with 사람): 스포츠 를 (와 함께) 하다

- I played dodge ball with my classmates yesterday. 저는 어제 같은 반 친구들과 피구를 했습니다.
- I am going to play baseball on Sunday with my friends.
  저는 친구들과 일요일에 야구를 할 예정입니다.
- I won't be able to play badminton for a while. 저는 당분간 배드민턴을 칠 수 없을 것 같습니다.

11. I read books on my way to work.
저는 출근길에 책을 읽습니다.

Read books `시간 부사구` :   때 책을 읽다

- ☐ I always read books on the weekend. 저는 주말에 항상 책을 읽습니다.
- ☐ I usually read a book on my way home. 저는 집에 가는 길에 주로 책을 읽습니다.
- ☐ I read two books on vacation. 저는 휴가 때 책 2권을 읽었습니다.

12. I prefer reading novels.
저는 소설 읽는 것을 좋아합니다.

Prefer reading   :   읽는 것을 선호하다[좋아하다]

- ☐ I prefer reading sports magazines the most. 저는 스포츠 잡지 읽기를 가장 좋아합니다.
- ☐ I prefer reading biographies of famous people. 저는 유명한 사람들의 전기를 읽는 것을 선호합니다.
- ☐ I recently prefer reading self-help books. 저는 최근에 자기 계발서 읽기를 좋아합니다.

13. I use my cellphone to check my email.
저는 이메일을 확인하는 데 휴대전화를 사용합니다.

Use cellphone to `동사` :   하는 데 휴대전화를 사용하다

- ☐ I use my cellphone to read online news every morning.
  저는 매일 아침 온라인 뉴스를 보는 데 휴대전화를 사용합니다.
- ☐ I use my cellphone to surf the Internet. 저는 인터넷 서핑을 하는 데 휴대전화를 사용합니다.
- ☐ I usually use my cellphone to make an appointment with my clients.
  저는 고객과 약속을 잡는 데 주로 휴대전화를 사용합니다.

14. **I have used this cellphone for the last two years.**
저는 지난 2년 동안 이 휴대전화를 사용했습니다.

Have used this cellphone for 기간 : … 기간 동안 이 휴대전화를 사용했다

☐ **I have used this cellphone for the last three months.** 저는 지난 3개월간 이 휴대전화를 사용했습니다.

☐ **I have used this cellphone for the last five years. But it is still in good condition.**
저는 지난 5년간 이 휴대전화를 사용했습니다. 그러나 아직 상태가 괜찮습니다.

☐ **I have used this cellphone for about a year. And I don't plan on changing it yet.**
저는 약 1년 동안 이 휴대전화를 사용했습니다. 그리고 저는 아직 이것을 바꿀 계획이 없습니다.

My Sentence

15. **I use the Internet for one and a half hours a day.**
저는 하루에 한 시간 반 정도 인터넷을 사용합니다.

Use the Internet 횟수 : … 만큼 인터넷을 사용하다

☐ **I use the Internet almost every day.** 저는 거의 매일같이 인터넷을 사용합니다.

☐ **I usually use the Internet more than 20 hours a week.**
저는 주로 일주일에 20시간 이상 인터넷을 사용합니다.

☐ **I use the Internet less than 2 hours a day.** 저는 하루에 2시간 미만으로 인터넷을 사용합니다.

My Sentence

16. **I usually surf the Internet using my computer.**
저는 주로 컴퓨터로 인터넷 서핑을 합니다.

Using/On my computer: 컴퓨터로

☐ **I take care of documents using my computer.** 저는 컴퓨터로 서류를 정리합니다.

☐ **I sometimes watch movies on my computer.** 저는 가끔 컴퓨터로 영화를 봅니다.

☐ **I always shop online on my computer.** 저는 항상 컴퓨터로 온라인 쇼핑을 합니다.

My Sentence

17. I usually wear formal suits.
저는 주로 정장을 입습니다.

Wear 옷 종류 : 　　　　 을 입다

☐ I wear blue jeans almost every day. 저는 거의 매일 청바지를 입습니다.

☐ I always wear sweat shirts and training pants. 저는 항상 운동복을 입습니다.

☐ I usually wear a long-sleeved T-shirt and pants on weekends.
저는 주말에는 주로 긴 팔 티셔츠와 바지를 입습니다.

My Sentence

18. I usually buy clothes at department stores.
저는 백화점에서 주로 옷을 삽니다.

Buy clothes at 장소 : 　　　　 에서 옷을 사다

☐ I sometimes buy clothes at the mall in my neighborhood.
저는 가끔 집 근처 쇼핑센터에서 옷을 삽니다.

☐ I buy clothes at a thrift store from time to time. 저는 때때로 중고 할인 매장에서 옷을 삽니다.

☐ I bought a flower-patterned dress at the outlet last Saturday.
저는 지난 토요일에 아울렛에서 꽃무늬 드레스를 샀습니다.

My Sentence

19. I take the subway to go to school.
저는 등교를 할 때 지하철을 탑니다.

Take 교통수단 to go to school: 학교 갈 때 　　　　 을 타다

☐ I take the bus to go to school. 저는 등교할 때 버스를 탑니다.

☐ I take the train to go to school. 저는 학교에 갈 때 기차를 탑니다.

☐ I don't take any public transportation to go to school because I live on campus.
저는 학교 교정 안에 살기 때문에 학교 갈 때 대중교통을 타지 않습니다.

My Sentence

20. I go to the school library once a week.
저는 일주일에 한 번 학교 도서관에 갑니다.

Go to the library　횟수　:　… 번　도서관에 가다

- [ ] I go to the library twice a year. 저는 일 년에 두 번 도서관에 갑니다.
- [ ] I go to the school library four times a month. 저는 한 달에 네 번 학교 도서관에 갑니다.
- [ ] I seldom go to the library. 저는 도서관에 거의 가지 않습니다.

My Sentence

21. I meet my friends three or four times a month.
저는 한 달에 세네 번 정도 친구들을 만납니다.

Meet my friends　횟수/시간　:　… 번/언제　친구들을 만나다

- [ ] I usually meet my friends twice a week. 저는 보통 일주일에 두 번 친구들을 만납니다.
- [ ] I meet my friends after work. 저는 퇴근 후에 친구들을 만납니다.
- [ ] I often meet my friends at lunchtime. 저는 종종 점심시간에 친구들을 만납니다.

My Sentence

22. My friend and I had fun at a café.
친구와 저는 카페에서 재미있는 시간을 보냈습니다.

Have fun at　장소　:　　에서 재미있는 시간을 보내다

- [ ] My friend and I had so much fun at the amusement park.
  친구와 저는 놀이공원에서 정말 재미있는 시간을 보냈습니다.
- [ ] My friend and I had a lot of fun at home. 친구와 저는 집에서 굉장히 재미있게 놀았습니다.
- [ ] My friend and I had fun at the concert last night.
  지난밤에 제 친구와 저는 콘서트장에서 즐거운 시간을 보냈습니다.

My Sentence

23. I usually go shopping with my friends.
저는 주로 친구들과 쇼핑을 하러 갑니다.

Go shopping (with 사람): (　　　와 함께) 쇼핑을 가다

☐ I go shopping with my sister from time to time. 저는 때때로 언니와 쇼핑을 갑니다.

☐ I hardly go shopping with my boyfriend. 저는 남자친구와는 거의 쇼핑을 가지 않습니다.

☐ I go shopping by myself all the time. 저는 항상 혼자 쇼핑을 갑니다.

My Sentence

24. It depends, but I commonly shop for two hours.
상황마다 다르지만, 저는 보통 쇼핑할 때 2시간 정도 걸립니다.

It depends (on) 　　　 : 상황마다 다르다, 그것은 　　　 에 달려 있다

☐ It depends on the weather tomorrow. 그것은 내일 날씨에 달려 있습니다.

☐ It depends on the decisions that you are going to make.
그것은 당신이 내리는 결정에 달려 있습니다.

☐ It depends on your eating habits. 그것은 당신의 식습관에 달려 있습니다.

My Sentence

25. I like to spend my free time watching TV shows.
저는 쉴 때 TV 쇼를 보며 시간을 보내는 것을 좋아합니다.

Like to spend my free time 　　　ing: 쉴 때 　　　 하는 것을 좋아하다,
　　　 하며 자유시간 보내는 것을 좋아하다

☐ I like to spend my free time reading comics. 저는 만화책을 읽으며 자유시간 보내는 것을 좋아합니다.

☐ I like to spend my free time doing nothing. 저는 아무것도 하지 않고 쉬는 것을 좋아합니다.

☐ I like to spend my free time playing tennis with friends.
저는 친구들과 테니스 치면서 자유시간 보내는 것을 좋아합니다.

My Sentence

26. I am planning to clean up my room this weekend.
저는 이번 주말에 방 청소를 할 계획입니다.

> Be planning to 동사
> Be thinking of ___ing this weekend: 이번 주말에 ___할 계획이다

☐ I am planning to visit Jeju Island this weekend. 저는 이번 주말에 제주도에 갈 계획입니다.

☐ I am planning to meet my friends this weekend. 저는 이번 주말에 친구들을 만날 계획입니다.

☐ I am thinking of taking care of house chores this weekend.
저는 이번 주말에는 집안일을 하려고 생각 중입니다.

27. I have four members in my family. There are Father, Mother, a sister, and me.
우리 가족은 아버지, 어머니, 누나 그리고 나, 4명입니다.

> Have 숫자 members in my family: 우리 가족은 ___명이다

☐ I have five members in my family. There are grandfather, parents, a younger brother, and me. 우리 가족은 할아버지, 부모님, 남동생, 그리고 나 5명입니다.

☐ I have seven members in my family; grandparents, parents, two brothers, and me. 우리 가족은 할아버지, 할머니, 부모님, 형 둘과 나, 7명입니다.

☐ I have three members in my family. I am the only child. 우리 가족은 3명입니다. 저는 외동입니다.

28. I went to Hong Kong with my family two weeks ago.
저는 2주 전에 가족들과 홍콩에 다녀왔습니다.

> Go to 장소 with my family 시기 : 언제 가족과 ___에 가다

☐ I went to Canada with my parents six months ago. 저는 6개월 전에 부모님과 캐나다에 다녀왔습니다.

☐ I went to Japan with my family last summer. 저는 지난여름에 가족과 일본에 다녀왔습니다.

☐ I went to China with my family last year. It was a memorable experience to me.
저는 작년에 가족들과 함께 중국에 다녀왔습니다. 저에겐 잊지 못할 경험이었습니다.

29. I check the weather forecast on the TV news every day.
저는 매일 TV 뉴스로 날씨를 확인합니다.

> Check the weather forecast 통신수단 :   을 통해 일기예보[날씨]를 확인하다

- ☐ I always check the weather forecast over the radio. 저는 항상 라디오를 통해 날씨를 확인합니다.
- ☐ I check the weather forecast using my Smartphone during the day.
  저는 낮에 스마트폰으로 날씨를 확인합니다.
- ☐ I check the weather forecast on the Internet in the morning.
  저는 아침에 인터넷에서 날씨를 확인합니다.

My Sentence

30. It is going to be snowing later.
이따가 눈이 올 것 같습니다.

> It is going to be 형용사/명사 : 날씨가   할 것 같다

- ☐ It is going to be rainy all day long. 하루 종일 비가 내릴 것 같습니다.
- ☐ It is going to be a snowy weekend. 눈이 내리는 주말이 될 것 같습니다.
- ☐ According to the weather forecast, it is going to be cloudy with occasional
  showers. 일기예보에 의하면, 때때로 소나기가 내리며 흐릴 것 같습니다.

My Sentence

31. I usually have a glass of milk for breakfast.
저는 주로 우유 한잔을 아침식사로 마십니다.

> Have   for breakfast: 을 아침식사로 먹다

- ☐ I usually have a sandwich for breakfast. 저는 주로 샌드위치를 아침식사로 먹습니다.
- ☐ I always have toast and coffee for breakfast. 저는 항상 토스트와 커피를 아침식사로 먹습니다.
- ☐ I have an egg for breakfast about three or four times a week.
  저는 일주일에 세네 번 정도 계란 하나를 아침식사로 먹습니다.

My Sentence

32. I have breakfast almost every day.

저는 거의 매일 아침을 먹습니다.

Have breakfast [시간] : [언제] 아침을 먹다

- ☐ I usually have breakfast at 7 a.m. in the morning. 저는 주로 아침 7시에 아침식사를 합니다.
- ☐ I have breakfast from 6:30 to 7 a.m. all the time. 저는 항상 6시 30분에서 7시 사이에 아침을 먹습니다.
- ☐ I had breakfast at 8 o'clock in the morning. 저는 아침 8시에 아침을 먹었습니다.

My Sentence

---

33. I feel the most tired when I get out of bed.

저는 잠자리에서 일어날 때 가장 피곤함을 느낍니다.

I feel the most tired when I [동사] : [ ] 할 때 가장 피곤함을 느끼다

- ☐ I feel the most tired when I finish my workload. 저는 업무를 끝내고 나면 가장 피곤함을 느낍니다.
- ☐ I feel the most tired when I work overtime. 저는 초과근무를 하고 나면 가장 피곤함을 느낍니다.
- ☐ I usually feel the most tired when I am starving. 저는 주로 배고플 때 가장 피곤함을 느낍니다.

My Sentence

---

34. I try to take a nap for a while to get rid of my tiredness.

저는 피곤함을 없애기 위해 잠시라도 낮잠을 자려고 노력합니다.

Try to [동사] to get rid of my tiredness: 피곤함을 없애기 위해 [ ] 하려 노력하다

- ☐ I try to take a bath to get rid of my tiredness. 저는 피곤함을 없애기 위해 목욕을 하려고 노력합니다.
- ☐ I try to do yoga to get rid of my tiredness. 저는 피곤함을 없애기 위해 요가를 하려고 노력합니다.
- ☐ I always try to go for a sauna to get rid of my tiredness.

  저는 피곤함을 없애기 위해 항상 사우나를 하려고 합니다.

My Sentence

35. I am usually the most busy at the end of the year.

저는 연말에 가장 바쁩니다.

> Be the most busy at 시간/when : …에/때 가장 바쁘다

- ☐ I am the most busy at exam periods. 저는 시험기간에 가장 바쁩니다.
- ☐ I am the most busy at the holiday season. 저는 휴가 기간에 가장 바쁩니다.
- ☐ I am the most busy when I prepare for the quarterly seminar.

  저는 분기 세미나를 준비할 때 가장 바쁩니다.

36. I am busy preparing for the exam.

저는 시험을 준비하느라 바쁩니다.

> Be busy   ing :   을 하느라 바쁘다

- ☐ I am always busy taking care of house chores. 저는 집안일을 돌보느라 항상 바쁩니다.
- ☐ I will be busy figuring out the profit and losses. 저는 손익을 계산하느라 바쁠 것 같습니다.
- ☐ I was busy preparing my presentation for the conference.

  저는 회의 발표를 준비하느라 바빴습니다.

37. When I have a cold, I try to eat a lot of fruit.

저는 감기에 걸리면 과일을 많이 먹으려고 합니다.

> When I have a cold: 감기에 걸리면

- ☐ When I have a cold, I go to see a doctor. 감기 걸리면 저는 병원에 갑니다.
- ☐ When I have a cold, I take a pill and stay at home. 감기에 걸리면 저는 약을 먹고 집에서 쉽니다.
- ☐ When I have a cold, I always go to bed early. 감기 걸리면 저는 항상 일찍 잡니다.

38. I work out on a regular basis to keep in shape.
저는 건강을 유지하기 위해 주기적으로 운동을 합니다.

> To keep in shape: 건강을 유지하기 위해

- ☐ I exercise every day to keep in shape. 저는 건강을 유지하기 위해 매일 운동을 합니다.
- ☐ I try to eat vegetables and fruit to keep in shape.
  저는 건강을 유지하기 위해 채소와 과일을 먹으려고 노력합니다.
- ☐ I drink a lot of water to keep in shape. 저는 건강을 유지하기 위해 물을 많이 마십니다.

My Sentence

39. I read a newspaper every morning.
저는 매일 아침 신문을 읽습니다.

> Read a newspaper 시간/때 : 언제 신문을 읽다

- ☐ I read a newspaper every day but weekends. 저는 주말을 제외하고 매일 신문을 읽습니다.
- ☐ I usually read the newspaper on the subway on my way to work.
  저는 주로 출퇴근길에 지하철 안에서 신문을 읽습니다.
- ☐ I read a newspaper before I go to bed. 저는 자기 전에 신문을 읽습니다.

My Sentence

40. I read the sports news section first.
저는 스포츠 면을 가장 먼저 읽습니다.

> Read ___ section/column first: (신문에서) ___ 면을 가장 먼저 읽다

- ☐ I read the business section first. 저는 경제경영 면을 가장 먼저 읽습니다.
- ☐ I always read the entertainment section first. 저는 항상 연예 면을 가장 먼저 읽습니다.
- ☐ I usually read the political column first. 저는 정치 면을 가장 먼저 읽습니다.

My Sentence

41. I usually have a milk shake for a snack.
저는 주로 간식으로 밀크셰이크를 먹습니다.

> Eat ______ for a snack: 간식으로 ______을 먹다

- ☐ I sometimes eat yogurt for a snack. 저는 가끔 간식으로 요구르트를 먹습니다.
- ☐ I mostly eat a chocolate cookie for a snack. 저는 대개 간식으로 초콜릿 쿠키를 먹습니다.
- ☐ I eat ice cream for a late-night snack occasionally. 저는 가끔 야식으로 아이스크림을 먹습니다.

42. It is better to have a snack to appease your hunger.
배고픔을 달래기 위해서라면 간식을 먹는 게 좋습니다.

> It is better to have 명사 to 동사 : 동사 하기 위해서 ______을 먹는 게 좋다

- ☐ It is better to have a snack to relieve your stress. 스트레스 해소를 위해 위해서는 간식을 먹는 게 좋습니다.
- ☐ It is better to have low-calorie drinks to keep in shape.
  건강을 위해서 칼로리가 낮은 음료를 마시는 게 좋습니다.
- ☐ It is better not to have a snack to stay healthy. 건강을 유지하기 위해서는 간식을 먹지 않는 게 좋습니다.

43. The last time I traveled was last summer.
제가 마지막으로 여행을 간 때는 지난여름이었습니다.

> The last time 주어 + 동사 was 경험 시점 : 마지막으로 ______ 했던 때는
> 경험 시점 이었다

- ☐ The last time I visited the museum was two weeks ago.
  제가 마지막으로 박물관을 간 것은 2주 전이었습니다.
- ☐ The last time I took the bus was last month. 제가 마지막으로 버스를 탄 때는 지난달이었습니다.
- ☐ The last time I went abroad was seven months ago.
  제가 마지막으로 해외에 간 때는 7개월 전이었습니다.

44. I consider Jeju Island to be the best place for tourists.
제주도는 관광객에게 최고의 장소라고 생각합니다.

Consider 장소 as the best place for ▢▢▢ : 장소 를 ▢▢▢ 을 위한 최고의 장소라 생각하다

- ☐ I consider Busan to be the best place for tourists. 부산은 관광객에게 최고의 장소라고 생각합니다.
- ☐ I consider Italy to be the best place for shopping. 이탈리아는 쇼핑을 위한 최고의 장소라고 생각합니다.
- ☐ I consider Hawaii to be the best place for honeymooners.
  하와이는 신혼여행을 위한 최고의 장소라고 생각합니다.

My Sentence

45. I save money for my future.
저는 미래를 위해 돈을 모읍니다.

Save money for 명사 / to 동사 : ▢▢▢ 을 위해[하기 위해] 돈을 모으다

- ☐ I am saving money to buy a new car. 저는 새 차를 구입하기 위해 돈을 모읍니다.
- ☐ I save 20 percent of my salary for a rainy day each month.
  저는 매달 만일에 대비해 월급에서 20%를 저축합니다.
- ☐ I can save money in many different ways. 저는 여러 다양한 방식으로 돈을 저축할 수 있습니다.

My Sentence

46. Money is important because it provides us with the necessities of life.
돈은 생활에 꼭 필요한 것들을 제공해주기 때문에 중요합니다.

Money is important because 주어 + 동사 : ▢▢▢ 때문에 돈이 중요하다

- ☐ Money is important because it enables me to do a lot of things.
  돈은 많은 것들을 할 수 있게 해주기 때문에 중요합니다.
- ☐ Money is important because it rules the world these days.
  요즘은 돈이 세상을 지배하기 때문에 돈이 중요합니다.
- ☐ Money is important because doing most things requires money.
  대부분의 일들을 하는 데는 돈이 들기 때문에 돈은 중요합니다.

My Sentence

47. I like my boss because she is trustworthy and responsible.
제 상사는 믿을 수 있고 책임감이 있어서 저는 그녀를 좋아합니다.

> I like my boss because 　주어　 + 　동사　 : 나의 상사는 　　　　 해서 좋아한다

- ☐ I like my boss because she is reliable. 제 상사는 신뢰할 수 있는 사람이라서 좋아합니다.
- ☐ I like my boss because she is an energetic and creative person.
  제 상사는 에너지가 넘치고 창의적이라서 저는 그녀를 좋아합니다.
- ☐ I do not like my boss because she is impolite and ill-mannered.
  제 상사는 예의 없고 무례한 사람이라서 저는 그녀를 별로 좋아하지 않습니다.

My Sentence

48. I want to be a trustworthy boss.
저는 믿음직스러운 상사가 되고 싶습니다.

> Want to be a/an 　　　　 boss : 　　　　 한 상사가 되고 싶다

- ☐ I want to be a responsible and ambitious boss. 저는 책임감 있고 야심 찬 상사가 되고 싶습니다.
- ☐ I always want to be a considerate boss. 저는 이해심이 많은 상사가 되길 항상 원합니다.
- ☐ I don't want to be a conservative boss. 저는 보수적인 상사가 되고 싶지 않습니다.

My Sentence

49. I am now dealing with Citi bank.
저는 시티 은행과 거래하고 있습니다.

> Be dealing with 　　　　 bank : 　　　　 은행과 거래하고 있다

- ☐ I am dealing with Hana bank. 저는 하나 은행과 거래하고 있습니다.
- ☐ I am currently dealing with the KB bank. 저는 최근에는 KB 은행과 거래하고 있습니다.
- ☐ I have been dealing with Woori Bank for more than a decade.
  저는 10년 이상 우리 은행과 거래하고 있습니다.

My Sentence

50. I prefer paying by credit card.
저는 신용카드로 결제하는 것을 선호합니다.

> Prefer paying by/in ______ : ______ 로 계산하는 걸 선호하다

☐ I prefer paying by debit card all the time. 저는 언제나 체크카드로 결제하는 걸 선호합니다.

☐ I prefer paying in cash in general. 저는 보통 현금으로 결제하는 걸 선호합니다.

☐ I prefer paying by check rather than paying by credit card.
저는 신용카드보다 수표로 결제하는 걸 더 좋아합니다.

My Sentence

51. I would like to go to Busan this summer.
저는 이번 여름에는 부산에 가고 싶습니다.

> Would like to go to 장소 : ______ 에 가고 싶다

☐ I would like to go to Jeju Island this summer where I can enjoy the beautiful
landscape. 이번 여름에는 아름다운 경관을 즐길 수 있는 제주도에 가고 싶습니다.

☐ I would like to go to Canada again for my vacation this summer.
이번 여름 방학에는 캐나다에 다시 한 번 가고 싶습니다.

☐ I would like to go to New York City this Christmas. 이번 크리스마스에는 뉴욕에 가고 싶습니다.

My Sentence

52. I prefer traveling with friends to traveling by myself.
저는 혼자 여행하는 것보다 친구들과 같이 여행하는 것을 선호합니다.

> Prefer A to B : B보다 A하는 것을 선호하다

☐ I prefer traveling in a group to traveling by myself.
저는 혼자 여행하는 것보다 그룹으로 여행하는 것을 선호합니다.

☐ I prefer traveling overseas to staying at home. 저는 집에 있는 것보다 외국 여행하는 걸 선호합니다.

☐ I prefer traveling by train to traveling by car. 저는 자동차 여행보다 기차 여행을 선호합니다.

My Sentence

53. I regard education as an important thing in my life.
저는 인생에서 교육이 중요하다고 생각합니다.

> I regard ______ as important/necessary/crucial in my life:
> 나는 인생에서 ______ 이 중요하다고 생각한다

- ☐ I regard time management as a necessary thing in my life.
  저는 인생에서 시간관리가 꼭 필요하다고 생각합니다.
- ☐ I regard health as a crucial factor of my life. 저는 인생에서 건강이 중요한 요소라 생각합니다.
- ☐ I regard reliability as the most important thing in my life.
  저는 인생에서 신뢰가 가장 중요하다고 생각합니다.

My Sentence

54. I spend a quarter of my salary on education.
저는 월급의 4분의 1을 교육비로 씁니다.

> Spend money on education: 교육비로 (돈을) 쓰다

- ☐ I usually spend a quarter of my salary on education. 저는 주로 월급의 4분의 1을 교육비로 씁니다.
- ☐ I only spend 20 percent of my annual salary on education.
  저는 연봉에서 단 20퍼센트 정도만 교육비로 씁니다.
- ☐ I seldom spend some money on education. 저는 교육비로 돈을 거의 쓰지 않습니다.

My Sentence

55. I spend about 2 hours a day studying English.
저는 하루에 2시간 정도 영어공부를 합니다.

> Spend 시간 to 동사 : 동사 하는 데 ______ 동안 시간을 쓰다,
> ______ 시간 동안 동사 하다

- ☐ I spend an hour a day working out in the park. 저는 하루에 한 시간 공원에서 운동을 합니다.
- ☐ I spend more than 10 hours a week practicing swimming.
  저는 일주일에 10시간 이상 수영 연습하는 데 시간을 보냅니다.
- ☐ I spend approximately 4 hours a day using my computer.
  저는 하루에 약 4시간 정도 컴퓨터를 사용합니다.

My Sentence

56. I study English to get a job in other countries.
저는 외국에서 일을 하기 위해 영어를 공부합니다.

Study English to 동사 : 　　　　하기 위해서 영어 공부를 하다

☐ I study English to do business with foreign partners.
저는 해외 협력업체와 일하기 위해 영어를 공부합니다.

☐ I always study English to communicate with others well.
저는 다른 사람들과 의사소통을 잘하기 위해 항상 영어를 공부합니다.

☐ I had to study English to get a promotion. 저는 승진을 하기 위해 영어를 공부해야 했습니다.

My Sentence

57. I go on a business trip once a week.
저는 일주일에 한 번 출장을 갑니다.

Go on a business trip to 장소 : 　　　　로 출장을 가다

☐ I go on a business trip to Japan all the time. 저는 항상 일본으로 출장을 갑니다.

☐ I go on a business trip to the United States almost once a year.
저는 거의 일년에 한 번 미국으로 출장을 갑니다.

☐ I usually go on a business trip to Germany twice a year. 저는 일년에 2번 독일로 출장을 갑니다.

My Sentence

58. I usually take a bus when I go on a business trip.
저는 출장을 갈 때 주로 버스를 탑니다.

Take 교통수단 when I go on a business trip : 출장을 갈 때 　　　　을 타다

☐ I always take the KTX when I go on a business trip to Daegu.
저는 대구로 출장을 갈 때 항상 KTX를 탑니다.

☐ I sometimes take an airplane when I go on a business trip to Busan.
저는 부산으로 출장을 갈 때 가끔 비행기를 탑니다.

☐ I prefer taking a train when I go on a business trip to Yeosu.
저는 여수로 출장을 갈 때 기차 타는 것을 선호합니다.

My Sentence

59. I came down with a cold yesterday.
저는 어제 감기에 걸렸습니다.

Come down with 질병 :   에 걸리다

☐ I have just come down with the flu. 저는 독감에 걸렸습니다.

☐ I think I am coming down with something. It is probably the flu.
저는 몸이 아픈 거 같습니다. 아마도 독감 같습니다.

☐ I seem to be coming down with a cold. 저는 감기에 걸린 것 같습니다.

60. Jogging helps me a lot to lose some weight.
조깅은 체중감량에 큰 도움이 됩니다.

          helps me a lot to 동사 :   가 동사 하는 데 큰 도움이 되다

☐ Riding a bike helps me a lot to lose some weight. 자전거 타기는 체중감량에 큰 도움이 됩니다.

☐ Swimming helps me a lot to stay healthy. 수영은 건강을 유지하는 데 큰 도움이 됩니다.

☐ Doing yoga always helps me a lot to build up my stamina.
요가를 하는 것은 체력을 기르는 데 항상 큰 도움이 됩니다.

토익 스피킹 준비가 완벽해지는

I. Q4-5 혹독훈련

다시 한 번 강조하지만, 4, 5번의 문제의 만점 비법은 육하원칙 질문들을 많이 다루어 보는 것이다. 그러나 이러한 문제들을 수박 겉핥기식으로 질문-답-질문-답의 형태로 기계적으로 외워서는 언제 어느 상황에서 튀어나올지 모르는 문제들에 제대로 대처할 수 없다. 충분한 예문은 물론, 언제 어느 때나 써먹을 수 있는 답변 포맷(Format)을 머릿속에 입력하는 것이 중요하다. 🎧 P3_ST 01

When으로 시작하는 질문　　　　　　　　　　～을 하는 때나 시간에 대한 질문

❶ 질문 유형

1) When do you (usually) ~? 언제 주로 ~을 하나요?

When do you drink coffee? 언제 커피를 마시나요?

When do you usually listen to music? 언제 주로 음악을 듣나요?

When do you usually use the Internet? 언제 주로 인터넷을 사용하나요?

When do you usually use disposable items? 언제 주로 일회용품을 사용하나요?

2) When was the last time ~? 언제 마지막으로 ~을 했나요?

When was the last time you repaired your house? 언제 마지막으로 집을 수리했나요?

When was the last time you purchased soda? 언제 마지막으로 음료수를 구입했나요?

When was the last time you visited a museum? 언제 마지막으로 박물관에 갔나요?

3) When do you want to ~? 언제 ~을 하고 싶나요?

When do you want to go on a vacation? 언제 휴가를 가고 싶은가요?

When do you want to eat out with your family? 언제 가족과 외식을 하고 싶은가요?

Strategy! 공략 전략

전략 1. 주어 you는 I로 바꾼다. 단, you가 없는 질문은 when에 대한 답이 주어가 될 수 있다.

when으로 시작하면 때/시간이 답이다.

전략 2. 중요한 동사부는 그대로 읽는다.

전략 3. 시간을 나타내는 부사구(절) 표현을 습득하여 답 문장 마지막에 사용한다.

at three p.m.	in the morning	at night
on Monday	during the holiday	when I feel down
before I go to bed	while I am in the subway 등	

❷ 전략 적용의 예

빈칸에 대한 내용은 본인이 넣어서 답해볼 것.

1) When do you drink coffee?

이 질문은 you로 물어봤으므로 I로 시작하는 답을 구할 것.

⇨ I drink coffee ___________.

2) When was the last time you repaired your house?

이 질문은 you가 존재하지 않기에 when에 대한 답을 구할 것. 예를 들어 last week를 주어 또는 서술어 다음에 넣는다.

⇨ ___________ was the last time I repaired my house.

⇨ The last time I repaired my house is ___________.

3) When do you want to go on a vacation?

I를 말한 다음 동사부를 그대로 읽고 부사구(절)을 붙일 것.

⇨ I want to go on a vacation ___________.

Where으로 시작하는 질문 　~을 하는 장소를 묻는 질문

❶ 질문 유형

1) Where do you usually ~? 어디서 주로 ~을 하나요?

Where do you usually listen to music? 어디서 주로 음악을 듣나요?

Where do you usually buy magazines or newspapers? 어디서 주로 잡지나 신문을 사나요?

2) Where can you ~? 어디서 ~을 할 수 있나요?

Where can you get information on buying a car? 차를 구입하는 정보를 어디서 얻을 수 있나요?

Where can you go to buy some soda? 어디서 음료를 구입할 수 있나요?

3) Where would you like to ~? 어디로 ~하고 싶나요?

Where would you like to go on your next trip? 다음 여행지는 어디로 가고 싶은가요?

Where would you like to dine out with your family? 가족들과 어디서 외식하고 싶은가요?

4) Where is the + 최상급 ~? 가장 ~한 데가 어디인가요?

Where is the closest flower shop? 가장 가까운 꽃가게가 어디인가요?

Where is the biggest shopping mall in your neighborhood?
당신 집 주변에서 가장 큰 쇼핑몰이 어디인가요?

Strategy! 공략 전략

전략 1. 주어 you는 I로 바꾼다. 단, you가 없는 질문은 where에 대한 답이 주어가 될 수 있다.

전략 2. 중요한 동사부는 그대로 읽는다.

전략 3. 장소를 나타내는 부사구 표현을 습득하여 답 문장 마지막에 사용한다. 답할 때 전치사 at, in 등의 전치사 사용을 잊지 말 것.

at the library	at home	at the gym
in my room	in the garage	in the park
around the area	around the building	around the town
next to my place	nearby a gas station	near to a medical clinic 등

---

❷ 전략 적용의 예

1) Where do you usually listen to music?

이 질문은 you로 물어봤으므로 I로 시작하는 답을 구할 것.

⇨ I usually listen to music ____________.

2) Where can you get information on buying a car?

I를 말한 다음 동사부를 그대로 읽는다.

⇨ I can get information on buying a car ____________.

3) Where would you like to go on your next trip?

I를 말한 다음 동사부를 그대로 읽는다. 이때 적절한 전치사를 사용한다.

⇨ I would like to go on my next trip *to* ____________.

4) Where is the biggest shopping mall in your neighborhood?

이 질문은 you가 존재하지 않기에 where에 대한 답을 구할 것.

⇨ The biggest shopping mall in my neighborhood is ____________.
⇨ ____________ is the biggest shopping mall in my neighborhood.

Who로 시작하는 질문　　누가…한가요? 행동의 주/객체를 묻는 질문

❶ 질문 유형

1) Who + be동사 ~? 누가 ~한가요?

Who is the tallest in your family? 가족 중 가장 키가 큰 사람은 누구인가요?

2) Who do you ~ with? 누구와 ~을 하나요?

Who do you usually go for a walk with? 주로 누구와 산책을 하나요?

Who do you usually chat with online? 주로 누구와 온라인으로 이야기를 나누나요?

Who do you like to talk with when you feel down? 기분이 좋지 않을 때 주로 누구와 이야기를 하나요?

3) Who + 동사 ~? 누가 ~을 하나요?

Who does the grocery shopping for your family? 가족 중 누가 주로 장을 보나요?

Who knows how to drive in your family? 가족 중 누가 운전을 할 줄 아나요?

Strategy! 공략 전략

전략 1. 주어 you는 I로 바꾼다. 단, you가 없는 질문은 who에 대한 답이 주어가 될 수 있다.

전략 2. 중요한 동사부는 그대로 읽는다.

전략 3. who는 명사를 답으로 요구하는 의문사라 부사구 연습이 필요하지 않다.

❷ 전략 적용의 예

1) Who is the tallest in your family?

이 질문은 you가 존재하지 않기에 who에 대한 답이 주어가 된다.

⇨ ____________ am/is the tallest in my family.

2) Who do you like to talk with when you feel down?

I를 말한 다음 동사부를 그대로 읽는다. 이때 전치사 with를 빠뜨리지 말아야 한다.

⇨ I like to talk with ____________ when I feel down.

3) Who does the grocery shopping for your family?

I가 없으므로, who에 대한 대답이 주어가 된다.

⇨ ____________ does the grocery shopping for my family.

What으로 시작하는 질문   무엇/어떤, 동사의 주/객체에 관한 질문

❶ 질문 유형

1) What is the latest + 명사 ~? 가장 최근에 ~한 것은 무엇입니까?

What is the latest movie that you have seen? 가장 최근에 본 영화가 무엇입니까?

What is the latest book that you have read? 가장 최근에 읽은 책이 무엇입니까?

What is the latest trendy color? 최신 유행 색이 무엇입니까?

2) What kind of + 명사 ~? 어떤 종류의 ~을 하나요?

What kind of exercise do you enjoy? 어떤 종류의 운동을 즐기나요?

What kind of books do you usually read in your free time?
여가시간에는 어떤 종류의 책을 주로 읽나요?

What kind of food do you usually enjoy eating for your snack?
어떠한 종류의 음식을 간식으로 주로 즐겨 먹나요?

3) What + 명사 ~? 어떤 ~을 하나요?

On what occasion do you usually buy flowers? 어떤 경우에 주로 꽃을 사나요?

What movie/color do you like the most? 무슨 영화를[색을] 가장 좋아하나요?

What time do you usually go to bed? 몇 시에 주로 잠자리에 드나요?

4) What would you like to ~? 무엇을 ~하고 싶습니까?

What would you like to buy if you could buy any kind of appliance?

어떤 종류든 가전제품을 구입해도 된다면 무엇을 사고 싶습니까?

What would you like to do the most if you can do anything for a whole day?

하루 종일 아무거나 할 수 있다면 무엇을 가장 하고 싶습니까?

What would you like to eat the most if you can eat anything in the world?

이 세상에서 아무거나 다 먹어 볼 수 있다면 무엇을 가장 먹고 싶습니까?

5) What makes ~? ~하도록[~을] 만드는 것이 무엇인가요?

What makes you happy? 당신을 행복하게 만드는 것이 무엇인가요?

What makes a good leader? 좋은 리더를 만드는 것이 무엇인가요?

What makes people healthy? 사람들을 건강하게 만드는 것이 무엇인가요?

Strategy! 공략 전략

전략 1. 주어 you는 I로 바꾼다. 단, you가 없는 질문은 what에 대한 답이 주어가 될 수 있다.

전략 2. 중요한 동사부는 그대로 읽는다.

전략 3. what에 해당하는 답이 주어인지 목적어인지 파악한 후, 알맞은 위치에 넣어 답한다. 일반적으로 「what+동사」는 주어에, 「what+주어+동사」는 목적어에 해당한다.

❷ 전략 적용의 예

1) What is the latest movie that you have seen?

「what+동사」의 형태이므로 what에 대한 대답이 주어가 되며, 그 다음에 동사부를 그대로 사용한다.

⇨ ___________ is the latest movie that I have seen.

2) What kind of books do you usually read in your free time?

you를 I로 바꾼 후 동사부를 그대로 읽는다.

⇨ I usually read ___________ in my free time.

3) On what occasion do you usually buy flowers?

you를 I 로 바꾸고 「what+명사」에 부합하는 답을 목적어에 적용시킨다.

I usually buy flowers when ___________.

4) What would you like to buy if you can buy any kind of appliances?

you를 I로 바꾸고 what에 부합하는 답을 목적어 자리에 넣는다. 그리고 그 뒤에 나오는 절이나 구의 형태를 그대로 말하도록 한다.

I would like to buy ___________ if I can buy any kind of appliances.

5) What makes you happy?

「what+동사」의 형태이므로 what에 해당하는 내용이 답변의 주어가 된다.

⇨ ___________ makes me happy.

주로 How often / How many times / How long / How much가 많이 나온다.

❶ 질문 유형

1) How often do you ~? 얼마나 자주 ~을 하나요?

How often do you eat each day? 하루에 얼마나 자주 먹나요?

How often do you read a book? 얼마나 자주 책을 읽습니까?

How often do you take public transportation? 대중교통을 얼마나 자주 이용합니까?

How often do you hold a party? 얼마나 자주 파티를 엽니까?

How often do you go to the gym? 얼마나 자주 운동하러 갑니까?

How often do you go to the bookstore to buy books? 얼마나 자주 책을 사러 서점에 가나요?

2) How many times do you ~? 몇 번이나 ~하나요?

How many times do you access the Internet each day? 하루에 몇 번이나 인터넷에 접속하나요?

How many times do you use public transportation each day?
하루에 몇 번이나 대중교통을 이용하나요?

How many times do you cook with a microwave oven each week?
일주일에 몇 번이나 전자레인지로 요리를 하나요?

How many times have you been to the museum last year? 작년에 몇 번이나 박물관에 가 보았나요?

How many times do you usually eat out during the weekdays? 주중에 몇 번이나 외식을 하나요?

How many times do you use perfume each week? 일주일에 몇 번이나 향수를 사용하나요?

3) How much do you spend ~? 얼마나 많은 돈을 쓰나요?

How much does it cost ~? 얼마인가요?

How much do you usually spend on buying shampoo and conditioner?

보통 얼마나 많은 돈을 샴푸와 컨디셔너를 사는 데 쓰나요?

How much do you spend when you go see a dentist?

치과에 얼마나 많은 돈을 쓰나요?

How much do you spend when you go to the grocery store?

식료품점에 가면 얼마나 많은 돈을 쓰나요?

How much does it cost for you to take public transportation in your town?

당신의 지역에서는 대중교통 요금이 얼마인가요?

4) How long do you ~? 얼마나 오래 ~하나요[걸리나요]? (기간)

How long does something take ~? 얼마나 오래 걸리나요?

How long do you work out at a gym? 체육관에서 얼마나 오래 운동을 하나요?

How long do you sleep each day? 하루에 얼마나 오래 자나요?

How long do you take to eat your breakfast? 아침을 먹는 데 얼마나 오래 걸리나요?

How long do you take to clean your room? 방 청소하는 데 얼마나 오래 걸리나요?

How long does the public transportation take for you to get to work or school?

학교나 직장까지 대중교통으로 얼마나 오래 걸리나요?

Strategy! 공략 전략

전략 1. 주어 you는 I로 바꾼다. 단, you가 없는 질문에는 보통 it을 주어로 답한다.

특히 기간에 대한 질문인 경우, it takes ~로 답하는 것이 자연스럽다.

전략 2. 중요한 동사부는 그대로 읽는다.

전략 3. how로 시작되는 질문은 빈도, 가격, 횟수 등 숫자로 대답하는 경우이고 주로 문장 맨 마지막이나 동사부 뒤에 붙이면 된다.

아래 부사구를 익히고 적용할 것.

a (~에, ~당)	once a day	twice a day	three times a day
	four times a week	five times a month	ten times a year
every (매 ~)	every day	every Thursday	every weekend
	every month	every year	

*every 다음에는 단수 명사

❷ 전략 적용의 예

1) How often do you hold a party?

이 질문은 you로 물어 봤으므로 I로 시작하는 답을 구할 것.

⇨ I hold a party ____________ .

2) How many times do you use public transportation each day?

이 문제 역시 I를 말한 다음 동사부를 그대로 읽는다.

⇨ I use public transportation ____________ a day.

3) How much do you spend when you go see a dentist?

I를 말한 다음 동사부와 부사절을 그대로 읽는다. how much에 대한 답은 동사부 뒤에 붙인다.

⇨ I spend ____________ when I go see a dentist.

4) How long do you take to eat your breakfast?

기간에 대한 질문이므로 it takes ____________ for me ~라고 답을 한다.

⇨ It takes about ____________ for me to eat breakfast.

Why로 시작하는 질문　　　　　　　　　　　이유, 까닭을 물어보는 질문

❶ 질문 유형

1) 일반적인 대상을 포함하는 질문 유형

Are you interested in rock music? Why do people like such music?
록 음악에 관심이 있나요? 왜 사람들이 그런 음악을 좋아하나요?
Do you practice English every day? Why should we keep doing it?
영어를 매일 연습하나요? 왜 계속 그래야 하나요?

2) 선호하는 것 고르기

Do you try to have breakfast every morning? Why or why not?
당신은 매일 아침 아침식사를 하려고 노력합니까? 그런 경우와 그렇지 않은 경우 이유를 말해주세요.
Are you fond of ice cream? Why or why not?
아이스크림을 좋아합니까? 그런 경우와 그렇지 않은 경우 이유를 말해주세요.

Do you prefer staying at home for weekends? Why or why not?

주말에 집에 있는 걸 선호합니까? 그런 경우와 그렇지 않은 경우 이유를 말해주세요.

❷ 전략 적용의 예

1) Are you interested in rock music? Why do people like such music?

ⓐ why가 들어간 문장 앞에 질문이 있으므로 먼저 해결한다.

⇨ Yes, I am interested in rock music.

ⓑ one of the reasons is that ~, because 등을 이용하여 부연설명을 시작한다.

⇨ One of the reasons is that I feel alive when I listen to rock music. It is very exciting and the rhythms are very fast.

이유 중 하나는 록 음악을 들을 때 제가 살아 있음을 느끼기 때문입니다. 록 음악은 매우 흥이 나고 리듬이 빠릅니다.

ⓒ so, therefore 등을 붙인 후, 다시 한 번 본인의 선호 사항을 강조한다.

⇨ So, I usually listen to it when I feel down or sad.

그래서 저는 기분이 우울하거나 슬플 때 주로 록 음악을 듣습니다.

ⓓ No일 경우는 본인의 선호 사항을 먼저 답하고 부연설명을 한다.

⇨ No, I am not interested in rock music. I am interested in Jazz. ……

2) Do you try to have breakfast every morning, why or why not?

ⓐ why가 들어간 문장 앞에 질문이 있으므로 먼저 해결한 후, 부연설명을 한다.

⇨ Yes, I try to have breakfast every morning. One of the reasons is that I can keep my health and work or study harder since it gives me energy.

이유 중 하나는 아침식사를 하면 에너지를 얻기 때문에 건강을 유지할 수 있고 일이나 공부를 더 열심히 할 수 있습니다.

ⓑ 결론을 말할 땐 so, therefore 등을 붙인 후, 다시 한 번 본인의 선호 사항을 강조한다.

⇨ So, I try to have breakfast every morning.

II. Q6 혹독훈련

다음 문제들은 6번 문제로 자주 출제되는 유형이다. 30초 동안 설명하고 묘사해야 되니 상당한 영어 실력이 필요하다. 그러나 출제 유형이라는 것이 정해져 있으므로 걱정할 필요는 없다. 다음의 문제들을 보며 차근히 전략을 숙지하다 보면 답변 문장을 머릿속에 그릴 수 있을 것이다.　P3_ST 02

● 선택하여 답하기　　　　　　　　　　　세 가지 또는 두 가지 중 선택하여 답하기

❶ 질문 유형

1) 세 가지 중 선택하여 답하기

What is the most important factor when you choose a job? Salary, location, or benefits? 직업을 선택할 때 가장 중요한 요소가 무엇입니까? 월급입니까? 위치? 아니면 복리후생인가요?

What do you consider the most when you decide which store to go to to buy shoes? price, brand, or location? 신발을 사러 어떤 매장에 갈지 결정할 때 가장 중요하게 생각하는 것은 무엇입니까? 가격입니까? 브랜드입니까? 아니면 위치입니까?

What is the most important feature when you buy a mobile phone?
휴대전화를 살 때 가장 중요한 특징은 무엇입니까?

2) 둘 중 선택하여 답하기

Which do you prefer, watching a sports game on TV or watching it at the stadium?
스포츠 경기를 TV로 보는 것과 경기장에서 보는 것 중 어느 것을 더 좋아합니까?

Do you prefer to purchase clothes from an online store or at a regular store?
온라인 상점에서 옷을 사는 것을 선호합니까? 아니면 일반적인 매장을 선호합니까?

What service do you like to use, a regular service or a courier service, when you send an expensive package?
값비싼 소포를 보낼 때 일반 택배 서비스를 이용하는 게 좋습니까? 아니면 특급 택배 서비스를 이용하는 게 좋습니까?

Strategy! 공략 전략

전략 1. 기본적으로 자신이 선호하는 것을 선택한다. 으레 이유를 쉽게 달 수 있는 걸 고르는 게 좋다고 생각하지만, 그 중 어느 것에도 관심이 없는 경우에만 그렇게 하는 것이 좋다. 자신이 선호하지 않는 건 이유를 이야기할 때도 더듬대기 마련이다.

전략 2. 「내가 선호하는 것+질문의 동사구」를 사용하여 한 문장을 만든다.

전략 3. 이유를 말할 때 쓰는 표현들을 잘 숙지해두자. 30초 동안 이야기하려면 대개 4–5 문장은 말해야 한다. 「내가 선호하는 것+이유」 2가지 정도면 충분하므로 겁먹을 필요가 없다.

_______ is important for us to ~
_______ is a reason why we ~
_______ helps me have ~ 등

1) What is the most important factor when you choose a job? Salary, location, or benefits?

ⓐ 제시된 세 가지 요소 중 일자리 구할 때 가장 중요한 것을 고르는 문제이다. 누구도 마다하지 않는 돈, salary를 택하기로 한다. what으로 시작되는 문제이니 앞 장에서 배운 대로 what 대신에 salary를 넣기로 하자.

⇨ ___________ is the most important factor when I choose a job.

ⓑ 그 다음엔 이유에 해당하는 문장들에 salary를 넣는다. 이 예제는 money를 빈칸에 넣도록 하자.

⇨ ___________ is important for us to keep our lives happy.
⇨ ___________ is a reason why we work.
⇨ ___________ helps me have a great personal and family life.

ⓒ 이유가 한 가지일 경우는 the reason is that ~으로 시작한다. that 다음에 위의 이유를 바로 이어서 말하면 된다.

⇨ The reason is that money is important for us to keep our lives happy.
그 이유는 우리가 행복한 삶을 사는 데 돈이 중요하기 때문입니다.

ⓓ 이유가 두 가지일 경우에는 first/ second of all, firstly/ secondly, also, moreover, the other reason is that ∼ 등을 활용한다.

⇨ First, money is the reason why we work. The other reason is that money helps me to have a great personal and family life.
먼저, 돈은 우리가 일을 하는 이유이기 때문입니다. 또 다른 이유는 우리가 개인과 가족의 행복한 삶을 영위하는 걸 돈이 도와주기 때문입니다.

ⓔ 위의 사항들을 정리해 보면 다음과 같이 두세 문장으로 정리가 된다.

⇨ Salary is the most important factor that I consider when I choose a job.
First, money is the reason why we work. The other reason is that money helps me to have a great personal and family life.

2) Which do you prefer, watching a sports game on TV or watching it at the stadium?

ⓐ 둘 중에 뭐가 좋으냐는 양자택일 문제이다. 둘 중 선호하는 것을 골라 한 문장을 만든다.

⇨ I prefer watching a sports game on TV.

ⓑ 그 다음엔 A가 B보다 더 나은 이유를 두 개 정도 말해준다. There are two reasons. One is ~, The other is ~를 활용해 보자.

⇨ There are two reasons. One is that I am not an outdoor person. Because I get tired easily outside. The other is that I love to sit on my sofa and enjoy it. TV replays important scenes.

두 가지 이유가 있습니다. 하나는 제가 활동적인 사람이 아니라는 겁니다. 저는 야외에서 쉽게 피로해지기 때문입니다. 다른 하나는 제가 소파에 앉아 있길 너무 좋아하고 또 즐기기 때문입니다. TV는 중요한 장면들을 다시 보여줍니다.

ⓒ 위의 사항을 정리하면 다음과 같다.

⇨ I prefer watching a sports game on TV and there are two reasons. One is that I am not an outdoor person because I get tired easily outside. The other is that I love to sit on my sofa and enjoy it. TV replays important scenes.

묘사하기   특정 사물을 묘사할 것

❶ 질문 유형

Describe new clothes that you have recently bought. 최근에 구입한 새 의류를 묘사하세요.

What furniture do you like the most in your house? Describe it.
집에 있는 가구 중 어느 것을 가장 좋아합니까? 그것을 묘사해보세요.

Tell me about the phone that you are using. 당신이 사용하고 있는 전화기에 대해 이야기해주세요.

Strategy! 공략 전략

전략 1. 질문을 보고 설명해야 하는 대상을 바로 머릿속에 이미지화한다.

전략 2. 육하원칙을 생각하면서 그 대상에 대해 얘기한다. what it is, what color, where I bought, why I bought, how much it is 등 대상에 맞는 육하원칙을 기본으로 하여 답변하도록 한다.

전략 3. 결론을 맺을 땐 서론에서 했던 말을 다시 한 번 되새기거나 본인의 느낌이나 개인적인 생각을 말한다.

· how it looks like
It was a red color shirt. 그것은 빨간색 셔츠입니다.
They were blue jeans. 그것은 청바지입니다.

It was a white color skirt. 그것은 하얀색 셔츠입니다.

- how much it is

  It was less than 10,000 Won, so it was not expensive. 만원도 안 되는 그렇게 비싸지 않은 가격입니다.

  They were over 200,000 Won, so they were a little expensive. 20만원이 넘는 조금 비싼 가격입니다.

- why I bought

  I bought it because I needed a new one. 새 옷이 필요해서 샀습니다.

  I purchased them for a birthday present for my friend. 친구의 생일선물로 그것을 샀습니다.

- how I felt

  I was happy to get it. 그것을 사서 기분이 좋았습니다.

  I was disappointed by the price. 가격 때문에 기분이 상했습니다.

❷ 전략 적용의 예

그렇다면 Tell me about the phone that you are using.의 질문에 이에 알맞은 육하원칙을 하나씩 생각해 나가면서 답변을 해보도록 하자.

I have a smart phone. ⇨ what kind of

저에게는 스마트폰이 있습니다. (종류)

I have been using it for 2 years. ⇨ how long

저는 그것을 2년 동안 쓰고 있습니다. (기간)

It has many functions. I can send an e-mail, take pictures of many things, listen to music and watch movies. ⇨ what it can do

그것에는 기능이 많습니다. 이메일을 보내고 많은 사진을 찍고, 음악을 들으며 영화를 봅니다. (기능)

A smart phone is more expensive than other regular mobile phones. ⇨ how much it is

스마트폰은 일반 휴대전화보다 비쌉니다. (가격)

Even though it is expensive, I like my phone. ⇨ How I feel

비싸긴 해도 저는 제 전화기가 좋습니다. (느낌)

I hear and I forget. I see and I remember.
I do and I understand.

\- Confucius

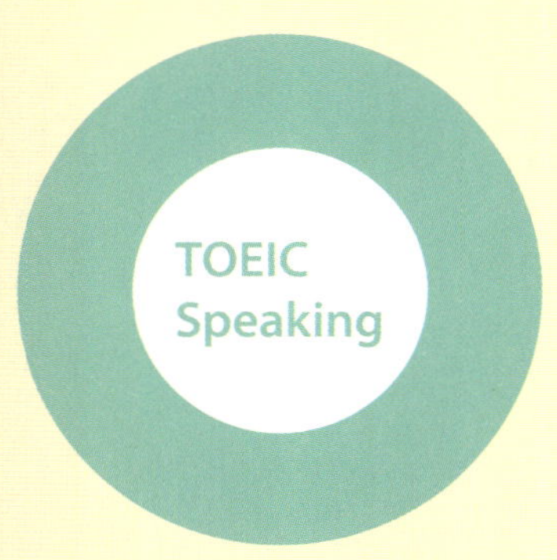

Chapter II
실전편

**TOEIC Speaking Part 3,
실전문제를 혹독하게 훈련한다.**

교통 (Transportation) | 외식 (Eating Out) | 영화 (Movies) | 커피 (Coffee) | 스포츠 (Sports) | 독서 (Reading Books) | 휴대전화 (Cellphones) | 컴퓨터 (Computers) | 의상 (Outfits) | 학교 (School) | 친구 (Friends) | 쇼핑 (Shopping) | 주말 (Weekends) | 가족 (Family) | 날씨 (Weather) | 아침식사 (Breakfast) | 피곤 (Fatigue) | 바쁨 (Being Busy) | 질병 (Illness) | 신문 (Newspaper) | 간식 (Snacks) | 여행 (Travel) | 경제 (Economy) | 직장상사 (Bosses) | 은행 (Banks) | 휴가 (Vacation) | 교육 (Education) | 영어 (English) | 출장 (Business Trips) | 건강 (Health)

TOEIC Speaking Part 3 만점을 위해서는 언제 어떤 질문을 대하건 자유자재로 대답할 수 있도록 우리 주위와 관련된 일상 소재들에 대한 Q&A들을 많이 연습해 두어야 한다. 따라서 이 Chapter에서는 시험에 맞춘 예문과 정답을 정형화되게 수록하기보다는 일상생활과 관련된 30가지 소재와 그에 관련한 질문 5개를 선별했고 그에 맞춘 예상 모범 답을 2개씩 수록했다. 대답 시간 또한 15초든, 30초든 질문에 따라 자유자재로 튀어나올 수 있게 구성하여 시험에 대한 적응력을 높일 수 있게 하였다. 총 10가지의 답변 패턴을 충분히 연습하다 보면 위대한 발전을 경험할 수 있을 것이다!

Topic 1

교통

P3_AQ 01

Q1.

RESPONSE TIME
0:00:15

Q2.

RESPONSE TIME
0:00:15

Q3.

RESPONSE TIME
0:00:15

Q4.

RESPONSE TIME
0:00:15

Q5.

RESPONSE TIME
0:00:15

Answer

Q1. How often do you use the bus?

❶ I use the bus every morning. I take the bus when I commute in the morning and in the evening.

❷ I don't use the bus because I drive my own car when I commute to work.

My Answer

어휘_p.32 참조 P3_AS 01-1

Q2. How long does it take to get to work by subway?

❶ [1]It takes about ten minutes by subway. So I take the subway to go to work every day.

❷ It takes about an hour to my workplace by subway. So I read newspapers or books in the subway.

My Answer

P3_AS 01-2

Q3. Which do you prefer, public transportation or car?

❶ I prefer to drive my own car. Of course I am concerned about a traffic jam but I can use the time more effectively.

❷ I prefer public transportation. If I use my own car, I would suffer from traffic jams. Moreover, I care about the environment.

My Answer

어휘_p.32 참조 P3_AS 01-3

Q4. How do you go to work?

❶ I take the subway to go to work. [2]It is the fastest way to go to my destination in the morning.

❷ I use my own car because my workplace is too far from my place.

My Answer

어휘_p.32 참조　　　　　　　　　　　　　　　　　　　　　P3_AS 01-4

Q5. Which transportation do you prefer, a bus or a subway?

❶ I prefer subways because I don't have to worry about traffic jams when I use the subway. Also, it is faster than buses.

❷ I prefer buses, because I like to look outside through the window.

My Answer

P3_AS 01-5

해석

Q1. 버스를 얼마나 자주 이용합니까? ❶ 저는 매일 버스를 이용합니다. 아침과 저녁으로 출퇴근할 때 버스를 탑니다. ❷ 저는 출퇴근할 때 제 차를 운전하기 때문에 버스를 이용하지 않습니다.

Q2. 직장까지 지하철로 얼마나 걸립니까? ❶ 지하철로 10분 정도 걸립니다. 그래서 저는 매일 지하철을 타고 출근합니다. ❷ 지하철로 직장까지 1시간 정도 걸립니다. 그래서 저는 지하철 안에서 신문이나 책을 읽습니다.

Q3. 대중교통이나 자가용 중 어느 것을 선호합니까? ❶ 저는 제 차를 운전하는 걸 선호합니다. 물론 교통체증이 걱정되지만, 시간을 좀 더 효과적으로 쓸 수 있기 때문입니다. ❷ 저는 대중교통을 선호합니다. 자가용을 이용하면 교통체증에 시달릴 수 있습니다. 게다가 저는 환경을 중요시합니다.

Q4. 어떻게 직장에 갑니까? ❶ 저는 지하철을 타고 직장에 갑니다. 지하철은 아침시간에 목적지까지 가는 가장 빠른 방법입니다. ❷ 직장이 집에서 너무 멀기 때문에 저는 제 차를 이용합니다.

Q5. 버스나 지하철 중 어떤 교통수단을 선호합니까? ❶ 저는 지하철을 선호합니다. 지하철을 이용하면 교통체증을 걱정할 필요가 없기 때문입니다. 또한 지하철은 버스보다 빠릅니다. ❷ 저는 창 밖 구경을 좋아하기 때문에 버스를 선호합니다.

Topic 2

외식
Eating Out

P3_AQ 02

TOEIC Speaking

Respond to questions

Q1.

RESPONSE TIME
0:00:15

Q2.

RESPONSE TIME
0:00:15

Q3.

RESPONSE TIME
0:00:15

Q4.

RESPONSE TIME
0:00:15

Q5.

RESPONSE TIME
0:00:15

Answer

Q1. Why do you eat out?

❶ I don't have enough time to cook because I'm very busy these days. I eat out to save time.

❷ I like to try a new menu or a **unique** dish. So I enjoy eating out.

> My Answer

📄 어휘_p.32 참조　　　　　　　　　　　　　　🎧 P3_AS 02-1

Q2. Do you like to eat out?

❶ Yes, [3]I eat out once a week. I like to eat out because I love to eat **tasty** food at great restaurants.

❷ No, I don't. I prefer having **meals** with my family to eating out.

> My Answer

📄 어휘_p.32–33 참조　　　　　　　　　　　　🎧 P3_AS 02-2

Q3. Who do you usually eat out with?

❶ I usually eat out with my **co-workers**, because I spend most of my time at work.

❷ I usually have dinner with my family. It is very important for me to spend time having meals with my family.

> My Answer

📄 어휘_p.33 참조　　　　　　　　　　　　　🎧 P3_AS 02-3

Q4. What kind of food do you usually eat when you go out?

❶ [4]I like to eat Korean food. I think it is tastier than other kinds of food. Plus, the calorie of Korean food is lower than the others so I think it is healthy for me.

❷ I usually eat Italian food, because it is not easy to cook at home.

My Answer

🎧 P3_AS 02-4

Q5. Where do you usually go when you go out?

❶ I mostly eat out near Jong-ro. There are many good restaurants with **reasonable** prices in the **area**.

❷ I like to eat out near my place. Because an **easy distance** is important to eat out with my family.

My Answer

📄 어휘_p.33 참조

🎧 P3_AS 02-5

📋 해석

Q1. 왜 외식을 합니까? ❶ 저는 요즘 매우 바쁘기 때문에 요리할 시간이 부족합니다. 저는 시간을 절약하기 위해 외식을 합니다. ❷ 저는 새로운 메뉴나 독특한 음식을 먹어보는 걸 좋아합니다. 그래서 저는 외식을 좋아합니다.

Q2. 외식을 좋아합니까? ❶ 네, 저는 일주일에 한 번 외식을 합니다. 저는 훌륭한 음식점에서 맛있는 음식을 먹는 걸 좋아하기 때문에 외식을 좋아합니다. ❷ 아니요, 그렇지 않습니다. 저는 외식보다 가족과 식사하는 것을 더 선호합니다.

Q3. 누구와 주로 외식을 합니까? ❶ 저는 직장에서 대부분의 시간을 보내기 때문에 보통 직장동료들과 외식을 합니다. ❷ 저는 주로 가족들과 저녁식사를 합니다. 가족과 식사하는 시간을 갖는 것은 저에게 매우 중요합니다.

Q4. 외식할 때 주로 어떤 종류의 음식을 먹습니까? ❶ 저는 한국 음식 먹는 것을 좋아합니다. 제 생각에 한식은 다른 종류의 음식보다 맛있습니다. 게다가 다른 음식에 비해 한식의 칼로리가 낮기 때문에 건강에 좋다고 생각합니다. ❷ 이탈리아 음식은 집에서 요리하기가 쉽지 않기 때문에 저는 주로 이탈리아 음식을 먹습니다.

Q5. 외식할 때 어디로 주로 갑니까? ❶ 저는 주로 종로 근처에서 외식을 합니다. 그 지역에는 가격이 저렴하고 괜찮은 음식점들이 많이 있습니다. ❷ 저는 집 근처에서 외식하는 것을 좋아합니다. 가족과 함께 외식을 하기에는 가까운 거리가 중요하기 때문입니다.

Topic **3**

영화
Movies

P3_AQ 03

Q1.

RESPONSE TIME
0:00:15

Q2.

RESPONSE TIME
0:00:15

Q3.

RESPONSE TIME
0:00:15

Q4.

RESPONSE TIME
0:00:15

Q5.

RESPONSE TIME
0:00:15

Answer

Q1. What kind of movies do you like?

❶ I like action movies because of their **active** and bright **atmosphere**. Especially, I love 'Charlie's Angels' the most.

❷ [5]I mostly watch romantic comedies. Because the love story between men and women is always **pleasant** and **enjoyable**.

My Answer

어휘_p.33 참조　　　　　　　　　　　　　　　　　　　　　P3_AS 03-1

Q2. Are there any good movies to watch these days?

❶ Yes, there are. These days, 'Sherlock Holmes' **attracts** people's **attention**. It is a thriller movie and Robert Downey Jr. is in it.

❷ No, there aren't. [6]I look up some movies to watch with my children, but there is nothing to watch with kids these days.

My Answer

어휘_p.33 참조　　　　　　　　　　　　　　　　　　　　　P3_AS 03-2

Q3. Who do you usually go to a movie theater with?

❶ I usually go to movies with my friends. When I watch the movie with them, I feel **cozy** and **relaxed**.

❷ I usually watch movies with my girlfriend, because she and I both enjoy watching movies.

My Answer

어휘_p.33 참조　　　　　　　　　　　　　　　　　　　　　P3_AS 03-3

Q4. How often do you watch movies?

❶ I watch a movie about three times a month. However, I'm busy these days, so I can't watch a movie as often as before.

❷ I go to a movie theater once a week. Because I really enjoy watching movies.

My Answer

P3_AS 03-4

Q5. What is your favorite movie?

❶ I like a movie named 'Love Affair' the most. I was very **impressed** by the **sound track** and the acting of the movie.

❷ I like a movie named 'The Lord of the Rings' the most. Because I like fantasy films and the book with the same title.

My Answer

어휘_p.33 참조

P3_AS 03-5

해석

Q1. 어떤 종류의 영화를 좋아합니까? ❶ 저는 활동적이고 밝은 분위기 때문에 액션영화를 좋아합니다. 특히 '미녀삼총사'를 가장 좋아합니다. ❷ 저는 주로 로맨틱 코미디를 즐겨 봅니다. 남녀 간의 사랑 이야기는 항상 유쾌하고 재미있기 때문입니다.

Q2. 요즘 볼만한 영화가 있습니까? ❶ 네, 있습니다. 요즘 '셜록 홈즈'가 사람들의 관심을 끌고 있습니다. 그 영화는 스릴러 영화이며, 로버트 다우니 주니어가 출연합니다. ❷ 아니요, 그렇지 않습니다. 저는 아이들과 같이 볼 영화를 찾고 있는데, 요즘에는 아이들과 볼만한 영화가 없습니다.

Q3. 누구와 주로 영화관에 갑니까? ❶ 저는 주로 친구들과 함께 영화를 보러 갑니다. 친구들과 같이 영화를 보면 편안하고 여유를 느낍니다. ❷ 저는 주로 여자친구와 영화를 봅니다. 저와 제 여자친구는 둘 다 영화 보는 걸 좋아하기 때문입니다.

Q4. 얼마나 자주 영화를 봅니까? ❶ 저는 한 달에 세 번 정도 영화를 봅니다. 그러나 요즘은 바쁘기 때문에 예전만큼 자주 영화를 보지 못합니다. ❷ 저는 일주일에 한 번 영화관에 갑니다. 저는 영화 보는 것을 정말 좋아하기 때문입니다.

Q5. 가장 좋아하는 영화는 무엇입니까? ❶ 저는 '러브 어페어'라는 영화를 가장 좋아합니다. 그 영화의 배경음악과 연기가 매우 인상적이었습니다. ❷ 저는 '반지의 제왕'이라는 영화를 가장 좋아합니다. 저는 판타지 영화와 동명 소설을 좋아하기 때문입니다.

Topic 4

커피
Coffee

P3_AQ 04

TOEIC Speaking

Respond to questions

Q1.

RESPONSE TIME
0:00:15

Q2.

RESPONSE TIME
0:00:15

Q3.

RESPONSE TIME
0:00:15

Q4.

RESPONSE TIME
0:00:15

Q5.

RESPONSE TIME
0:00:15

Q1. What kind of coffee do you like?

❶ [7]**My favorite coffee is Café Latte.** The soft and rich **flavor** of milk makes me happy.

❷ I like regular coffee the most. Because it **wakes me up** in the morning.

> My Answer

어휘_p.33 참조   P3_AS 04-1

Q2. Do you like to drink coffee? Why?

❶ Yes, I do. I like drinking coffee because I can enjoy **a variety of** flavors and tastes of coffee. Moreover, it makes me cozy and relaxed.

❷ No, I don't. I don't drink coffee because I think the **caffeine** in coffee is not good for my health.

> My Answer

어휘_p.33 참조   P3_AS 04-2

Q3. How many cups of coffee do you drink a day?

❶ [8]**I drink two cups of coffee a day.** It is necessary to be active for my day.

❷ I hardly drink coffee most of the days. However, I drink **a couple of** cups of coffee before an exam.

> My Answer

어휘_p.33 참조   P3_AS 04-3

Q4. When do you drink coffee?

❶ I drink coffee after a meal in the morning every day. Sometimes, I drink coffee to **fight off** the **food coma** at work.

❷ I drink coffee after lunch with my coworkers. It is a good chance to talk a lot with them.

My Answer

어휘_p.33 참조   P3_AS 04-4

Q5. What do you think are the negative sides of coffee?

❶ I think drinking coffee makes me **stay up** until late night. Also, I can be **addicted to** caffeine.

❷ I think caffeine in coffee is not good for my heart. So I try not to drink much coffee.

My Answer

어휘_p.33 참조   P3_AS 04-5

해석

Q1. 어떤 종류의 커피를 좋아합니까? ❶ 제가 가장 좋아하는 커피는 카페 라테입니다. 우유의 부드럽고 깊은 맛이 저를 행복하게 해줍니다. ❷ 저는 레귤러 커피를 가장 좋아합니다. 커피를 마시면 아침에 정신이 듭니다.

Q2. 커피 마시는 것을 좋아합니까? 그 이유는 무엇입니까? ❶ 네, 좋아합니다. 저는 커피의 다양한 향과 맛을 즐길 수 있어 커피 마시는 것을 좋아합니다. 게다가 커피는 저를 편안하고 느긋하게 해줍니다. ❷ 아니요, 그렇지 않습니다. 저는 커피에 포함된 카페인이 건강에 좋지 않다고 생각하기 때문에 커피를 마시지 않습니다.

Q3. 하루에 커피를 몇 잔이나 마십니까? ❶ 저는 하루에 커피를 2잔 마십니다. 커피는 저의 활기찬 하루를 위해 꼭 필요합니다. ❷ 저는 평소에 커피를 거의 마시지 않습니다. 하지만 시험 전에는 커피를 두세 잔 마십니다.

Q4. 언제 커피를 마십니까? ❶ 저는 매일 아침 식사 후에 커피를 마십니다. 가끔은 일하는 동안 식곤증을 막기 위해 커피를 마시기도 합니다. ❷ 저는 점심식사 후에 동료들과 커피를 마십니다. 그때가 등료들과 많은 이야기를 나눌 수 있는 좋은 기회입니다.

Q5. 커피의 단점이 무엇이라고 생각합니까? ❶ 저는 커피를 마시면 늦게까지 잠을 자지 못한다고 생각합니다. 또한, 카페인에 중독될 수 있습니다. ❷ 저는 커피에 포함된 카페인이 심장에 좋지 않다고 생각합니다. 그래서 저는 커피를 많이 마시지 않으려고 합니다.

스포츠

Sports

P3_AQ 05

TOEIC Speaking

Respond to questions

Q1.

RESPONSE TIME
0:00:15

Q2.

RESPONSE TIME
0:00:15

Q3.

RESPONSE TIME
0:00:15

Q4.

RESPONSE TIME
0:00:15

Q5.

RESPONSE TIME
0:00:15

Answer

Q1. What kind of sports do you like most?

❶ My favorite sport is baseball. Watching baseball at a **stadium** is one of my favorite things to do.

❷ My favorite sport is swimming. I keep my health by swimming **regularly**.

My Answer

어휘_p.33 참조　　　　　　　　　　　　　　　　　　　P3_AS 05-1

Q2. Who is your favorite sport player?

❶ I love Park Ji-Sung the most. He **takes an important role in** his team. Also, he is well known as a **proactive** player.

❷ I like Park Byung-Ho from Nexen Heroes. I sometimes go to a baseball stadium to watch his game.

My Answer

어휘_p.33 참조　　　　　　　　　　　　　　　　　　　P3_AS 05-2

Q3. Which team are you **cheering for**?

❶ [9]**I'm cheering for SK Wyverns.** The home of the team is Incheon where I'm from and there are many good players there.

❷ I'm cheering for Manchester United. Because there was Park Ji-Sung who is my favorite soccer player.

My Answer

어휘_p.33 참조　　　　　　　　　　　　　　　　　　　P3_AS 05-3

Q4. Which one do you prefer, watching a game at home or in a stadium?

❶ I prefer to watch games at a stadium. Because I can easily **focus**

on the game and I enjoy cheering for the team.

❷ I prefer watching games at home. I like to have someone to talk to about games when I am watching games.

My Answer

어휘_p.33 참조　　　　　　　　　　　　　　　　　　　🎧 P3_AS 05-4

Q5. Which one do you prefer, watching a game or playing yourself?

❶ I prefer playing sports myself to watching it. It helps to keep my health and I like to **hang out with** people. [10]I usually play table-tennis with my friends.

❷ I prefer watching a sports game to playing it. Because I don't like to play sports that much.

My Answer

어휘_p.33 참조　　　　　　　　　　　　　　　　　　　🎧 P3_AS 05-5

📑 해석

Q1. 어떤 스포츠를 가장 좋아합니까? ❶ 제가 가장 좋아하는 스포츠는 야구입니다. 야구를 야구장에서 보는 것이 제가 가장 좋아하는 일 중 하나입니다. ❷ 제가 가장 좋아하는 스포츠는 수영입니다. 저는 규칙적으로 수영을 함으로써 건강을 유지합니다.

Q2. 가장 좋아하는 스포츠 선수는 누구입니까? ❶ 저는 박지성 선수를 가장 좋아합니다. 그는 팀에서 중요한 역할을 하고 있습니다. 또한, 그는 주도적인 선수로 잘 알려져 있습니다. ❷ 저는 넥센 히어로즈의 박병호 선수를 좋아합니다. 저는 가끔 그 선수의 경기를 보러 야구장에 가곤 합니다.

Q3. 어느 팀을 응원하나요? ❶ 저는 SK 와이번즈를 응원합니다. 그 팀의 홈구장은 제 고향인 인천이고, 그 팀에는 좋은 선수들이 많이 있습니다. ❷ 저는 맨체스터 유나이티드를 응원합니다. 그 팀에는 제가 가장 좋아하는 축구선수인 박지성 선수가 있었기 때문입니다.

Q4. 경기를 집에서 보는 것과 경기장에서 보는 것 중 어느 것을 선호합니까? ❶ 저는 경기장에서 경기 보는 것을 선호합니다. 왜냐하면 경기에 쉽게 집중할 수 있고, 팀 응원을 즐기기 때문입니다. ❷ 저는 집에서 경기 보는 것을 좋아합니다. 경기를 볼 때 누군가가 경기에 대해 이야기를 해주는 것이 좋습니다.

Q5. 경기를 관람하는 것과 직접 하는 것 중 어느 것을 선호합니까? ❶ 저는 스포츠를 관람하는 것보다 직접 하는 것을 선호합니다. 건강을 유지하는 데 도움이 되고, 사람들과 어울리는 것을 좋아하기 때문입니다. 저는 친구들과 주로 탁구를 칩니다. ❷ 저는 스포츠 경기를 직접 하는 것보다 관람하는 것을 선호합니다. 저는 운동하는 것을 그다지 좋아하지 않기 때문입니다.

Topic 6

독서
Reading Books

P3_AQ 06

TOEIC Speaking

Respond to questions

Q1.

RESPONSE TIME
0:00:15

Q2.

RESPONSE TIME
0:00:15

Q3.

RESPONSE TIME
0:00:15

Q4.

RESPONSE TIME
0:00:15

Q5.

RESPONSE TIME
0:00:15

Answer

Q1. How many books do you read a month?

❶ I read about two books in a month. However, **lately**, I try to read more books.

❷ I read **at least** one book in a month. Lately, I try to read essays more than novels.

📄 어휘_p.33 참조　　　　　　　　　　　🎧 P3_AS 06-1

Q2. What is the title of the book which you are reading?

❶ I am reading one of the *Harry Potter's series* **at the moment**. Its **genre** is fantasy and J. K. Rowling is the author.

❷ I am reading *Justice* at the moment. This book is very hard to understand and **boring** but I read this book because I feel that it is **necessary**.

📄 어휘_p.33 참조　　　　　　　　　　　🎧 P3_AS 06-2

Q3. What is the book you are most impressed with?

❶ The most **impressive** book I read is Tolstoy's *What Men Live by*. Tolstoy is my favorite author.

❷ The most impressive book I read is *The Thorn Birds*. It is a very **touching** and beautiful story.

📄 어휘_p.33–34 참조　　　　　　　　　　🎧 P3_AS 06-3

Q4. When do you usually read a book?

❶ I like to read a book when I have time. Especially, I read it for about an hour before I go to bed or during the weekend.

❷ [11]I read books on my way to work. I take the subway to commute to work and it usually takes about an hour. I usually use commuting hours to read a book.

My Answer

🎧 P3_AS 06-4

Q5. What genre of books do you like?

❶ I like essays. Wisdom of life and thoughts are implicated in an essay and I can learn them from reading it.

❷ [12]I prefer reading novels. I am reading *Twilight*, a vampire story book which became popular after the movie came out.

My Answer

📄 어휘_p.34 참조

🎧 P3_AS 06-5

📋 해석

Q1. 한 달에 책을 몇 권 읽습니까? ❶ 저는 한 달에 2권 정도 읽습니다. 하지만 최근에는 더 많은 책을 읽으려고 노력합니다. ❷ 저는 책을 적어도 한 달에 1권 읽습니다. 최근에는 소설보다 수필을 읽으려고 노력합니다.

Q2. 지금 읽고 있는 책의 제목은 무엇입니까? ❶ 저는 지금 『해리포터 시리즈』 중 한 권을 읽고 있습니다. 그 소설의 장르는 판타지이고 J. K. 롤링이 작가입니다. ❷ 저는 지금 『정의란 무엇인가』라는 책을 읽고 있습니다. 이 책은 이해하기 어렵고 지루하지만, 꼭 필요하다고 생각하기 때문에 이 책을 읽습니다.

Q3. 가장 감명 깊게 읽은 책은 무엇입니까? ❶ 제가 읽은 가장 감명 깊은 책은 톨스토이의 『사람은 무엇으로 사는가』입니다. 톨스토이는 제가 가장 좋아하는 작가입니다. ❷ 제가 읽은 가장 감명 깊은 책은 『가시나무 새』입니다. 매우 감동적이면서 아름다운 이야기입니다.

Q4. 언제 주로 책을 읽습니까? ❶ 저는 여가 시간에 책 읽는 것을 좋아합니다. 특히, 잠들기 전에 1시간 정도 읽거나 주말에 읽습니다. ❷ 저는 출근 길에 책을 읽습니다. 저는 지하철을 타고 출근하고 보통 한 시간 정도 걸립니다. 저는 주로 출퇴근 시간을 이용하여 책을 읽습니다.

Q5. 어떤 장르의 책을 좋아합니까? ❶ 저는 수필류를 좋아합ㄴ 다. 수필에는 삶의 지혜와 생각이 포함되어 있고 수필을 읽음으로써 그것들을 배울 수 있습니다. ❷ 저는 소설 읽는 것을 좋아합니다. 영화로 만들어져서 인기를 끈 『트와일라잇』이라는 뱀파이어 소설을 읽고 있습니다.

휴대전화
Cellphones

P3_AQ 07

TOEIC Speaking

Respond to questions

Q1.

RESPONSE TIME
0:00:15

Q2.

RESPONSE TIME
0:00:15

Q3.

RESPONSE TIME
0:00:15

Q4.

RESPONSE TIME
0:00:15

Q5.

RESPONSE TIME
0:00:15

Answer

Q1. What cellphone **functions** do you use other than calling people?

❶ I usually use a cellphone for **texting** people. Sending **text messages** is a faster and **convenient** way to **contact** people.

❷ Because I use a smart phone, [13]I use my cellphone to check my email or read Internet news.

> My Answer

📄 어휘_p.34 참조   🎧 P3_AS 07-1

Q2. What kind of mobile phone do you use?

❶ I use a smart phone. I can find out information that I want more easily and **conveniently**.

❷ I use a smart phone. I can **keep in touch with** my friends more easily who are in other countries.

> My Answer

📄 어휘_p.34 참조   🎧 P3_AS 07-2

Q3. What is the most important thing when you buy a mobile?

❶ When I buy a cellphone, the most important thing I **consider** is **solidness** because I have to use it **for a long time**.

❷ When I buy a cellphone, the most important thing I consider is the price. Because I am a student now, I am not able to **afford to** buy expensive cellphones.

> My Answer

📄 어휘_p.34 참조   🎧 P3_AS 07-3

Q4. How often do you change your mobile?

❶ I change my cellphone at least once a year. Since I am interested in electronic items, I am in favor of changing often.

❷ I change my cellphone about once every 4 years because I am in the habit of valuing items that I use. And [14]I have used this cellphone for the last two years.

> My Answer

📄 어휘_p.34 참조   🎧 P3_AS 07-4

Q5. When did you change your mobile?

❶ I changed my cellphone last month. I had no choice but to change it because unfortunately I lost the phone.

❷ I changed my phone last year. The phone was not working so I got a new phone rather than fixing it.

> My Answer

📄 어휘_p.34 참조   🎧 P3_AS 07-5

📑 해석

Q1. 사람들에게 전화하는 일 외에 휴대전화의 어떤 기능을 사용합니까? ❶ 저는 주로 휴대전화로 사람들에게 문자 메시지를 보냅니다. 문자 메시지 전송은 사람들과 더 빠르고 쉽게 연락하는 방법이기 때문입니다. ❷ 저는 스마트폰을 사용하기 때문에, 이메일을 확인하거나 인터넷 뉴스를 보는 데 휴대전화를 사용합니다.

Q2. 어떤 종류의 휴대전화를 사용합니까? ❶ 저는 스마트폰을 사용합니다. 제가 원하는 정보를 더 쉽고 편리하게 찾을 수 있습니다. ❷ 저는 스마트폰을 사용합니다. 해외에 있는 제 친구들과 더 쉽게 연락할 수 있습니다.

Q3. 휴대전화를 살 때 어떤 점이 가장 중요합니까? ❶ 휴대전화를 살 때 제가 가장 중요하게 고려하는 점은 튼튼함인데 그것을 오랫동안 사용해야 하기 때문입니다. ❷ 휴대전화를 살 때 제가 가장 중요하게 고려하는 점은 가격입니다. 저는 현재 학생이기 때문에 비싼 휴대전화를 살 여유가 없습니다.

Q4. 휴대전화를 얼마나 자주 바꿉니까? ❶ 저는 적어도 1년에 한 번은 휴대전화를 바꿉니다. 저는 전자기기에 관심이 많아 자주 바꾸는 것을 좋아합니다. ❷ 저는 4년에 한 번 정도 휴대전화를 바꾸는데 저는 제가 사용하는 물건을 소중히 다루는 습관이 있기 때문입니다. 그리고 지난 2년 동안 이 휴대전화를 사용했습니다.

Q5. 언제 휴대전화를 바꿨습니까? ❶ 저는 지난달에 휴대전화를 바꿨습니다. 아쉽게도 전화기를 잃어버렸기 때문에 어쩔 수 없이 바꿔야 했습니다. ❷ 저는 지난해에 전화기를 바꿨습니다. 전화기가 고장이 나서 고치는 대신 새 전화기를 구입했습니다.

Topic 8

컴퓨터
Computers

🎧 P3_AQ 08

TOEIC Speaking	Respond to questions

Q1.

RESPONSE TIME
0:00:15

Q2.

RESPONSE TIME
0:00:15

Q3.

RESPONSE TIME
0:00:15

Q4.

RESPONSE TIME
0:00:15

Q5.

RESPONSE TIME
0:00:15

Answer

Q1. How long do you use the Internet a day?

❶ [15]I use the Internet for one and a half hours a day. When I am free, I do it for more than three hours.

❷ I **spend** most of my **time using** a computer, because I **work for** an IT company.

My Answer

어휘_p.34 참조   P3_AS 08-1

Q2. What do you usually do when you use the computer?

❶ [16]I usually surf the Internet using my computer. Especially, I like Internet shopping because it is more convenient and cheaper.

❷ I **take care of** **documents** on my computer because it is faster and easier.

My Answer

어휘_p.34 참조   P3_AS 08-2

Q3. Are you **good at** computers?

❶ I **am not good at** computers, but I do **word processing** and Internet surfing.

❷ I am **skillful at** computers. I have been studying about computers for a long time and will **keep going**.

My Answer

어휘_p.34 참조   P3_AS 08-3

Q4. Do you have a personal computer?

❶ I have a personal computer. I use it anytime anywhere.

❷ I have a personal computer. But it is too old so I want to buy a new one.

My Answer

🎧 P3_AS 08-4

Q5. When did you buy the computer you are using now?

❶ I got my computer on my birthday last year. My parents bought it for me so I love it so much.

❷ I bought my computer three years ago. I want to get a new one so I am asking other people about it.

My Answer

🎧 P3_AS 08-5

📋 해석

Q1. 하루에 인터넷을 얼마나 사용하나요? ❶ 저는 하루에 한 시간 반 정도 인터넷을 사용합니다. 한가할 때는 3시간 넘게 사용합니다. ❷ 저는 IT회사에서 일하기 때문에 대부분의 시간을 컴퓨터를 사용하는 데 씁니다.

Q2. 컴퓨터를 할 때 주로 무엇을 합니까? ❶ 저는 컴퓨터로 주로 인터넷 서핑을 합니다. 특히 더 편리하고 가격이 더 싸기 때문에 인터넷 쇼핑하는 것을 좋아합니다. ❷ 더 빠르고 쉽기 때문에 저는 컴퓨터로 문서처리를 합니다.

Q3. 컴퓨터를 잘 다루나요? ❶ 저는 컴퓨터를 잘 다룰 줄 모르지만 문서작성과 웹 서핑은 합니다. ❷ 저는 컴퓨터를 잘 다룹니다. 저는 오랫동안 컴퓨터 관련 공부를 해왔고 계속 할 것입니다.

Q4. 개인용 컴퓨터가 있나요? ❶ 저는 제 개인 노트북이 있습니다. 저는 그것을 언제 어디서나 사용합니다. ❷ 저는 개인용 컴퓨터가 있습니다. 그러나 너무 오래 되었기 때문에 새것을 사고 싶습니다.

Q5. 현재 사용하는 컴퓨터는 언제 산 것입니까? ❶ 저는 작년 제 생일에 컴퓨터를 얻었습니다. 부모님께서 저에게 생일 선물로 사주셨기 때문에 그것을 매우 아낍니다. ❷ 저는 3년 전에 컴퓨터를 샀습니다. 새것을 사고 싶어서 다른 사람들에게 그것에 대해 물어보고 있습니다.

Topic 9

의상
Outfits

TOEIC Speaking

Respond to questions

Q1.

RESPONSE TIME
0:00:15

Q2.

RESPONSE TIME
0:00:15

Q3.

RESPONSE TIME
0:00:15

Q4.

RESPONSE TIME
0:00:15

Q5.

RESPONSE TIME
0:00:15

Answer

Q1. What kind of fashion do you like?

❶ I like casual style. It is not only **comfortable** but also I **don't have to** care too much about what I should **put on**.

❷ I like **sweat shirts** and training pants. I prefer comfortable training wear because I am a sports player.

My Answer

📄 어휘_p.34 참조　　　　　　　　　🎧 P3_AS 09-1

Q2. What kind of clothes do you wear?

❶ I usually put on casual wear. Especially I like to wear blue jeans; I often buy them.

❷ Even though I like to wear casual clothes, [17]I usually wear **formal suits** because I go to work.

My Answer

📄 어휘_p.34 참조　　　　　　　　　🎧 P3_AS 09-2

Q3. Where do you usually buy your clothes?

❶ [18]I usually buy clothes at **department stores**. The items are expensive, but the designs are **fabulous** and the **quality** is good.

❷ I usually buy clothes at Dongdeamun Market Street because they are reasonable and the designs are **various**. However, the quality is not good enough.

My Answer

📄 어휘_p.34 참조　　　　　　　　　🎧 P3_AS 09-3

Q4. How often do you go to buy your clothes?

❶ I go shopping for clothes about **twice a month**. I always plan what I need to buy.

❷ I usually buy clothes about once a month. I'm going to buy a coat because it is getting cold.

My Answer

어휘_p.34 참조　　　　P3_AS 09-4

Q5. What is the most important thing in fashion?

❶ I think the most important part of fashion is **originality**. Fashion is one of the greatest **tools** to **express** one's **personality**.

❷ I think the most important part of fashion is **attitude**. A **confident** attitude makes people look **awesome**.

My Answer

어휘_p.34~35 참조　　　　P3_AS 09-5

해석

Q1. 어떤 종류의 패션을 좋아하나요? ❶ 저는 캐주얼한 스타일을 좋아합니다. 편할 뿐 아니라 무엇을 입어야 할지 신경을 너무 많이 쓰지 않아도 되기 때문입니다. ❷ 저는 운동복을 좋아합니다. 저는 운동선수이기 때문에 편안한 운동복을 선호합니다.

Q2. 어떤 종류의 옷을 입나요? ❶ 저는 캐주얼한 옷을 주로 입습니다. 특히 청바지 입는 것을 좋아하기 때문에 청바지를 자주 삽니다. ❷ 저는 캐주얼한 옷을 좋아하지만, 직장에 다니기 때문에 주로 정장을 입습니다.

Q3. 어디에서 주로 옷을 사나요? ❶ 저는 주로 백화점에서 옷을 삽니다. 가격이 비싸지만 디자인이 멋지고 품질이 좋습니다. ❷ 저는 값이 저렴하고 디자인이 다양하기 때문에 주로 동대문 시장에서 옷을 삽니다. 하지만 품질은 그리 좋지 않습니다.

Q4. 얼마나 자주 옷을 사러 가나요? ❶ 저는 한 달에 두 번 정도 옷을 사러 갑니다. 저는 항상 꼭 사야 하는 것을 정해놓고 삽니다. ❷ 저는 보통 한 달에 한 번 정도 옷을 삽니다. 날씨가 추워져서 코트를 장만할 예정입니다.

Q5. 패션에서 가장 중요한 점이 무엇입니까? ❶ 저는 패션에서 가장 중요한 요소는 개성이라고 생각합니다. 패션은 자신의 개성을 표현할 수 있는 가장 좋은 수단 중 하나입니다. ❷ 저는 패션에서 가장 중요한 요소를 태도라고 생각합니다. 자신감 있는 태도는 사람들을 멋져 보이게 합니다.

Topic **10**

학교
School

🎧 P3_AQ 10

TOEIC Speaking
Respond to questions

Q1.

RESPONSE TIME
0:00:15

Q2.

RESPONSE TIME
0:00:15

Q3.

RESPONSE TIME
0:00:15

Q4.

RESPONSE TIME
0:00:15

Q5.

RESPONSE TIME
0:00:15

Answer

Q1. What kind of **vehicle** do you use when you go to school?

❶ [19]**I take the subway to go to school.** I don't have to worry about the traffic in a subway train.

❷ I walk to my school. Because the school is near my home, I don't need to use public transportation.

My Answer

어휘_p.35 참조   P3_AS 10-1

Q2. How long do you stay at school?

❶ I usually stay at school for about four hours, because I have four 60-minute classes.

❷ I stay at school **all day long**. I take morning classes and help my **professor** as an **assistant** in the afternoon.

My Answer

어휘_p.35 참조   P3_AS 10-2

Q3. How many days do you go to school in a week?

❶ I go to school for four days a week because I have classes every day **except for** Wednesdays and weekends.

❷ I go to school Monday to Friday. I do not have classes on weekends.

My Answer

어휘_p.35 참조   P3_AS 10-3

Q4. Are you interested in your school life?

❶ I enjoy my school life. I love group activities and some **elective** classes.

❷ I do not like my school life. I am not doing a good job on my **major requirements**.

My Answer

어휘_p.35 참조   P3_AS 10-4

Q5. How often do you use your school library?

❶ [20]I go to the school library once a week. I read books and prepare for my mid-term and final exams.

❷ I **seldom** go to the library. It is because I think I**'d better** search the Internet for necessary information at home.

My Answer

어휘_p.35 참조   P3_AS 10-5

해석

Q1. 학교에 갈 때 무엇을 타고 가나요? ❶ 저는 지하철을 타고 학교에 갑니다. 지하철을 타면 교통체증에 대해 걱정할 필요가 없습니다. ❷ 저는 걸어서 학교에 갑니다. 학교가 집과 가깝기 때문에 대중교통을 이용할 필요가 없습니다.

Q2. 학교에 얼마나 오래 있습니까? ❶ 저는 60분짜리 수업이 네 개가 있어서 보통 4시간 정도 학교에 있습니다. ❷ 저는 하루 종일 학교에 있습니다. 저는 아침수업을 듣고 오후에는 교수님을 돕는 조교 일을 하고 있습니다.

Q3. 일주일에 며칠이나 학교에 갑니까? ❶ 수요일과 주말을 제외하고 매일 수업이 있기 때문에 저는 일주일에 4일 학교에 갑니다. ❷ 저는 월요일부터 금요일까지 학교에 갑니다. 주말에는 수업이 없습니다.

Q4. 학교생활이 재미있습니까? ❶ 저는 학교생활을 즐깁니다. 동아리 활동과 몇몇 교양 수업을 정말 좋아합니다. ❷ 저는 학교생활을 좋아하지 않습니다. 저는 전공 필수과목들을 잘하고 있지 않습니다.

Q5. 학교 도서관을 얼마나 자주 이용하나요? ❶ 저는 일주일에 한 번 학교 도서관에 갑니다. 책을 읽고 중간고사와 기말고사를 준비합니다. ❷ 저는 도서관에 거의 가지 않습니다. 저는 집에서 필요한 정보를 인터넷으로 찾는 것이 낫다고 생각하기 때문입니다.

Topic 11

친구
Friends

🎧 P3_AQ 11

Q1.

RESPONSE TIME
0:00:15

Q2.

RESPONSE TIME
0:00:15

Q3.

RESPONSE TIME
0:00:15

Q4.

RESPONSE TIME
0:00:15

Q5.

RESPONSE TIME
0:00:15

Answer

Q1. How often do you meet your friends?

❶ I meet my friends once a month. I ==have a wonderful time talking== with them.

❷ [21]I meet my friends three or four times a month. It is because I like to ==get along with== them.

My Answer

어휘_p.35 참조   P3_AS 11-1

Q2. Do you have many friends from high school?

❶ Yes, I do. I have many ==memories== about my old friends. We have been good friends to ==one another==.

❷ No, I don't. My family moved many times, so I ==had few chances to== make friends.

My Answer

어휘_p.35 참조   P3_AS 11-2

Q3. Where do you usually meet your friends?

❶ I usually meet my friends at coffee shops. Comfortable chairs and tasty coffee make my friends and me happy. [22]My friend and I had fun at a café last weekend.

❷ I usually meet my friends at bars. I can have enjoyable talks with them drinking beer.

My Answer

P3_AS 11-3

Q4. What do you usually do when you meet your friends?

❶ I often go to bars with my friends. I am not a strong drinker, but I like the atmosphere there.

❷ I play basketball and soccer with my friends. It is because we like to gather and enjoy ballgames.

My Answer

🎧 P3_AS 11-4

Q5. Do you like to get along with new people?

❶ Yes, I do. I am not **nervous** when I talk to new people. And I love to listen to their stories.

❷ No, I don't. I feel a bit uncomfortable with meeting new people because I am **shy**.

My Answer

📄 어휘_p.35 참조

🎧 P3_AS 11-5

📑 해석

Q1. 친구를 얼마나 자주 만나나요? ❶ 저는 한 달에 한 번 친구들을 만납니다. 저는 친구들과 이야기를 나누면서 즐거운 시간을 보냅니다. ❷ 저는 한 달에 세네 번 친구들을 만납니다. 저는 친구들과 어울리는 것을 좋아하기 때문입니다.

Q2. 고등학교 친구들이 많습니까? ❶ 네, 많이 있습니다. 저는 오랜 친구들에 대한 추억이 많습니다. 우리는 서로 좋은 친구가 되어 왔습니다. ❷ 아니요, 없습니다. 우리 가족은 이사를 많이 다녔기 때문에 친구를 사귈 기회가 거의 없었습니다.

Q3. 친구들을 주로 어디에서 만납니까? ❶ 저는 친구들을 주로 커피숍에서 만납니다. 편안한 의자와 맛있는 커피가 저와 친구들을 기분 좋게 해줍니다. 지난 주말에 친구와 저는 카페에서 재미있는 시간을 보냈습니다. ❷ 저는 친구들을 주로 술집에서 만납니다. 친구들과 맥주를 마시면서 즐거운 대화를 나눌 수 있습니다.

Q4. 친구들을 만나면 주로 무엇을 하나요? ❶ 저는 친구들과 종종 술집에 갑니다. 저는 술을 잘 못하지만, 그곳의 분위기를 좋아합니다. ❷ 저는 친구들과 농구와 축구를 합니다. 우리는 모여서 공을 가지고 노는 것을 좋아하기 때문입니다.

Q5. 새로운 사람들을 사귀는 것을 좋아하나요? ❶ 네, 좋아합니다. 저는 새로운 사람과 이야기하는 것이 두렵지 않습니다. 그리고 그들의 이야기를 듣는 것을 좋아합니다. ❷ 아니요, 그렇지 않습니다. 저는 수줍음이 많기 때문에 새로운 사람들과 만나는 것을 조금 불편하게 느낍니다.

Topic 12

쇼핑
Shopping

P3_AQ 12

Q1.

RESPONSE TIME
0:00:15

Q2.

RESPONSE TIME
0:00:15

Q3.

RESPONSE TIME
0:00:15

Q4.

RESPONSE TIME
0:00:15

Q5.

RESPONSE TIME
0:00:15

Answer

Q1. Who do you usually go shopping with?

❶ [23]I usually go shopping with my friends. We help each other to make a good decision.

❷ I always go shopping by myself. It is because I can focus more on my shopping.

My Answer

어휘_p.35 참조   P3_AS 12-1

Q2. What do you like to buy?

❶ I like to buy shoes. Good shoes always make me happy.

❷ I like to buy T-shirts. It is fun to wear different T-shirts every day.

My Answer

P3_AS 12-2

Q3. Do you use online shopping?

❶ I often use the Internet for shopping. There are more choices and it helps me save time.

❷ I don't like Internet shopping. I can't try on when I use it, and sometimes they don't refund.

My Answer

어휘_p.35 참조   P3_AS 12-3

Q4. What is the most important thing when you buy something?

❶ I think quality is most important. Good quality makes people use the product longer.

❷ **I think design is the best. Wonderful looks lead people to buy products.**

My Answer

📄 어휘_p.35 참조   🎧 P3_AS 12-4

Q5. How long do you spend shopping?

❶ [24]**It depends, but I commonly shop for two hours. It takes a long time to find my favorites.**

❷ **I always finish shopping within an hour. I can do it quickly because I buy only what I need.**

My Answer

📄 어휘_p.35 참조   🎧 P3_AS 12-5

🔖 해석

Q1. 주로 누구와 쇼핑을 가나요? ❶ 저는 주로 친구들과 쇼핑을 갑니다. 우리는 서로 좋은 선택을 하도록 도와줍니다. ❷ 저는 언제나 혼자 쇼핑을 하러 갑니다. 쇼핑에 집중할 수 있기 때문입니다.

Q2. 어떤 것을 사는 것을 좋아합니까? ❶ 저는 신발 사는 것을 좋아합니다. 좋은 신발은 언제나 저를 기쁘게 합니다. ❷ 저는 T-셔츠 사는 것을 좋아합니다. 날마다 다른 T-셔츠를 입는 것이 재미있습니다.

Q3. 인터넷 쇼핑을 이용하나요? ❶ 저는 인터넷 쇼핑을 자주 이용합니다. 선택 사항이 더 많고 시간을 절약해 줍니다. ❷ 저는 인터넷 쇼핑을 좋아하지 않습니다. 인터넷 쇼핑을 이용하면 입어 볼 수가 없고 어떤 경우에는 환불을 안 해줍니다.

Q4. 물건을 살 때 가장 중요한 점이 무엇입니까? ❶ 저는 품질이 가장 중요하다고 생각합니다. 품질이 좋으면 사람들이 물건을 더 오래 사용하게 됩니다. ❷ 저는 디자인이 최고라고 생각합니다. 멋진 외형이 물건을 사도록 합니다.

Q5. 쇼핑할 때 얼마나 오래 걸리나요? ❶ 상황마다 다르지만 저는 보통 2시간 정도 쇼핑을 합니다. 저는 마음에 드는 것을 찾는 데 오래 걸립니다. ❷ 저는 쇼핑을 언제나 1시간 안에 끝냅니다. 필요한 것만 사기 때문에 쇼핑을 빨리 마칠 수 있습니다.

Topic **13**

주말
Weekends

TOEIC Speaking

Respond to questions

Q1.

RESPONSE TIME
0:00:15

Q2.

RESPONSE TIME
0:00:15

Q3.

RESPONSE TIME
0:00:15

Q4.

RESPONSE TIME
0:00:15

Q5.

RESPONSE TIME
0:00:15

Answer

Q1. What do you usually do on weekends?

❶ I spend time for myself on weekends. I usually have a good time with friends, read books or listen to music. Or [25]I like to spend my free time watching TV shows.

❷ I go hiking on weekends. Because I work inside, I try to do something for my health.

My Answer

🎧 P3_AS 13-1

Q2. What did you do last weekend?

❶ I went to my friend's wedding last weekend. It was great to have a chance to see my old friends.

❷ I was in a massage shop last weekend. Massage is a great way to get rid of tension and stress from my body.

My Answer

어휘_p.35 참조　　🎧 P3_AS 13-2

Q3. Who do you usually spend weekends with?

❶ I usually spend time with my family. I made lunch with my children last weekend.

❷ I like to stay alone on weekends. I meet many people on weekdays so I need to rest on the weekend.

My Answer

어휘_p.35 참조　　🎧 P3_AS 13-3

Q4. Do you work on weekends?

❶ No, I don't. However, I have to work on weekends **in case of** an **emergency** or **significant** projects.

❷ I work every Saturday. It is not too bad to work then because I do only until noon.

My Answer

어휘_p.35 참조   P3_AS 13-4

Q5. What is your plan for this weekend?

❶ [26]**I am planning to clean up** my room this weekend. And then I will go out for my brother's birthday party with my family.

❷ I **am thinking of** going to the sea this weekend. I want to travel enjoying many good **sceneries** and wonderful seafood.

My Answer

어휘_p.35 참조   P3_AS 13-5

해석

Q1. 주말에 주로 무엇을 합니까? ❶ 저는 주말에 저 자신을 위한 시간을 보냅니다. 주로 친구를 만나 즐거운 시간을 보내고, 책을 읽거나 음악을 듣습니다. 또는 TV 쇼를 보며 시간을 보내는 것도 좋아합니다. ❷ 저는 주말에 등산을 갑니다. 저는 실내에서 일하기 때문에, 건강을 위해 뭔가를 하려고 노력합니다.

Q2. 지난 주말에 무엇을 했나요? ❶ 저는 지난 주말에 친구의 결혼식에 참석하였습니다. 오랜 친구들을 만나는 기회여서 좋았습니다.
❷ 저는 지난 주말에 마사지 숍에 있었습니다. 마사지는 몸의 긴장과 스트레스를 없애는 좋은 방법입니다.

Q3. 주말에 누구와 주로 시간을 보냅니까? ❶ 저는 주로 가족들과 시간을 보냅니다. 지난 주말에는 아이들과 함께 점심식사를 만들었습니다. ❷ 저는 주말에 혼자 지내는 것을 좋아합니다. 저는 주중에 많은 사람들을 만나기 때문에 주말에 쉬어야 합니다.

Q4. 주말에 일을 합니까? ❶ 아니요, 그렇지 않습니다. 하지만 급한 일이나 중요한 프로젝트가 있는 경우에는 주말에 일을 해야 합니다.
❷ 저는 토요일마다 일을 합니다. 정오까지만 일을 하기 때문에 그때 일하는 것이 그렇게 나쁘지는 않습니다.

Q5. 이번 주말에 무엇을 할 계획입니까? ❶ 저는 이번 주말에 방 청소를 할 계획입니다. 그리고 그 후에 제 동생의 생일 파티 때문에 가족들과 외식을 하러 갑니다. ❷ 저는 이번 주말에 바다를 보러 갈 생각입니다. 멋진 풍경들을 많이 보고 맛있는 해산물을 먹으며 여행하고 싶습니다.

Topic **14**

가족
Family

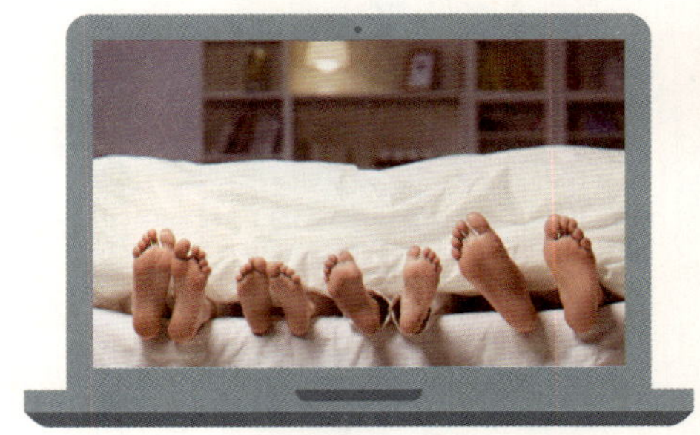

P3_AQ 14

TOEIC Speaking

Respond to questions

Q1.

RESPONSE TIME
0:00:15

Q2.

RESPONSE TIME
0:00:15

Q3.

RESPONSE TIME
0:00:15

Q4.

RESPONSE TIME
0:00:15

Q5.

RESPONSE TIME
0:00:15

Answer

Q1. Do you live with your family?

❶ Yes, I do. I have been living with my family since I was born.

❷ No, I don't. I live alone because my workplace is far from my parents' place.

My Answer

P3_AS 14-1

Q2. Do you often go out with your family?

❶ We go out with my family once a week. We all are busy, so we can **hardly find time**.

❷ I go out with my family often. We like to eat and talk together.

My Answer

어휘_p.35 참조　　　　　　　　　　　　　　　　　　　　P3_AS 14-2

Q3. How many people are there in your family?

❶ [27]I have four members in my family. There are Father, Mother, a sister, and me.

❷ My family has seven members; grandparents, parents, a sister, a brother, and me. We are a big family.

My Answer

P3_AS 14-3

Q4. Do you have enough time to talk with your parents?

❶ I do not **have enough time to** talk with my parents. We are too busy at work and school.

❷ I try to talk with my parents **as often as possible**. We believe it makes our family happy.

> My Answer

📄 어휘_p.35–36 참조   🎧 P3_AS 14-4

Q5. When did you travel with your family lately?

❶ [28]I went to Hong Kong with my family two weeks ago. It was a really happy and **memorable** moment to me.

❷ I traveled to Thailand with my family last summer. Its ocean was beautiful and impressive.

> My Answer

📄 어휘_p.36 참조   🎧 P3_AS 14-5

📖 해석

Q1. 가족과 함께 사나요? ❶ 예, 그렇습니다. 저는 태어났을 때부터 가족과 함께 살아왔습니다. ❷ 아니요, 그렇지 않습니다. 직장이 부모님 집에서 너무 멀어서 혼자 살고 있습니다.

Q2. 가족과 외출을 자주 합니까? ❶ 우리는 일주일에 한 번 가족과 외출을 합니다. 모두 바쁘기 때문에 시간 내기가 힘듭니다. ❷ 저는 가족들과 자주 외출을 합니다. 우리는 함께 식사를 하고 대화하는 것을 좋아합니다.

Q3. 가족 구성원이 몇 명입니까? ❶ 우리 가족은 아버지, 어머니, 언니 그리고 나, 4명입니다. ❷ 저희 가족은 7명으로 조부모님, 부모님, 언니, 오빠, 그리고 제가 있습니다. 저희 가족은 대가족입니다.

Q4. 부모님과 이야기를 충분히 합니까? ❶ 저는 부모님과 이야기를 할 시간이 별로 없습니다. 우리는 직장과 학교에서 너무 바쁩니다.
❷ 저는 부모님과 가능하면 자주 이야기를 나누려고 노력합니다. 우리는 그렇게 해야 가족이 행복해진다고 믿습니다.

Q5. 최근에 가족과 함께 언제 여행을 갔습니까? ❶ 저는 2주 전에 가족들과 홍콩에 다녀 왔습니다. 저에게는 정말 행복하고 잊지 못할 순간이었습니다. ❷ 저는 지난여름 태국으로 가족들과 여행을 갔습니다. 태국의 바다가 아름답고 인상적이었습니다.

날씨
Weather

TOEIC Speaking	Respond to questions

Q1.

RESPONSE TIME
0:00:15

Q2.

RESPONSE TIME
0:00:15

Q3.

RESPONSE TIME
0:00:15

Q4.

RESPONSE TIME
0:00:15

Q5.

RESPONSE TIME
0:00:15

Answer

Q1. How do you check the **weather forecast**?

❶ I read the newspaper every day, and it tells me the weather. Using my smart phone is a good way too.

❷ [29]I check the weather forecast on the TV news every day. It is my **long-lasting** habit.

My Answer

어휘_p.36 참조   P3_AS 15-1

Q2. Which season do you like?

❶ I like winter the most. It **is full of** beautiful snowy sceneries and also I can enjoy skiing, which is my favorite sport.

❷ My favorite season is fall. It is the perfect season to try various fruits and other things since it is the **harvest** season of the year.

My Answer

어휘_p.36 참조   P3_AS 15-2

Q3. How about today's weather?

❶ It is a little cloudy and **chilly** today. I **would rather** stay home and **take a break than** go outside.

❷ It is raining today. However, the weather forecast **predicts** [30]it is going to be snowing later.

My Answer

어휘_p.36 참조   P3_AS 15-3

Q4. How often does it rain in your country?

❶ It usually rains a lot in summer in Korea, and snows a lot during winter seasons. I don't like summer time because of lots of rain.

❷ There is a lot of rain especially in summer in my country. It causes a lot of **damage** to **properties** and houses.

My Answer

어휘_p.36 참조   P3_AS 15-4

Q5. How about last weekend's weather?

❶ It was raining a lot for the last weekend. So I took a break and read a book at home **throughout** the whole weekend.

❷ The weather was great last weekend. I had a good time playing basketball with my friends.

My Answer

어휘_p.36 참조   P3_AS 15-5

해석

Q1. 일기 예보를 어떻게 확인하시나요? ❶ 저는 매일 신문을 읽고 신문에 날씨에 대해 나와 있습니다. 스마트폰을 이용하는 것도 좋은 방법입니다. ❷ 저는 매일 TV 뉴스로 일기예보를 확인합니다. 그것은 저의 오랜 습관입니다.

Q2. 어느 계절을 좋아하나요? ❶ 저는 겨울을 가장 좋아합니다. 겨울은 아름다운 눈 풍경으로 가득 차 있고 또한 제가 가장 좋아하는 스포츠인 스키를 즐길 수 있습니다. ❷ 제가 가장 좋아하는 계절은 가을입니다. 가을은 한 해 중 수확을 하는 계절이기 때문에 다양한 과일과 다른 여러 가지 것들을 먹기에 가장 좋은 계절입니다.

Q3. 오늘의 날씨는 어떻습니까? ❶ 오늘은 약간 구름이 끼었고 쌀쌀합니다. 저는 밖에 나가기보다는 집에 있으면서 쉬고 싶습니다. ❷ 오늘은 비가 오고 있습니다. 하지만 일기예보에서는 이따가 눈이 올 거라고 합니다.

Q4. 당신의 나라에는 얼마나 자주 비가 옵니까? ❶ 한국에서는 여름에 주로 비가 많이 내리고 겨울철에는 눈이 많이 내립니다. 비가 너무 많이 와서 저는 여름을 좋아하지 않습니다. ❷ 우리나라에는 특히 여름에 비가 많이 내립니다. 그로 인해 재산과 집 피해가 많이 발생합니다.

Q5. 지난 주말의 날씨는 어땠습니까? ❶ 지난 주말에는 비가 많이 내렸습니다. 그래서 주말 내내 집에서 쉬면서 책을 읽었습니다. ❷ 지난 주말에는 날씨가 좋았습니다. 저는 친구들과 농구를 하며 즐거운 시간을 보냈습니다.

Topic 16

아침식사

Breakfast

🎧 P3_AQ 16

TOEIC Speaking

Respond to questions

Q1.

RESPONSE TIME
0:00:15

Q2.

RESPONSE TIME
0:00:15

Q3.

RESPONSE TIME
0:00:15

Q4.

RESPONSE TIME
0:00:15

Q5.

RESPONSE TIME
0:00:15

Q1. What do you usually have for breakfast?

❶ [31]I usually have a glass of milk for breakfast. I'm busy in the morning, so I can't find some time to cook breakfast.

❷ I have a Korean style breakfast which is a meal with a bowl of rice, soup and side dishes. Breakfast is the only time to have a home-cooked meal, so I have a big breakfast every morning.

My Answer

🎧 P3_AS 16-1

Q2. Do you often skip your breakfast?

❶ Yes, I do. I've been skipping my breakfast since I was a high-school student. So I am used to having no breakfast.

❷ No, I don't. [32]I have breakfast almost every day. If I have no time for it at home, I buy breakfast like coffee and bread to eat on the bus.

My Answer

📄 어휘_p.36 참조   🎧 P3_AS 16-2

Q3. What time do you usually have breakfast?

❶ I usually have breakfast at 6 a.m. It is just after I wake up. I have a light breakfast like coffee and a piece of bread as I have no appetite early in the morning.

❷ My breakfast time is from 8:30 to 9 a.m. I usually have breakfast at the office before I start to work.

My Answer

📄 어휘_p.36 참조   🎧 P3_AS 16-3

Q4. **Do you prefer eating Korean food or Western food as breakfast?**

❶ **I prefer having a Korean dish as breakfast. It is more nutritious than a western style meal. I would like to start my day with substantial breakfast.**

❷ **I prefer having Western food to save my time. I'd love to have simple dishes as my breakfast such as some bread with coffee or milk. It's easy and convenient and also tasty.**

My Answer

어휘_p.36 참조   P3_AS 16-4

Q5. **Do you think having breakfast is important? Why or why not?**

❶ **Yes, I do. If we skip having breakfast, then we are starving our body and it makes us perform inefficiently at work. Moreover, we can feel hunger from the middle of the morning. Automatically, it will lead us to have a large lunch and dinner. It is the short way to gain weight.**

❷ **No, I do not think having breakfast is important. We, modern people, don't have enough time to have a meal in the morning due to a hectic life. Also, for me, it is ok to skip breakfast every day. I may have a stomachache if I eat breakfast.**

My Answer

어휘_p.36 참조   P3_AS 16-5

Q1. 보통 아침식사로 무엇을 먹나요? ❶ 저는 주로 아침식사로 우유 한 잔을 마십니다. 아침시간에는 바쁘기 때문에 아침식사를 준비할 시간이 거의 없습니다. ❷ 저는 한국식 아침식사인 밥 한 공기, 국, 반찬을 먹습니다. 아침식사는 제가 집에서 만든 음식을 먹을 수 유일한 시간이고 그래서 매일 아침 배부르게 아침식사를 합니다.

Q2. 아침식사를 자주 거릅니까? ❶ 네, 그렇습니다. 저는 고등학교 때부터 계속 아침을 걸러왔습니다. 그래서 아침식사를 먹지 않는 데 익숙합니다. ❷ 아니요, 그렇지 않습니다. 저는 거의 매일 아침을 먹습니다. 집에서 식사를 할 시간이 없으면 버스에서 먹을 수 있도록 커피와 빵 같은 아침식사를 삽니다.

Q3. 보통 몇 시에 아침식사를 하나요? ❶ 저는 보통 오전 6시에 아침식사를 합니다. 일어나서 바로 직후입니다. 이른 아침에는 입맛이 없기 때문에 커피와 빵 한 조각 같은 가벼운 아침식사를 합니다. ❷ 저의 아침식사 시간은 오전 8시 반부터 9시까지입니다. 보통 일을 시작하기 전에 사무실에서 아침식사를 합니다.

Q4. 아침식사로 한식과 양식 중 어떤 것을 선호합니까? ❶ 저는 아침식사로 한식을 선호합니다. 한식은 양식보다 더 영양가가 높습니다. 저는 든든한 아침식사로 하루를 시작하는 게 좋습니다. ❷ 저는 시간 절약을 위해 양식을 선호합니다. 커피나 우유를 곁들인 빵과 같은 아침식사로 간단한 식사를 하는 걸 정말 좋아합니다. 쉽고 간편하며 또한 맛있습니다.

Q5. 아침식사를 먹는 것이 중요하다고 생각합니까? 그렇게 생각하는 이유와 그렇게 생각하지 않는 이유는 무엇입니까? ❶ 네, 저는 아침식사를 하는 것이 중요하다고 생각합니다. 우리가 아침식사를 거른다면 우리의 몸은 굶주릴 것이고, 이 때문에 우리는 직장에서 업무를 효율적으로 수행하지 못하게 됩니다. 게다가 우리는 오전 중에 배고픔을 느낄 수 있습니다. 자동적으로 우리는 점심과 저녁을 많이 먹게 될 것입니다. 이것은 살이 찌는 지름길입니다. ❷ 아니요, 저는 아침식사를 하는 것이 중요하다고 생각하지 않습니다. 우리, 현대인들은 너무 바쁜 일상 때문에 아침에 식사를 할 시간이 별로 없습니다. 저 또한, 매일 아침식사를 거르는 것이 괜찮습니다. 제가 아침식사를 한다면, 아마 배가 아플 것입니다.

Topic **17**

피로
Fatigue

P3_AQ 17

TOEIC Speaking   Respond to questions

Q1.

RESPONSE TIME
0:00:15

Q2.

RESPONSE TIME
0:00:15

Q3.

RESPONSE TIME
0:00:15

Q4.

RESPONSE TIME
0:00:30

Q5.

RESPONSE TIME
0:00:15

Answer

Q1. When are you the most tired in a day?

❶ [33]I feel the most tired when I get out of bed. I feel all the **fatigue** from yesterday is on me when I wake up in the morning

❷ I feel **drowsy** and the most tired after I have lunch. So I usually **grab** some coffee or **take a nap** for a little while to fight off **tiredness**.

My Answer

어휘_p.36 참조　　　　　　　　　　　　　　　P3_AS 17-1

Q2. How do you get rid of your tiredness?

❶ **Taking a bath** is one of my **effective** ways to get rid of tiredness after work. It helps **blood circulation** and **relaxing** my **tense muscles**.

❷ [34]I try to take a nap for a while to get rid of my tiredness. It clears my mind and I feel much lighter afterward.

My Answer

어휘_p.36 참조　　　　　　　　　　　　　　　P3_AS 17-2

Q3. What makes you feel tired?

❶ **Normally** I feel tired at work with long working hours and especially when my boss puts me **in charge of** important project with **tight** schedules.

❷ The buses and trains I take every morning **are** always **packed with** people. There are always no seats left so I have to stand up all the way to work. It really makes me get tired.

My Answer

어휘_p.36 참조　　　　　　　　　　　　　　　P3_AS 17-3

Q4. Describe the day you were the most exhausted in your memory.

❶ There was an event that our company organized, which was really exhausting. I had to be at the place earlier than normal working days and I could not have any single minute to take a break. Besides, we had to make sure everything was in order. It was midnight when I left that place.

❷ It was New Year's Eve and I went to see fireworks with my boyfriend at riverside. It was already full of people and it was very difficult to find the place to sit. The worst part was after the fireworks. All people were in a rush to head back home. Whole streets were packed with people and cars. It took a few hours to get out of the place.

My Answer

어휘_p.36 참조   P3_AS 17-4

Q5. Do you get tired easier than others?

❶ Not really. I'm a very energetic person who doesn't really get stressed and feel tired. Of course there are things that make me tired. However, in order not to feel tired easily, I try to find the way of resting and refreshing myself based on my regular schedule.

❷ Yes, I believe I feel easily tired because I'm physically weaker than others. Since I was young I was not strong enough to handle the things which are physically overwhelming, like outdoor activities.

My Answer

어휘_p.36–37 참조   P3_AS 17-5

Q1. 하루 중 언제 가장 피곤합니까? ❶ 저는 잠자리에서 일어날 때 가장 피곤함을 느낍니다. 아침에 일어나면 어제의 피로가 모두 몰려오는 느낌이 듭니다. ❷ 저는 점심을 먹은 후 가장 졸리고 피곤합니다. 그래서 피곤함을 이겨내기 위해 보통 커피를 조금 마시거나 아주 잠깐 낮잠을 잡니다.

Q2. 어떻게 피로를 풉니까? ❶ 목욕은 퇴근 후 피로를 푸는 효과적인 방법 중 하나입니다. 목욕은 혈액 순환을 돕고, 긴장된 근육을 풀어주는 데 도움을 줍니다. ❷ 저는 피로를 없애기 위해 잠시라도 낮잠을 자려고 노력합니다. 그렇게 하면 정신이 맑아지고 몸이 훨씬 가벼워지는 걸 느낍니다.

Q3. 무엇이 당신을 피곤하게 합니까? ❶ 보통 저는 장시간 일을 했을 때 피곤함을 느끼고 특히 제 상사가 저에게 빡빡한 일정의 중요한 프로젝트를 맡겼을 때 그럽니다. ❷ 매일 아침 제가 타는 버스와 지하철은 항상 사람들로 가득 찹니다. 항상 남은 자리가 없어 저는 출근길 내내 서 있어야 합니다. 그것은 저를 정말 피곤하게 합니다.

Q4. 당신의 기억 속에서 가장 지쳤던 날을 설명해주세요. ❶ 저희 회사가 준비했던 행사가 있었는데, 이 행사는 정말 진이 빠졌습니다. 저는 평소 근무일보다 훨씬 일찍 행사장에 가야 했고, 단 일 분도 쉬지 못했습니다. 게다가 우리는 모든 것이 적절하게 진행되는지 확인해야 했습니다. 저는 자정이 되어서야 그 행사장을 떠났습니다. ❷ 그 날은 새해 전날이었고, 저는 남자친구와 함께 불꽃놀이를 보러 강가에 갔습니다. 그 곳은 이미 사람들로 가득 차 있었고, 앉을 만한 곳을 찾기가 매우 힘들었습니다. 가장 최악이었던 것은 불꽃놀이가 끝난 후였습니다. 모든 사람들이 서둘러 집으로 향하고 있었습니다. 모든 거리가 사람과 자동차로 붐볐습니다. 그곳을 빠져 나오는 데 몇 시간이 걸렸습니다.

Q5. 당신은 다른 사람들에 비해 더 쉽게 피로를 느낍니까? ❶ 그렇지 않습니다. 저는 매우 활동적인 사람으로 스트레스를 받거나 피로를 느끼지 않는 편입니다. 물론 저를 피곤하게 하는 것들이 있습니다. 그렇지만 저는 쉽게 피곤을 느끼지 않기 위해, 저의 일상 일과에 기초하여 제 자신이 쉬고 상쾌해지는 방법을 스스로 찾으려 노력합니다. ❷ 네, 저는 다른 사람들보다 체력이 약하기 때문에 쉽게 피곤함을 느낀다고 생각합니다. 저는 어렸을 때부터 야외활동과 같이 체력적으로 너무 힘든 것들을 견딜 만큼 건강하지 않았습니다.

Topic **18**

바쁨
Being busy

P3_AQ 18

TOEIC Speaking

Respond to questions

Q1.

RESPONSE TIME
0:00:15

Q2.

RESPONSE TIME
0:00:15

Q3.

RESPONSE TIME
0:00:15

Q4.

RESPONSE TIME
0:00:15

Q5.

RESPONSE TIME
0:00:15

Answer

Q1. When is the busiest time of the year?

❶ [35]**I am usually the most busy at the end of the year.** At that time, there are a lot of works **assigned** to me and **gatherings** to **attend**.

❷ Exam periods are the busiest days for me. I have to not only study hard but do a part-time job at a café, so I can't get enough rest and sleep.

My Answer

📄 어휘_p.37 참조　　　　　　　　　🎧 P3_AS 18-1

Q2. Do you skip your meals when you are busy?

❶ No, I don't. It is **unbearable** for me to feel hungry. Also, it **disturbs** me **concentrating on** what I'm doing. So I try not to skip every meal.

❷ Yes, I do. If I'm hectic at work, I don't **feel like having** anything.

My Answer

📄 어휘_p.37 참조　　　　　　　　　🎧 P3_AS 18-2

Q3. How do you usually **relieve** your stress in your busy daily life?

❶ I eat a lot to relieve my stress. When I eat my favorite things which taste sweet or **spicy**, I feel the most happy. I love eating, but I do not usually eat too much because of my diet.

❷ I try to get enough sleep **so that** I can relieve my stress. This way, I can **restore** my **strength** physically and mentally.

My Answer

📄 어휘_p.37 참조　　　　　　　　　🎧 P3_AS 18-3

Q4. Do you usually keep yourself busy?

❶ Yes, I do. I try to make my day busy. I think I am a lazy person. So, if I am not busy, I am more likely to **waste time with doing** nothing. These days, [36]I am **busy preparing** for the exam.

❷ No, I don't. If I am busy, I make lots of mistakes. It is because I am not the person who can concentrate on many **tasks** **at the same time.**

My Answer

어휘_p.37 참조　　　　　　　　　　　　　　　　　　　P3_AS 18-4

Q5. What do you do when you are not busy?

❶ I usually read books when I'm not busy. These days I've been busy, so I can't find any time for it. I get to feel comfortable when I read a book.

❷ I try to spend my time with my family when I'm not busy. I like to **go for a picnic** with my kids. Sometimes there are times when I have to **catch up on** housework.

My Answer

어휘_p.37 참조　　　　　　　　　　　　　　　　　　　P3_AS 18-5

해석

Q1. 일 년 중 가장 바쁜 때는 언제입니까? ❶ 저는 보통 연말에 가장 바쁩니다. 그때는 저에게 주어진 일과 참석해야 할 모임이 많습니다. ❷ 시험 기간이 저에게 가장 바쁜 시기입니다. 공부도 열심히 해야 할 뿐 아니라 카페에서 아르바이트도 해야 해서 저는 충분히 휴식을 취하거나 잘 수 없습니다.

Q2. 바쁠 때면 식사를 거르는 편입니까? ❶ 아니요, 거르지 않습니다. 저는 배고픈 것을 참을 수가 없습니다. 또한 이는 제가 하고 있는 일에 집중하지 못하게 방해합니다. 그래서 저는 매끼 식사를 거르지 않으려고 노력합니다. ❷ 네, 그렇습니다. 직장에서 정신 없이 바쁠 때에는 아무것도 먹고 싶은 생각이 없습니다.

Q3. 바쁜 생활 속에서 보통 어떻게 스트레스를 해소하나요? ❶ 저는 스트레스를 해소하기 위해 많이 먹습니다. 제가 가장 좋아하는 달콤하거나 매운 음식들을 먹을 때 저는 가장 행복합니다. 저는 먹는 것을 정말 좋아하지만 다이어트 때문에 보통은 많이 먹지 않습니다. ❷ 저는 스트레스를 해소하기 위해 잠을 충분히 자려고 노력합니다. 이렇게 하면 육체적으로나 정신적으로 힘을 충전할 수 있습니다.

Q4. 당신은 보통 바쁘게 지내려고 하는 편입니까? ❶ 네, 그렇습니다. 저는 하루를 바쁘게 보내려고 노력합니다. 제 생각에 저는 게으른 사람 같습니다. 그래서 바쁘지 않으면, 아무 것도 하지 않으면서 시간을 낭비하는 편입니다. 요즘에는 시험을 준비하느라 바쁩니다. ❷ 아니요, 그렇지 않습니다. 저는 바쁘면 실수를 많이 합니다. 저는 동시에 많은 일에 집중할 수 있는 사람이 아니기 때문입니다.

Q5. 바쁘지 않을 때는 무엇을 합니까? ❶ 바쁘지 않을 때 저는 보통 책을 읽습니다. 요즘 계속 바쁘기 때문에 독서를 할 시간이 별로 없습니다. 저는 책을 읽으면 마음이 편안해집니다. ❷ 저는 바쁘지 않을 때에는 가족들과 시간을 보내려고 노력합니다. 저는 아이들과 소풍가는 것을 좋아합니다. 가끔은 밀린 집안일을 해야 할 때도 있습니다.

질병
Illness

TOEIC Speaking

Respond to questions

Q1.

RESPONSE TIME
0:00:15

Q2.

RESPONSE TIME
0:00:15

Q3.

RESPONSE TIME
0:00:15

Q4.

RESPONSE TIME
0:00:15

Q5.

RESPONSE TIME
0:00:30

Answer

Q1. Have you been sick **recently**?

❶ Yes, I have. I was sick in bed with **flu** a month ago. I **suffered from an extreme stuffy** nose and fatigue.

❷ No, I haven't. I **am in** really **good condition**, so I've never been sick since 5 years ago.

My Answer

어휘_p.37 참조　　　　　　　　　　　　　　　　　　　　　P3_AS 19-1

Q2. What do you do for it when you get sick?

❶ When I'm sick, I normally drink a lot of water and go to bed early. Especially [37]when I have a cold, I try to eat a lot of fruit.

❷ I usually go to see a doctor when I get sick. I feel **relieved** to hear some **advice** from the doctor and take medicine. I think it is the safest.

My Answer

어휘_p.37 참조　　　　　　　　　　　　　　　　　　　　　P3_AS 19-2

Q3. Do you have **medical check-ups on a regular basis**?

❶ Yes, I do. I have family histories of **stomach cancer** and **diabetes**. So I'm careful about these **diseases**. Regularly I have a blood test and an **endoscopy**.

❷ No, I don't. I have no **symptom** of any disease, so I haven't thought of having medical check-ups.

My Answer

어휘_p.37 참조　　　　　　　　　　　　　　　　　　　　　P3_AS 19-3

Q4. **Have you seen anyone who is suffering from cancer?**

❶ Yes. My aunt who is my father's older sister was **diagnosed** with **terminal colon cancer** 5 years ago. She is **undergoing anticancer treatment**, which makes her lose a lot of weight and suffer from pain.

❷ Yes. It **reminds** me **of** a woman who has **thyroid cancer**. I saw her on TV about 2 years ago. She was suffering from terrible pain at a very young age. The **sight** of her has left me **heartbroken**.

My Answer

📄 어휘_p.37 참조　　　　　　　　　　　　　🎧 P3_AS 19-4

Q5. **How do you protect yourself from a disease?**

❶ There are two ways to protect myself from a disease. First, I try to have a lot of fruit and vegetables which contain **plentiful** vitamins and minerals. Second, I have **vaccinations**. I have received vaccinations against **cervical cancer, hepatitis** A, hepatitis B and so on.

❷ [38]I **work out** on a regular basis to **keep in shape.** I usually **combine** both **aerobic exercise** such as walking and running with **anaerobic exercise** for my muscles. It really helps me to **build up** not only my physical strength but also mental strength. My body and mind is **trained** through working out to prevent myself from getting any disease.

My Answer

📄 어휘_p.37–38 참조　　　　　　　　　　　　🎧 P3_AS 19-5

📑 해석

Q1. 최근에 아팠던 적이 있습니까? ❶ 네, 있습니다. 한 달 전에 독감으로 앓아누웠습니다. 극심한 코 막힘과 피로로 고생하였습니다. ❷ 아니요, 없습니다. 저는 매우 건강하기 때문에 5년 전부터 아픈 적이 없습니다.

Q2. 당신이 아플 때 어떻게 하나요? ❶ 저는 아플 때, 보통 물을 많이 마시고, 일찍 잠듭니다. 특히 감기에 걸리면 과일을 많이 먹으려고 합니다. ❷ 아플 때 저는 보통 병원에 갑니다. 의사로부터 몇 가지 조언을 듣고 약을 먹으면 안심이 됩니다. 저는 이것이 제일 안전하다고 생각합니다.

Q3. 정기적으로 건강 검진을 받나요? ❶ 네, 그렇습니다. 저는 위암과 당뇨에 가족력이 있습니다. 그래서 이런 질병들에 대해 조심하고 있습니다. 저는 정기적으로 혈액 검사와 내시경 검사를 받습니다. ❷ 아니요, 그렇지 않습니다. 저는 아무 질병 증상이 없기 때문에 여태껏 건강 검진을 받는 것에 대해 생각해보지 않았습니다.

Q4. 암으로 고생하는 사람을 본 적이 있나요? ❶ 네. 아버지의 누님인 저희 고모는 5년 전에 대장 암 말기 진단을 받았습니다. 고모는 항암치료를 받는 중이신데, 그 때문에 살이 많이 빠지고 고통스러워하십니다. ❷ 네. 갑상선암에 걸린 한 여자가 떠오릅니다. 저는 그녀를 2년 전에 텔레비전으로 보았습니다. 그녀는 매우 어린 나이에 끔찍한 고통으로 고생하고 있었습니다. 그녀의 모습은 저를 가슴 아프게 했습니다.

Q5. 질병을 예방하기 위해 어떻게 합니까? ❶ 저에게는 질병 예방을 위한 두 가지 방법이 있습니다. 첫 번째는, 풍부한 비타민과 무기질을 함유한 과일과 야채를 많이 먹으려고 노력하는 것입니다. 두 번째는, 예방접종을 받는 것입니다. 저는 자궁경부암, A형 간염, B형 간염 등의 예방접종을 맞았습니다. ❷ 저는 건강을 유지하기 위해 주기적으로 운동을 합니다. 저는 보통 걷기와 달리기와 같은 유산소 운동과 근력 키우기를 위한 무산소 운동과 병행합니다. 이것은 체력뿐 아니라 정신력을 키우는 데도 도움이 됩니다. 제 자신을 질병으로부터 보호하기 위해 저는 운동을 통해 몸과 마음을 단련합니다.

Topic 20

신문
Newspaper

<table>
<tr><td>TOEIC Speaking</td><td>Respond to questions</td></tr>
</table>

Q1.

RESPONSE TIME
0:00:15

Q2.

RESPONSE TIME
0:00:15

Q3.

RESPONSE TIME
0:00:15

Q4.

RESPONSE TIME
0:00:30

Q5.

RESPONSE TIME
0:00:15

Answer

Q1. Do you read a newspaper?

❶ Yes, I do. Reading a newspaper every morning helps me to **take notice of** what's going on every day.

❷ No, I don't. I feel bored when I read the newspaper with very small letters. So I often read Internet news on my computer.

My Answer

어휘_p.38 참조　　　　　　　　　　　　　　　　　　　　　P3_AS 20-1

Q2. How often do you read the newspaper?

❶ Unfortunately, I seldom read a newspaper. I read it two or three times a week **at best**.

❷ [39]**I read a newspaper every morning** **except** on the weekend. It became one of my habits to read a newspaper during the morning commute.

My Answer

어휘_p.38 참조　　　　　　　　　　　　　　　　　　　　　P3_AS 20-2

Q3. Where do you usually read the newspaper?

❶ I usually read a newspaper on the subway when I am **on the way to** school. I can get a newspaper easily **for free** at the station. So it is convenient and **economical** for me to read the newspaper on the subway.

❷ I usually read a newspaper in the library. The library is quiet and has different kinds of newspapers. It can allow me to concentrate on it and compare different **viewpoints** of each newspaper.

My Answer

어휘_p.38 참조　　　　　　　　　　　　　　　　　　　　　P3_AS 20-3

Q4. Do you prefer reading a newspaper or the Internet news on a computer?

❶ I like reading a newspaper more. Even though the computer industry is highly developed in the modern society in which we live, I prefer reading newspapers to reading the Internet news on computers or smart phones, which is very modern. I am sure I am one of the **analogue** persons in this case.

❷ I prefer Internet news. It is normally **free of charge** and the **publishers** upload their **articles in real time**. Also, **numerous** articles from **journalists** which have their own different **point of views** help me to keep **neutrality** toward a certain event.

My Answer

📄 어휘_p.38 참조　　　　🎧 P3_AS 20-4

Q5. Which section of the newspaper do you read and why?

❶ I like to **browse** through the international news section. It is because there is necessary information that helps me **keep track of current economic** and **political** issues around the world.

❷ [40]I read the sports news section first. I'm interested in sports; especially I'm **crazy about** baseball. Reading sports news helps me **keep up with** what is going on and **have fun** with some **gossip**.

My Answer

📄 어휘_p.38 참조　　　　🎧 P3_AS 20-5

해석

Q1. 당신은 신문을 읽습니까? ❶ 네, 그렇습니다. 매일 아침 신문을 읽으면 매일 어떤 일이 일어나고 있는지 아는 데 도움이 됩니다. ❷ 아니요, 그렇지 않습니다. 저는 아주 작은 글씨로 된 신문을 읽으면 지루합니다. 그래서 저는 종종 컴퓨터로 인터넷 뉴스를 읽습니다.

Q2. 얼마나 자주 신문을 읽습니까? ❶ 안타깝게도 저는 신문을 거의 읽지 않습니다. 기껏해야 일주일에 두세 번 읽습니다. ❷ 저는 주말을 제외하고 매일 아침 신문을 읽습니다. 아침 출근 길에 신문을 읽는 것은 저의 습관 중 하나가 되었습니다.

Q3. 어디서 주로 신문을 읽나요? ❶ 저는 보통 학교 가는 길에 지하철 안에서 신문을 읽습니다. 역에서 무료로 쉽게 신문을 구할 수 있습니다. 그래서 지하철에서 신문을 읽는 것은 저에게는 편리하고 경제적입니다. ❷ 저는 보통 도서관에서 신문을 읽습니다. 도서관은 조용하고, 여러 다른 종류의 신문들이 있습니다. 그래서 집중할 수 있고, 각 신문의 다른 관점들을 비교할 수 있습니다.

Q4. 당신은 신문을 읽는 것과 컴퓨터로 인터넷 뉴스를 읽는 것 중 어느 것을 선호합니까? ❶ 저는 신문을 읽는 것을 더 좋아합니다. 우리가 사는 현대 사회에서는 컴퓨터 산업이 고도로 발전했지만 저는 매우 현대적인 컴퓨터나 스마트폰으로 인터넷 뉴스를 읽는 것보다 신문 읽는 것을 더 좋아합니다. 저는 이런 점에서 아날로그적 사람 중 한 명임이 분명합니다. ❷ 저는 인터넷 뉴스를 선호합니다. 보통 인터넷 뉴스는 무료이며, 발행인들이 실시간으로 기사를 올립니다. 또한, 자신만의 관점을 가진 여러 기자들이 쓴 수많은 기사들은 제가 어떤 사안에 대해 중립을 지키는 데 도움이 됩니다.

Q5. 신문의 어느 면을 읽나요? 그리고 그 이유는 무엇입니까? ❶ 저는 국제 뉴스 면을 훑어보는 것을 좋아합니다. 왜냐하면 전 세계의 최근 경제, 정치 동향들을 계속 파악할 수 있게 도와주는 꼭 필요한 정보가 많기 때문입니다. ❷ 저는 스포츠 면을 가장 먼저 읽습니다. 저는 스포츠에 관심이 많은데, 특히 야구를 매우 좋아합니다. 스포츠 뉴스를 읽으면서 어떤 일이 일어나는지 계속해서 알게 되고 몇몇 가십거리들은 재미있습니다.

Topic 21

간식
Snacks

P3_AQ 21

Answer

Q1. Do you enjoy having a snack?

❶ Yes, I do. [41]I usually have a milk shake for a snack between lunch and dinner. It is so sweet and makes me happy.

❷ No, I don't. I'm on a diet to lose weight. Having a snack is the worst for a diet.

My Answer

📄 어휘_p.38 참조　　　　　　🎧 P3_AS 21-1

Q2. What's your favorite snack?

❶ My favorite snack is Tteokbokki which is rice cakes cooked in spicy sauce. I like hot and spicy food because it helps me to relieve my stress.

❷ I like having something sweet and yummy between meals. My favorite one is chocolate chip cookies. It is really good with milk.

My Answer

📄 어휘_p.38 참조　　　　　　🎧 P3_AS 21-2

Q3. Do you think snacking is good for your health?

❶ Yes. I believe that snacking is good for our health. [42]It is better to have a snack to appease your hunger. It can actually prevent us from overeating caused by extreme hunger.

❷ No. I don't think snacking is good for health. Normally, when we feel like a snack, we don't think a healthy food, but junk food. And, as we know, junk food is not good for our health and helps us to be fat.

My Answer

📄 어휘_p.38 참조　　　　　　🎧 P3_AS 21-3

Q4. What kind of snack do you want to **recommend** to your family and why?

❶ I would like to recommend nuts as a snack to my family. I believe it's perfect for people who are busy with work and study. Because it is a nutritious food that helps our body to decrease **cholesterol** and our brain to work well.

❷ I want to recommend yogurt to my family. I think that our **well-balanced nutrition** needs can be **fulfilled** by snacking with various **nutrients** that we don't really have from our normal meals.

My Answer

어휘_p.38 참조　　　　　　　　　　　　　　　P3_AS 21-4

Q5. Do you prefer buying a snack or making your own snack?

❶ I prefer buying a snack, especially at the supermarket. There are various kinds of snacks I like so I can get my snack conveniently and quickly.

❷ I prefer making my own snack even though it needs much time and effort. I make more delicious and healthier snacks than the things I buy from a supermarket since my own snack **contains** no **artificial additives** which are unhealthy.

My Answer

어휘_p.38 참조　　　　　　　　　　　　　　　P3_AS 21-5

해석

Q1. 간식을 즐겨 먹습니까? ❶ 네, 즐겨 먹습니다. 저는 보통 점심과 저녁 사이에 간식으로 밀크셰이크를 먹습니다. 밀크셰이크는 매우 달아서 저를 행복하게 합니다. ❷ 아니요, 즐겨 먹지 않습니다. 저는 체중 감량을 위해 다이어트 중입니다. 간식을 먹는 것은 다이어트에 최악입니다.

Q2. 당신이 가장 좋아하는 간식은 무엇인가요? ❶ 제가 가장 좋아하는 간식은 매운 소스에 요리한 떡인 떡볶이입니다. 매운 음식은 스트레스를 푸는 데 도움이 되기 때문에 저는 매운 음식을 좋아합니다. ❷ 저는 식간에 달고 맛있는 걸 먹는 것을 좋아합니다. 제가 가장 좋아하는 것은 초콜릿 칩 쿠키 입니다. 초콜릿 칩 쿠키는 우유와 정말 잘 어울립니다.

Q3. 간식을 먹는 것이 건강에 좋다고 생각하나요? ❶ 네. 저는 간식을 먹는 것이 건강에 좋다고 생각합니다. 요기를 하기 위해서라면 간식을 먹는 것이 좋습니다. 실제로 극심한 배고픔 때문에 발생하는 과식을 방지할 수 있습니다. ❷ 아니요. 저는 간식을 먹는 것이 건강에 좋지 않다고 생각합니다. 보통 우리가 간식을 먹고 싶을 때 우리는 건강한 음식을 생각하지 않고 정크 푸드를 떠올립니다. 그리고 알다시피 정크 푸드는 건강에 좋지 않고 우리를 살찌게 합니다.

Q4. 어떤 간식을 가족에게 추천하고 싶습니까? 그리고 그 이유는 무엇입니까? ❶ 저는 가족에게 견과류를 간식으로 추천하고 싶습니다. 견과류는 일과 공부로 바쁜 사람들에게 꼭 맞는 간식이라고 생각하는데요, 견과류가 콜레스테롤을 줄여주고 뇌활동을 활발하게 하는 데 도움을 주는 영양가 높은 식품이기 때문입니다. ❷ 저는 가족에게 요구르트를 추천하고 싶습니다. 저는 균형 잡힌 필수 영양소가 일반적인 식사에서는 잘 섭취하기 어려운 다양한 영양소를 함유한 간식을 먹음으로써 섭취할 수 있다고 생각합니다.

Q5. 간식을 사서 먹거나 직접 만들어 먹는 것 중 어느 것을 선호합니까? ❶ 저는 특히 슈퍼마켓에서 간식거리를 사는 것을 선호합니다. 제가 좋아하는 다양한 종류의 간식거리들이 있어서 편리하고 빠르게 간식을 구할 수 있습니다. ❷ 저는 많은 시간과 노력이 필요하지만, 간식을 직접 만들어 먹는 것을 선호합니다. 제가 만든 간식에는 몸에 안 좋은 인공첨가물이 없기 때문에 저는 슈퍼마켓에서 사는 것들보다 더 맛있고 건강한 간식을 만듭니다.

Topic 22

여행
Travel

TOEIC Speaking

Respond to questions

Q1.

RESPONSE TIME
0:00:15

Q2.

RESPONSE TIME
0:00:15

Q3.

RESPONSE TIME
0:00:15

Q4.

RESPONSE TIME
0:00:30

Q5.

RESPONSE TIME
0:00:30

Answer

Q1. When was the last time you traveled?

❶ [43]**The last time I traveled was last summer,** when I went to Busan. I've been there a few times before because I love to enjoy swimming by the beautiful beach and eating various unique foods in Busan.

❷ My last travel was my **honeymoon** to Hawaii about 5 years ago. It was the perfect place for me to make sweet memories with my husband. I really want to go there once again.

My Answer

어휘_p.39 참조　　　　　　　　　　　　　　　P3_AS 22-1

Q2. Who do you usually travel with?

❶ I usually travel alone. I prefer to travel by myself because I can have more chances to think **seriously** of myself and **communicate** with new people.

❷ I try to travel with my friends. Traveling with **like-minded** friends makes me have lots of fun and feel comfortable. Also, it is helpful for our strong friendship.

My Answer

어휘_p.39 참조　　　　　　　　　　　　　　　P3_AS 22-2

Q3. How often do you travel?

❶ I only travel once a year and usually somewhere in the country. These days I've been busy with tons of work, so I don't have the time to do much traveling.

❷ I travel 4 times a year; once every season. Korea has four seasons and there are different kinds of beautiful sceneries in each season.

So I travel and enjoy the weather and sceneries of each season.

🎧 P3_AS 22-3

Q4. Where is the most memorable place you've visited?

❶ The most memorable place I visited was Europe, especially Italy. There are many historical structures which are preserved beautifully. Italy is well known for fashion and global brands. So I enjoyed doing shopping a lot and observing fashion trends from brands there.

❷ Jeju Island is the most memorable place I've ever visited. I went there 3 months ago with my girlfriend. There were many attractive parks for tourists, so she and I could enjoy various activities like horse-riding, karting, a cruise ship and so on. And, I really like the sea of Jeju because every beach has different colors and scenery. I love "kimnyeung" beach the most. ⁴⁴I consider Jeju Island to be the best place for tourists.

📄 어휘_p.39 참조　　🎧 P3_AS 22-4

Q5. Describe your most memorable trip.

❶ I traveled all around Korea with my friend by train two years ago. At that time I bought a rail-pass named "naeillo" that I can get on any train as much as I want during 7 days. I planned to go to some cities that have unique festivals. So I was able to enjoy many festivals in Korea, for example the mud festival, the chili festival, and the ocean festival. Even though I was almost exhausted, I felt fulfilled with myself and it became the most memorable trip of my life.

❷ **The most memorable trip was traveling America alone. I was nervous when I left Korea. I was a backpacker. I planned to go over to Niagara Falls, New York, and Washington D.C. It was 20 days' schedule. I met many friends who were from all over the world. I was excited to travel an unfamiliar place and meet people. I still keep in touch with some of the friends who shared my beautiful memories.**

My Answer

어휘_p.39 참조

P3_AS 22-5

해석

Q1. 마지막으로 간 여행이 언제입니까? ❶ 제가 마지막으로 여행을 간 때는 작년 여름 부산에 갔을 때입니다. 저는 전에도 그곳에 몇 번 갔는데, 아름다운 해변에서 수영하며 놀고 부산의 다양하고 독특한 음식 먹는 것을 매우 좋아하기 때문입니다. ❷ 저의 마지막 여행은 5년 전 하와이로 간 신혼여행입니다. 하와이는 남편과 달콤한 추억을 만든 완벽한 곳이었습니다. 다시 한 번 그곳에 가고 싶습니다.

Q2. 보통 누구와 여행을 가나요? ❶ 저는 보통 혼자 여행합니다. 저에 대해 진지하게 생각하고 처음 만나는 사람들과 소통할 수 있는 기회를 더 많이 가질 수 있기 때문에 저는 혼자 가는 여행을 선호합니다. ❷ 저는 친구들과 함께 여행하려고 노력합니다. 마음이 잘 맞는 친구들과 여행하면 정말 재미있고 편안합니다. 또한 그 여행이 우리의 끈끈한 우정에 도움이 됩니다.

Q3. 얼마나 자주 여행하나요? ❶ 저는 보통 국내 어딘가로 일 년에 한 번만 여행을 합니다. 요즘 일이 많아서 바쁘기 때문에 여행을 많이 할 시간이 없습니다. ❷ 저는 일 년에 네 번, 매 계절마다 한 번 여행을 합니다. 한국에는 사계절이 있고, 각 계절마다 각기 다른 종류의 아름다운 풍경들이 있습니다. 그래서 저는 여행 가서 각각 뚜렷한 특징을 지닌 계절의 날씨와 풍경을 즐깁니다.

Q4. 당신이 가본 가장 기억에 남는 장소는 어디입니까? ❶ 제가 가본 가장 기억에 남는 곳은 유럽, 특히 이탈리아였습니다. 이탈리아에는 아름답게 잘 보존된 역사적인 건축물들이 많습니다. 이탈리아는 패션과 세계적인 브랜드로 유명합니다. 그래서 저는 쇼핑을 많이 하고 그곳의 브랜드를 보며 패션 경향을 살피는 걸 즐겼습니다. ❷ 제주도는 제가 가본 곳 중 가장 기억에 남는 장소입니다. 저는 3개월 전에 여자친구와 그곳에 다녀왔습니다. 제주도에는 관광객들을 위한 매력적인 공원들이 많아서 저와 여자친구는 말 타기, 카트 타기, 유람선 타기 등과 같은 다양한 활동들을 즐길 수 있었습니다. 그리고 각 해변이 각기 다른 색과 풍경을 가지고 있어서 저는 정말 제주의 바다를 좋아합니다. 그 중에서도 "김녕" 해수욕장을 제일 좋아합니다. 제주도는 관광객에게 최고의 장소라고 생각합니다.

Q5. 가장 기억에 남는 여행에 대해 설명해주세요. ❶ 저는 2년 전에 친구와 전국 기차 여행을 했습니다. 그때 저는 7일 동안 제가 원하는 모든 기차를 탈 수 있는 "내일로"라고 하는 기차표를 샀습니다. 저는 독특한 축제를 여는 도시들에 가기로 계획했습니다. 그래서 예를 들어 머드 축제, 고추 축제, 해양 축제와 같이 우리나라의 여러 축제들을 즐길 수 있었습니다. 저는 거의 녹초가 되었지만, 저는 나 자신에게 보람을 느꼈고 이 여행이 제 인생에서 가장 기억에 남는 여행이 되었습니다. ❷ 가장 기억에 남는 여행은 혼자 미국을 여행했던 일입니다. 한국을 떠날 때에는 매우 긴장했습니다. 저는 배낭여행 족이었고, 나이아가라 폭포와 뉴욕, 워싱턴 D.C.로 돌아다니려 계획했습니다. 20일간의 일정이었습니다. 저는 세계 각국에서 온 많은 친구들을 만났습니다. 저는 낯선 곳을 여행하고 사람들을 만나는 것에 흥미를 느꼈습니다. 저는 저의 아름다운 추억을 함께 나눈 몇몇 친구들과 아직도 연락하며 지내고 있습니다.

경제
Economy

P3_AQ 23

TOEIC Speaking

Respond to questions

Q1.

RESPONSE TIME
0:00:15

Q2.

RESPONSE TIME
0:00:15

Q3.

RESPONSE TIME
0:00:15

Q4.

RESPONSE TIME
0:00:15

Q5.

RESPONSE TIME
0:00:15

Answer

Q1. Do you think prices in Korea are high?

❶ Yes, I do. Whenever I go to the supermarket, I have to pay higher prices for **daily necessities**.

❷ No, I don't. We can buy things at a lower price in Korea than in other **advanced** countries such as Japan.

My Answer

📄 어휘_p.39 참조　　　　　　　　　　　　　　🎧 P3_AS 23-1

Q2. Do you think you **earn** enough money?

❶ Yes, I do. I can do anything I want and support my family **at the same time** with my **salary**.

❷ No. I don't think I earn enough money when I **compare** my friends' salary with mine.

My Answer

📄 어휘_p.39 참조　　　　　　　　　　　　　　🎧 P3_AS 23-2

Q3. Do you save money for your future?

❶ Yes. [45]**I save money for my future.** I think the future is as important as the present so I try to **reduce spending** and **save money**.

❷ No, I don't. Instead of saving money, I **invest in stocks** and **real estate**, and I **take out insurance**.

My Answer

📄 어휘_p.39 참조　　　　　　　　　　　　　　🎧 P3_AS 23-3

Q4. Have you ever **lost your job** due to an economic **crisis**?

❶ Yes, I have. I was **laid off** during the Asian **financial** crisis in 1997.

❷ No, I haven't. Every time the **economy** is **stagnant**, I try to work harder than ever **in order not to** lose my job.

My Answer

어휘_p.39 참조　　　　　　　　　　　　　　　　　　　P3_AS 23-4

Q5. Why do you think money is important?

❶ [46]Money is important because it **provides** us **with** the necessities of life like food, clothing, and **shelter**. So many people are trying to earn as much as they can and some of them are very **obsessive** about money.

❷ Money **counts** because doing or learning something always **requires** money. Especially, when everything is expensive to learn and enjoy, people must have money in order to do it.

My Answer

어휘_p.39 참조　　　　　　　　　　　　　　　　　　　P3_AS 23-5

해석

Q1. 한국의 물가가 높다고 생각합니까? ❶ 예, 그렇게 생각합니다. 슈퍼마켓에 갈 때마다 더 비싼 값을 주고 생필품을 사야 합니다. ❷ 아니요, 그렇게 생각하지 않습니다. 한국에서는 일본과 같은 다른 선진국들에서보다 더 낮은 가격에 물건을 구입할 수 있습니다.

Q2. 당신은 돈을 충분히 번다고 생각합니까? ❶ 예, 그렇게 생각합니다. 저는 월급으로 제가 원하는 것은 무엇이든지 할 수 있고 동시에 제 가족을 부양할 수 있습니다. ❷ 아니요, 저는 친구들과 저의 월급을 비교해볼 때 돈을 충분히 번다고 생각하지 않습니다.

Q3. 미래를 위해 저축을 합니까? ❶ 예, 저는 미래를 위해 돈을 모읍니다. 저는 미래가 현재만큼 중요하다고 생각하기 때문에 지출을 줄이고 저축을 하려고 노력합니다. ❷ 아니요, 그렇지 않습니다. 저는 저축을 하는 대신 주식과 부동산에 투자하고 보험에 가입합니다.

Q4. 경제위기 때문에 직장을 잃은 적이 있습니까? ❶ 예, 그런 적이 있습니다. 저는 1997년 아시아 금융위기 때 정리해고를 당했습니다. ❷ 아니요, 그런 적은 없습니다. 저는 경기가 침체될 때마다 직장을 잃지 않기 위해 여느 때보다 더 열심히 일합니다.

Q5. 돈이 왜 중요하다고 생각합니까? ❶ 돈은 의식주와 같이 생활에 꼭 필요한 것들을 제공해주기 때문에 중요합니다. 그래서 많은 사람들이 가능한 한 많은 돈을 많이 벌기 위해 노력하고 있고 어떤 이들은 돈에 집착합니다. ❷ 돈은 중요합니다. 왜냐하면 무언가를 하거나 배우려면 언제나 돈이 들기 때문입니다. 특히 배우고 즐기는 모든 것들이 비싸기 때문에 사람들이 이것들을 하기 위해서는 돈이 있어야 합니다.

Topic 24

직장상사
Bosses

P3_AQ 24

TOEIC Speaking

Respond to questions

Q1.

RESPONSE TIME
0:00:15

Q2.

RESPONSE TIME
0:00:15

Q3.

RESPONSE TIME
0:00:15

Q4.

RESPONSE TIME
0:00:15

Q5.

RESPONSE TIME
0:00:15

Answer

Q1. Do you have a good boss at work?

❶ Yes, I do. My boss always respects all the employees and listens carefully to what they say.

❷ No, I don't. My boss tends to ignore his employees. So, he has a bad reputation among us.

My Answer

어휘_p.39 참조　　　　　　　　　　　　　　　　　　　　　　P3_AS 24-1

Q2. Why do you like or dislike your boss at work?

❶ [47]I like my boss because she is trustworthy and responsible. I can learn lots from my boss. Everyone in the company respects her.

❷ I dislike my boss because he often breaks his promise. He is very unreliable and can't be trusted. Everyone in the office doesn't like him and knows he doesn't keep his promises.

My Answer

어휘_p.39–40 참조　　　　　　　　　　　　　　　　　　　　P3_AS 24-2

Q3. What would you do if you do not like your boss at work?

❶ I would quit my job because I can't work with someone I don't like.

❷ I would try to find his good points rather than bad points. By doing so, I may get to like him in the end.

My Answer

어휘_p.40 참조　　　　　　　　　　　　　　　　　　　　　　P3_AS 24-3

Q4. **What type of boss do you want to be in the future?**

❶ I want to be more of a **considerate** boss who cares about her employees. Such a boss can **boost** their **morale** and **make** larger **profits** in the end.

❷ [48]I want to be a trustworthy boss. I saw such a boss finally succeeded in his or her business.

My Answer

어휘_p.40 참조   P3_AS 24-4

Q5. **Do you prefer to have a conservative boss or an open-minded boss?**

❶ I prefer a conservative boss. **In spite of** his **authoritative** manner, all I need to do is to follow his orders to get a salary.

❷ I prefer an open-minded boss. With such a boss, I can express my views on everything.

My Answer

어휘_p.40 참조   P3_AS 24-5

해석

Q1. 직장에 좋은 상사가 있습니까? ❶ 예, 그렇습니다. 제 상사는 항상 모든 직원들을 존중하며 직원들이 하는 말에 귀를 기울입니다.
❷ 아니요, 그렇지 않습니다. 제 상사는 직원들을 무시하는 경향이 있습니다. 그래서 그는 직원들 사이에서 평판이 좋지 않습니다.
Q2. 직장상사를 좋아하는 또는 싫어하는 이유는 무엇입니까? ❶ 제 상사는 믿을 수 있고 책임감이 있어서 저는 그녀를 좋아합니다.
저는 상사로부터 많은 것을 배울 수 있습니다. 회사의 모든 이들이 그녀를 존경합니다. ❷ 저는 제 상사를 싫어합니다. 왜냐하면 그는 자신이 한 약속을 잘 어기기 때문입니다. 그는 신뢰할 수 없고 믿음이 가지 않는 상사입니다. 사무실의 모든 사람들이 그를 좋아하지 않고 그가 약속을 지키지 않는다는 걸 압니다.
Q3. 직장상사를 좋아하지 않는다면 어떻게 하겠습니까? ❶ 저는 직장을 그만두겠습니다. 왜냐하면 저는 제가 좋아하지 않는 사람과는 일할 수 없기 때문입니다. ❷ 저는 그의 나쁜 점보다는 좋은 점을 찾으려고 노력할 것입니다. 그렇게 함으로써 결국에는 그가 좋아질 수도 있겠죠.
Q4. 당신은 앞으로 어떤 상사가 되고 싶습니까? ❶ 저는 직원들을 배려하는 자상한 상사 쪽이 더 되고 싶습니다. 그런 상사는 직원들의 사기를 진작시키고 결국 더 많은 수익을 올립니다. ❷ 저는 믿음직스러운 상사가 되고 싶습니다. 그런 상사는 결국 사업에서 성공하는 것을 보았습니다.
Q5. 보수적인 상사와 마음이 열린 상사 중 어느 쪽을 선호합니까? ❶ 저는 보수적인 상사를 선호합니다. 그의 권위적인 태도에도 불구하고, 그의 명령을 따르기만 하면 월급을 받을 수 있습니다. ❷ 저는 마음이 열린 상사를 선호합니다. 그런 상사와 일하면 모든 일에 있어서 저의 의견을 개진할 수 있습니다.

Topic 25

은행
Banks

TOEIC Speaking
Respond to questions

Q1.

RESPONSE TIME
0:00:15

Q2.

RESPONSE TIME
0:00:15

Q3.

RESPONSE TIME
0:00:15

Q4.

RESPONSE TIME
0:00:15

Q5.

RESPONSE TIME
0:00:15

Answer

Q1. How often do you go to the bank?

❶ I go to the bank **every other day.** [49]I am now **dealing with** Citi **bank** and it is close to my place.

❷ I go to the bank about once a week. I usually **withdraw** enough money to spend for a week from my **account.**

My Answer

어휘_p.40 참조　　　　　　　　　　　　　　　　P3_AS 25-1

Q2. Is there a bank in your **neighborhood**?

❶ Yes, there is one. It takes about ten minutes **on foot** from my house to the bank.

❷ No, there isn't. So I have to take a bus to the bank. It takes about 30 minutes. When I am there, I usually stay there for an hour to do banking business.

My Answer

어휘_p.40 참조　　　　　　　　　　　　　　　　P3_AS 25-2

Q3. Do you have much money in your bank account?

❶ Yes, I do. I am saving money to buy my own house. I think that I can buy a house within the next few years.

❷ No, I don't. I have to pay my **debts** first every month. I **owe** some money because I borrowed money for my schooling.

My Answer

어휘_p.40 참조　　　　　　　　　　　　　　　　P3_AS 25-3

Q4. Do you prefer paying by credit card or paying in cash when you buy something?

❶ ⁵⁰**I prefer paying by credit card.** I don't like carrying much cash with me. Moreover, it is very convenient since I can use a credit card in most stores.

❷ I prefer paying in cash because using a credit card **encourages excessive consumption**. So I usually carry **approximately** 100 dollars in my **wallet**.

My Answer

어휘_p.40 참조

P3_AS 25-4

Q5. How much cash do you carry usually?

❶ I usually carry about 100,000 won because I don't use credit cards. Sometimes I see a musical and **go out for dinner** with my friends so I need a lot of cash.

❷ I usually carry about 10,000 won. Instead, I use a credit card because it is a convenient way of buying things.

My Answer

어휘_p.40 참조

P3_AS 25-5

해석

Q1. 은행에 얼마나 자주 갑니까? ❶ 저는 이틀에 한 번 은행에 갑니다. 저는 시티 은행과 거래하고 그 은행이 집에서 가깝습니다. ❷ 저는 일주일에 한 번 정도 은행에 갑니다. 저는 보통 일주일 동안 쓸 만큼의 돈을 계좌에서 인출해 놓습니다.

Q2. 근처에 은행이 있습니까? ❶ 예, 한 군데 있습니다. 집에서 은행까지 걸어서 10분 정도 걸립니다. ❷ 아니요, 없습니다. 그래서 은행에 가려면 버스를 타고 가야 합니다. 대략 30분 정도 걸리고 그곳에 가면 은행 일을 보는 데 한 시간 정도 걸립니다.

Q3. 당신의 은행 계좌에 돈이 많이 있습니까? ❶ 예, 많이 있습니다. 저는 내 집 마련을 위해 돈을 모으고 있습니다. 몇 년 후에는 집을 살 수 있을 것 같습니다. ❷ 아니요, 많이 없습니다. 저는 매달 빚을 먼저 갚아야 합니다. 학자금 대출을 받았기 때문에 빚이 좀 있습니다.

Q4. 물건을 구입할 때 신용카드로 결제하는 것과 현금으로 결제하는 것 중 어느 것을 선호합니까? ❶ 저는 신용카드로 결제하는 것을 선호합니다. 저는 현금을 많이 들고 다니는 것을 좋아하지 않습니다. 더군다나 대부분의 가게에서 신용카드를 사용할 수 있기 때문에 매우 편리합니다. ❷ 신용카드 사용은 과소비를 조장하기 때문에 저는 현금으로 결제하는 것을 선호합니다. 그래서 저는 보통 100 달러 정도를 지갑에 넣고 다닙니다.

Q5. 보통 현금을 얼마나 가지고 다닙니까? ❶ 저는 신용카드를 사용하지 않기 때문에 보통 10만 원 정도 가지고 다닙니다. 가끔 친구들과 뮤지컬을 보고 저녁식사를 하기 때문에 저는 현금이 많이 필요합니다. ❷ 저는 보통 만 원 정도 가지고 다닙니다. 대신 저는 대개 신용카드를 사용하는데 신용카드가 편리하게 물건을 사는 방법이기 때문입니다.

Topic **26**

휴가
Vacation

TOEIC Speaking	Respond to questions

Q1.

RESPONSE TIME
0:00:15

Q2.

RESPONSE TIME
0:00:15

Q3.

RESPONSE TIME
0:00:15

Q4.

RESPONSE TIME
0:00:15

Q5.

RESPONSE TIME
0:00:15

Answer

Q1. Where would you like to go for a vacation this summer?

❶ [51]**I would like to go to Busan this summer.** I can enjoy the beautiful natural **landscape** while staying there.

❷ I like to go to Switzerland where I can **go skiing** in the Alps, even in summer!

My Answer

📄 어휘_p.40 참조　　　　　🎧 P3_AS 26-1

Q2. How many vacation days do you have a year?

❶ I have only 5 vacation days a year. Our company is busy holding various events throughout the year.

❷ I have 15 vacation days a year. So I can travel **abroad** with my family for 2 weeks this summer.

My Answer

📄 어휘_p.40 참조　　　　　🎧 P3_AS 26-2

Q3. Do you prefer traveling by yourself or with friends?

❶ I prefer traveling by myself because I can have more time for myself such as reading books or enjoying the beautiful scenery.

❷ [52]**I prefer traveling with friends to traveling by myself.** **Chatting** with them makes my trip more fun.

My Answer

📄 어휘_p.40 참조　　　　　🎧 P3_AS 26-3

Q4. When was the last time you traveled?

❶ The last time I traveled was the end of last year. My family and I went skiing in Kangwondo and then we had a Christmas party there.

❷ The last time I traveled was last summer. I went swimming at the beach with my husband and children.

My Answer

🎧 P3_AS 26-4

Q5. What do you usually do during vacation?

❶ I usually stay at home during vacation, watching movies, dramas and TV shows.

❷ I usually travel overseas during vacation. In particular, I like to visit historical sites in every corner of the world.

My Answer

📄 어휘_p.40 참조

🎧 P3_AS 26-5

📑 해석

Q1. 이번 여름휴가는 어디로 가고 싶습니까? ❶ 저는 이번 여름에 부산에 가고 싶습니다. 거기에 머무르는 동안 아름다운 자연경관을 즐길 수 있습니다. ❷ 저는 여름에도 알프스에서 스키를 탈 수 있는 스위스에 가고 싶습니다!

Q2. 일 년 중 휴가일수는 며칠입니까? ❶ 저는 1년에 5일밖에 휴가가 없습니다. 저희 회사는 1년 내내 다양한 행사를 개최하느라 바쁩니다. ❷ 저는 1년에 휴가가 15일입니다. 그래서 저는 이번 여름에 2주 동안 가족 여행을 갈 수 있습니다.

Q3. 혼자 여행하는 것과 친구들과 여행하는 것 중 어느 것을 선호합니까? ❶ 저는 책을 읽거나 아름다운 경치를 감상하는 등 혼자만의 시간을 더 가질 수 있기 때문에 혼자 여행하는 것을 선호합니다. ❷ 저는 혼자 여행하는 것보다 친구들과 같이 여행하는 것을 선호합니다. 친구들과 수다를 떨면 여행이 더욱 즐겁습니다.

Q4. 마지막으로 여행을 간 것은 언제였습니까? ❶ 제가 마지막으로 여행을 간 때는 작년 말이었습니다. 저는 가족들과 강원도에 스키를 타러 갔고 그곳에서 크리스마스 파티를 즐겼습니다. ❷ 제가 마지막으로 여행을 간 때는 지난 여름이었습니다. 남편과 아이들과 함께 해변에 수영하러 갔습니다.

Q5. 휴가 중에는 주로 무엇을 합니까? ❶ 저는 휴가 때 영화, 드라마, TV 쇼를 보면서 주로 집에 있습니다. ❷ 저는 휴가 때 주로 외국 여행을 합니다. 특히 저는 세계 곳곳에 있는 유적지에 가는 것을 좋아합니다.

TOEIC Speaking — Respond to questions

Q1.

RESPONSE TIME
0:00:15

Q2.

RESPONSE TIME
0:00:15

Q3.

RESPONSE TIME
0:00:15

Q4.

RESPONSE TIME
0:00:15

Q5.

RESPONSE TIME
0:00:15

Answer

Part 3

Q1. How important do you think education is?

❶ [53]I regard education as an important thing in my life. Considering that well-educated people generally succeed in life, we should focus more on education.

❷ I don't think education is that important because people without a high level of education can also make it if they work hard.

My Answer

어휘_p.40 참조　　　　　　　　　　　　　　　P3_AS 27-1

Q2. Do you think private education is necessary to go to good schools?

❶ Yes, I do. Private institutes usually offer an education of better quality than schools do.

❷ No, I don't. These days the government increased the budget for education so that students can get a high-quality education at school as well.

My Answer

어휘_p.40 참조　　　　　　　　　　　　　　　P3_AS 27-2

Q3. What makes you think schoolwork affects your life?

❶ I think schoolwork affects my life because it helps me develop a sense of responsibility.

❷ I think schoolwork has an effect on my life since it gives me chances to think for myself.

My Answer

어휘_p.40 참조　　　　　　　　　　　　　　　P3_AS 27-3

Q4. How much do you spend your money on education?

❶ [54]I spend a **quarter** of my salary on education. I consider it as a **valuable investment**.

❷ I spend about 10 percent of my salary on education. If I have enough time to study, I would spend more money on that.

My Answer

📄 어휘_p.40–41 참조　　　　　　　　　　🎧 P3_AS 27-4

Q5. Do you think getting an education overseas **benefits** people? Why or why not?

❶ Yes. I think getting an education overseas will benefit people. First of all, people will **have a chance to** meet more people who will help them to **broaden** their network. Also, they will have a chance to see and experience more.

❷ No, I don't think it is a good idea. There are many cases that they can't **achieve** their goals. The main reason is that there are too many **distractions** since no one **controls** them **over** their behavior. In many cases, people do not finish their education and waste their valuable time.

My Answer

📄 어휘_p.41 참조　　　　　　　　　　🎧 P3_AS 27-5

해석

Q1. 교육이 얼마나 중요하다고 생각합니까? ❶ 저는 인생에서 교육이 중요하다고 생각합니다. 교육을 잘 받은 사람들은 대개 출세한다는 점을 고려할 때, 우리는 교육에 보다 초점을 맞추어야 합니다. ❷ 저는 교육 수준이 높지 않은 사람들도 열심히 일하면 성공할 수 있기 때문에 교육이 그다지 중요하지 않다고 생각합니다.

Q2. 좋은 학교에 가기 위해서 사교육이 필요하다고 생각합니까? ❶ 예, 그렇게 생각합니다. 보통 사설학원이 학교보다 더 양질의 교육을 제공하기 때문입니다. ❷ 아니요, 그렇게 생각하지 않습니다. 요즘에는 정부가 교육 예산을 늘렸고 그로 인해 학생들이 학교에서도 양질의 교육을 받을 수 있습니다.

Q3. 학교 숙제가 당신의 인생에 영향을 미친다고 생각하는 이유는 무엇입니까? ❶ 저는 학교 숙제가 책임감을 기르는 데 도움이 되기 때문에 제 인생에 영향을 미친다고 생각합니다. ❷ 저는 학교 숙제가 스스로 생각할 기회를 주기 때문에 제 인생에 영향을 미친다고 생각합니다.

Q4. 교육비로 얼마를 지출합니까? ❶ 저는 월급의 4분의 1을 교육비에 씁니다. 저는 그것이 값진 투자라고 생각합니다. ❷ 저는 월급의 약 10퍼센트를 교육비로 지출합니다. 공부할 시간이 충분하다면 더 많은 돈을 교육에 쓸 것입니다.

Q5. 외국에서 교육을 받는 것이 사람들에게 이득을 준다고 생각하나요? 그렇다면, 혹은 그렇지 않다면 이유가 무엇인가요? ❶ 네. 저는 외국에서 교육을 받는 것이 사람들에게 도움을 준다고 생각합니다. 첫째, 사람들은 네트워크를 넓히는 데 도움이 되는 사람들을 더 많이 만날 기회를 얻게 될 것입니다. 또한, 더 많은 것을 보고 경험할 수 있는 기회를 얻을 것입니다. ❷ 아니요, 외국에서 공부하는 건 좋지 않은 것 같습니다. 자신의 목적을 성취하지 못하는 경우들이 많습니다. 가장 큰 이유는 너무 많은 유혹이 있다는 것입니다. 아무도 그들의 행동에 대해 그들을 통제해주지 않습니다. 많은 경우, 사람들이 교육과정을 마치지 못하고 소중한 시간을 낭비합니다.

영어
English

🎧 P3_AQ 28

TOEIC Speaking	
	Respond to questions

Q1.

RESPONSE TIME
0:00:15

Q2.

RESPONSE TIME
0:00:15

Q3.

RESPONSE TIME
0:00:15

Q4.

RESPONSE TIME
0:00:15

Q5.

RESPONSE TIME
0:00:15

Answer

Q1. How many hours do you study English a day?

❶ [55]I spend about 2 hours a day studying English. I am busy working these days, but I am trying to do so every day.

❷ I study English for five hours a day. Specifically I memorize new English words for two hours and then practice English conversation for three hours.

My Answer

P3_AS 28-1

Q2. Why do you study English?

❶ [56]I study English to get a job in other countries. So I have to practice speaking English every day.

❷ It is a global language. Those who can't speak English can hardly survive the competition. So I study English.

My Answer

어휘_p.41 참조

P3_AS 28-2

Q3. Do you think English is necessary to succeed in your life?

❶ Yes, I do. Basic English skill is needed to do business with foreign partners in this globalized age.

❷ No, I don't. Whenever we have a hard time communicating with foreigners, we can get some help from interpreters or translators.

My Answer

어휘_p.41 참조

P3_AS 28-3

Q4. How long have you studied English?

❶ It has been about three years now. I find **grammar** most difficult in studying English.

❷ It has been more than ten years now. However, I still do not **have a good command of** English.

My Answer

📄 어휘_p.41 참조　　　　　　　　　　　🎧 P3_AS 28-4

Q5. What other foreign languages would you like to learn?

❶ I would like to learn Chinese. Nowadays, a **growing** number of companies make **transactions** with Chinese customers so that Chinese is becoming very important.

❷ I would like to learn Spanish because I want to go backpacking in South America. Moreover, it is better to speak various languages to be successful.

My Answer

📄 어휘_p.41 참조　　　　　　　　　　　🎧 P3_AS 28-5

해석

Q1. 하루에 몇 시간 동안 영어를 공부합니까? ❶ 저는 하루에 약 2시간 정도 영어공부를 합니다. 요즘에는 일하느라 바쁘지만 매일 그렇게 하려고 노력합니다. ❷ 저는 하루에 5시간 영어공부를 합니다. 구체적으로 말하면 2시간 동안은 새로운 영어 단어를 외우고 3시간 동안은 영어 회화를 연습합니다.

Q2. 영어를 공부하는 이유는 무엇입니까? ❶ 저는 외국에서 일을 하기 위해 영어를 공부합니다. 그래서 매일 영어 말하기 연습을 해야 합니다. ❷ 영어는 국제 공용어입니다. 영어를 할 줄 모르는 사람은 경쟁에서 살아남기 어렵기 때문에 저는 영어를 공부합니다.

Q3. 인생에서 성공하기 위해서는 영어가 필요하다고 생각합니까? ❶ 예, 그렇게 생각합니다. 이 세계화 시대에 외국 파트너와 거래를 하기 위해서는 기초적인 영어 실력이 필요합니다. ❷ 아니요, 그렇게 생각하지 않습니다. 우리는 외국인들과의 의사소통에 있어 어려움을 겪을 때마다 통역사나 번역가의 도움을 받을 수 있습니다.

Q4. 영어 공부를 한 지는 얼마나 되었습니까? ❶ 영어 공부를 한 지는 약 3년이 되었습니다. 저는 영어를 공부할 때 문법이 가장 어려운 것 같습니다. ❷ 영어 공부를 한 지는 지금까지 10년 이상 되었습니다. 그러나 아직도 저는 영어를 자유자재로 구사하지 못합니다.

Q5. 영어 이외에 어떤 외국어를 배우고 싶습니까? ❶ 저는 중국어를 배우고 싶습니다. 요즘 중국인 고객과 거래하는 회사들이 늘고 있어서 중국어가 매우 중요해지고 있습니다. ❷ 저는 남미로 배낭여행을 가고 싶기 때문에 스페인어를 배우고 싶습니다. 더군다나 성공하려면 다양한 언어를 말할 수 있는 게 더 좋습니다.

Topic 29

출장
Business Trips

P3_AQ 29

TOEIC Speaking	
	Respond to questions

Q1.

RESPONSE TIME
0:00:15

Q2.

RESPONSE TIME
0:00:15

Q3.

RESPONSE TIME
0:00:15

Q4.

RESPONSE TIME
0:00:15

Q5.

RESPONSE TIME
0:00:15

Q1. How often do you **go on a business trip?**

❶ [57]**I go on a business trip once a week.** For example, I went to Busan to **participate in** an **international conference** last week.

❷ I go on a business trip nearly once a month. I usually go abroad to **give a demonstration** of our new products.

My Answer

어휘_p.41 참조   P3_AS 29-1

Q2. Where do you usually go for your business trips?

❶ I usually go to the United States where our company has many major **accounts.**

❷ I usually go to Europe for my business trip because we do a lot of business with France, Germany, and Italy.

My Answer

어휘_p.41 참조   P3_AS 29-2

Q3. Do you like to go on a business trip?

❶ Yes, I do. It is because I can go **sightseeing** in the evening after I finish my work.

❷ No, I don't. A busy schedule during my business trip makes me exhausted.

My Answer

어휘_p.41 참조   P3_AS 29-3

Q4. Do you prefer going abroad or traveling in Korea for your business trips?

❶ I prefer going abroad for my business trip. I like flying in a plane.

❷ I prefer traveling in Korea for my business trip because I usually get **airsick** and **airsickness** medicine doesn't work for me.

My Answer

어휘_p.41 참조　　　　　　　　　　　　　　　　　　　　　　P3_AS 29-4

Q5. What kind of transportation do you usually take when you go on a business trip?

❶ I usually take a train when I go on a business trip. KTX **bullet trains** are much faster than buses.

❷ [58]I usually take a bus when I go on a business trip. Buses have far more **routes** than trains so they are more convenient for me.

My Answer

어휘_p.41 참조　　　　　　　　　　　　　　　　　　　　　　P3_AS 29-5

해석

Q1. 얼마나 자주 출장을 갑니까? ❶ 저는 일주일에 한 번 출장을 갑니다. 예를 들어 지난주에는 국제회의에 참석하기 위해 부산에 갔습니다. ❷ 저는 거의 한 달에 한 번 출장을 갑니다. 보통 저희 회사의 신제품을 시연하기 위해 외국에 갑니다.

Q2. 출장은 주로 어디로 갑니까? ❶ 저는 우리 회사의 주요 거래처가 많이 있는 미국으로 주로 출장을 갑니다. ❷ 우리 회사는 프랑스, 독일, 이탈리아와 거래를 많이 하기 때문에 주로 유럽으로 출장을 갑니다.

Q3. 당신은 출장 가는 것을 좋아합니까? ❶ 예, 좋아합니다. 일을 끝내고 저녁 시간에 관광을 할 수 있기 때문입니다. ❷ 아니요, 좋아하지 않습니다. 저는 출장기간 동안의 바쁜 일정으로 인해 많이 지치기 때문입니다.

Q4. 해외로 출장 가는 것과 국내로 출장 가는 것 중 어느 것을 선호합니까? ❶ 저는 해외로 출장 가는 것을 선호합니다. 저는 비행기 타는 것을 좋아합니다. ❷ 저는 보통 비행기 멀미를 하고 멀미약이 잘 듣지 않기 때문에 국내로 출장 가는 것을 선호합니다.

Q5. 출장을 갈 때 주로 어떤 교통수단을 이용합니까? ❶ 저는 출장을 갈 때 주로 기차를 탑니다. KTX 초고속 열차는 버스보다 훨씬 빠릅니다. ❷ 저는 출장을 갈 때 주로 버스를 탑니다. 버스는 기차보다 노선이 훨씬 더 많기 때문에 더 편합니다.

Topic **30**

건강
Health

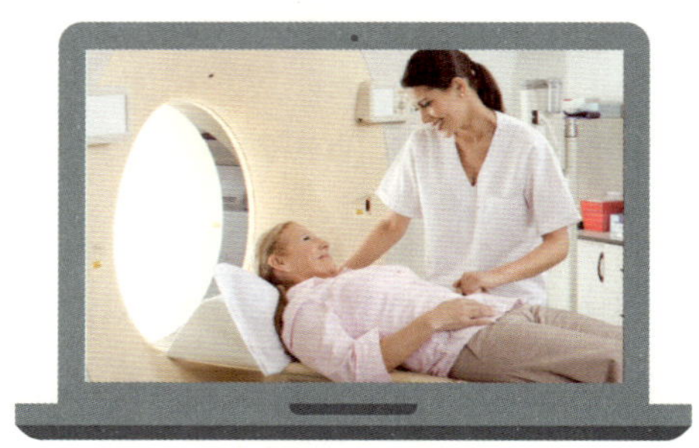

TOEIC Speaking

Respond to questions

Q1.

RESPONSE TIME
0:00:15

Q2.

RESPONSE TIME
0:00:15

Q3.

RESPONSE TIME
0:00:15

Q4.

RESPONSE TIME
0:00:15

Q5.

RESPONSE TIME
0:00:30

Answer

Q1. Are you healthy?

❶ Yes, I am. I've never even had a cold. Even my doctor told me that I am very healthy.

❷ No, I am not. I have been sickly since my childhood, so I often go to hospital. Moreover, [59]I came down with a cold yesterday.

My Answer

어휘_p.41 참조   P3_AS 30-1

Q2. What do you do to stay healthy?

❶ I work out for an hour every morning and go hiking on weekends. Also I try not to eat snacks and sugary drinks. Also, [60]jogging helps me a lot to lose some weight.

❷ I take dietary supplements that doctors recommend. I take one pill a day. It is a multivitamin which will help me to improve my immune system.

My Answer

어휘_p.41 참조   P3_AS 30-2

Q3. Do you take some vitamins or any supplements for your health?

❶ Yes, I do. When I take some vitamins, I get less tired and feel much better.

❷ No, I don't. I think a healthy, balanced diet and steady exercise will keep me healthy. So I usually exercise 3 times a week for an hour at a gym.

My Answer

어휘_p.41 참조   P3_AS 30-3

Q4. Have you ever been on a diet?

❶ Yes, I have. Last month, I **cut down on** food and I finally lost 3 kilograms. Since there is more weight that I need to **get rid of**, I will try to be on a diet soon.

❷ No, I haven't. **No matter how** much I eat, I don't gain a pound.

My Answer

어휘_p.41 참조   P3_AS 30-4

Q5. What makes you think health is important?

❶ Health is important because other things like success and happiness become **meaningless** if I lose my health. So I do a number of things to keep my health. First, I go see a doctor for my regular check-ups. If I am not healthy, I can't enjoy my life even though I have **tons of** money.

❷ I consider health important because it **guarantees** the happiness of my family. I can support my family by providing shelter, food, and clothes because I can work since I don't have any disease. Moreover, I can spend quality time with my family. We can go traveling and do things together that we enjoy. These are the main reasons that health is important for us to have happiness.

My Answer

어휘_p.41 참조   P3_AS 30-5

📑 해석

Q1. 당신은 건강합니까? ❶ 예, 그렇습니다. 저는 감기조차 걸려본 적이 없습니다. 제 주치의도 제가 매우 건강하다고 했습니다. ❷ 아니요, 그렇지 않습니다. 저는 어렸을 때부터 허약했습니다. 그래서 병원에 자주 갑니다. 게다가 저는 어제 감기에 걸렸습니다.

Q2. 건강을 유지하기 위해 무엇을 합니까? ❶ 저는 매일 아침 1시간 동안 운동을 하고 주말마다 등산을 갑니다. 그리고 과자를 먹거나 단 음료수를 마시지 않으려고 합니다. 또한, 조깅은 체중감량에 큰 도움이 됩니다. ❷ 저는 의사들이 추천하는 건강보조식품을 복용합니다. 하루에 한 정을 먹습니다. 그것은 면역체계를 좀 더 강화시켜 주는 종합 비타민제입니다.

Q3. 당신은 건강을 위해 비타민이나 보충제를 섭취합니까? ❶ 예, 섭취합니다. 비타민을 섭취하면 피로를 덜 느끼고 기분이 더 좋아집니다. ❷ 아니요, 섭취하지 않습니다. 저는 건강에 좋은 균형 잡힌 식사와 꾸준한 운동이 저를 건강하게 해줄 거라 생각합니다. 그래서 보통 일주일에 3번, 한 시간 동안 체육관에서 운동합니다.

Q4. 다이어트를 해본 적이 있습니까? ❶ 예, 있습니다. 지난달에 식사량을 줄였더니 결국 몸무게가 3kg이 줄었습니다. 몸무게를 조금 더 빼야 해서 조만간 다이어트를 다시 시작할까 합니다. ❷ 아니요, 없습니다. 저는 아무리 먹어도 살이 안 찝니다.

Q5. 건강이 중요하다고 생각하는 이유는 무엇입니까? ❶ 제가 건강을 잃는다면 성공, 행복과 같은 다른 것들이 의미가 없어지기 때문에 건강이 중요합니다. 그래서 저는 건강을 유지하기 위해 많은 것들을 합니다. 먼저 저는 병원에서 정기 건강 검진을 받습니다. 건강하지 못하면 돈이 아무리 많더라도 인생을 즐길 수 없습니다. ❷ 건강은 우리 가족의 행복을 지켜주기 때문에 중요하다고 생각합니다. 질병이 없기 때문에 일할 수 있고 그 때문에 의식주를 제공하면서 제가 가족을 부양할 수 있습니다. 게다가 저는 저의 가족들과 좋은 시간을 보낼 수 있습니다. 우리는 함께 여행을 가고 여러 일을 함께 할 수 있습니다. 이것들이 건강이 우리를 행복하게 해주는 주요한 이유입니다.

Part 5

Part Introduction

TOEIC Speaking Part 5를 파헤친다.

Chapter Ⅱ 준비편

TOEIC Speaking Part 5를 완벽하게 준비한다.

필수
어휘·표현 훈련

기출동형문제
혹독훈련

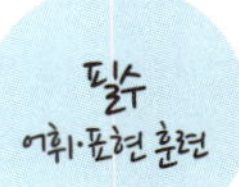

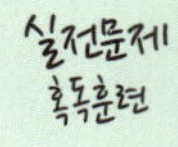

Chapter Ⅱ 실전편

TOEIC Speaking Part 5, 실전문제를 혹독하게 훈련한다.

실전문제
혹독훈련

Q 10

1. 시험 구성

TOEIC® Speaking *Test*

구분	문제 유형	문항 수	시간
Question 10 (총 11문항)	**Propose a solution** 해결책 제안하기	1	답변 시간 60초 답변 준비 시간 30초

파트5는 총 11개 문항 중 10번째에 해당하는 문제 유형으로 1문제가 출제되지만 긴 지문을 듣고 길게 답해야 하는 난도가 꽤 높은 유형이다. 파트 3에서 출제되는 짧은 질문들과는 달리 45-50초의 전화 메시지 내용을 듣고 화자가 원하는 내용을 답변으로 제공해야 한다. 전화 메시지 내용을 오로지 듣기에 의존해야 하므로 고도의 이해력이 요구된다. 전화 메시지의 내용들은 적어도 하나씩은 문제점을 포함하고 있다. 이 문제점의 핵심을 잘 파악해야 제대로 대답할 수 있다. 대답 준비시간은 30초이며 이후에 주어지는 60초 동안 그 문제점에 대한 해결책을 자신의 스피킹 실력으로 쏟아내야 한다.

모든 전화 메시지의 내용은 대개 다음의 순서대로 등장한다. 각 단계 별로 핵심 사항을 잘 파악해서 답변에 적용하도록 하자.

● **전화 메시지의 내용 Flow**

통화자 이름 (Caller's name) → 상황 설명 (Situation) → 문제 설명 (Problem)
→ 요구 사항 (Request)

그리고 자신의 답변을 다음과 같이 정리하여 답변할 수 있을 때까지 충분한 연습이 필요하다.

● **나의 답변 내용 Flow**

통화자 이름 언급 (Address the caller) → 내 소개 (Introduce yourself)
→ 상황 요약과 확인 (Summarize) → 해결책 제시 (Solution) → 마무리 인사 (Closing)

2. 예시 문항

토익 스피킹 파트5의 문제는 다음과 같은 화면으로 출제된다.

Step 1 지시문: 컴퓨터에서 문제 안내 음성이 나오며 화면으로도 제시된다.　　　🎧 P5_Directions

---

TOEIC Speaking

Question 10 of 11

Directions: In this part of the test, you will be presented with a problem and

　　　　　　　▶ 문제점에 대한 해결책을 제시해야 한다.

asked to propose a solution. You will have 30 seconds to prepare. Then you will

　　　　▶ 준비 시간은 30초

have 60 seconds to speak.

　▶ 답변 시간은 60초

In your response, be sure to

- show that you recognize the problem, and

- propose a way of dealing with the problem.

Now listen to the voice message.

Step 2 문제 제시 화면: 전화기가 화면에 보이면서 본격적인 Listening이 시작된다.
　　　　　　음성으로만 제공되므로 필요한 정보를 놓치지 말고 들어야 한다.

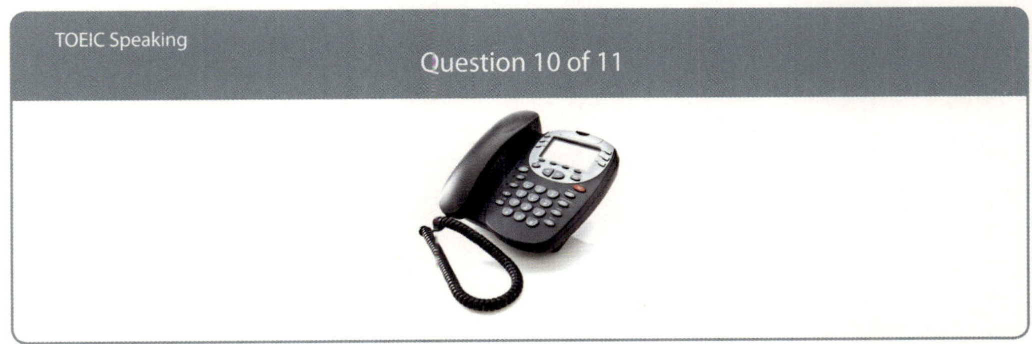

TOEIC Speaking

Question 10 of 11

※ 전화 메시지의 내용은 다음과 같다.

Hello, my name is Shauna Cardenas. I'm calling about the order I made through your online office supply store. On the website, you had a buy one get one free holiday promotion. So, I ordered 2 pencil cases and 2 boxes of printing paper. When I received the items this morning, I was very disappointed because the wrong number of items arrived. I was expecting to receive 4 pencil cases with 4 printing paper boxes. But there were only 3 pencil cases and no printing paper. Not only that, your online store guaranteed 3 days delivery, but I want you to know that it took more than 4 days to receive the items I ordered. I really think I should get a full refund or I feel that I should be compensated for your poor service. I would like you to call me when you figure out what you will do about this situation. Again, this is Shauna Cardenas and my phone number is 416-384-2983.

Step 3 답변 준비 시간: 전화기가 화면에 계속 보이고 30초의 시간이 흐른다.
이 30초 동안 답변을 준비한다.

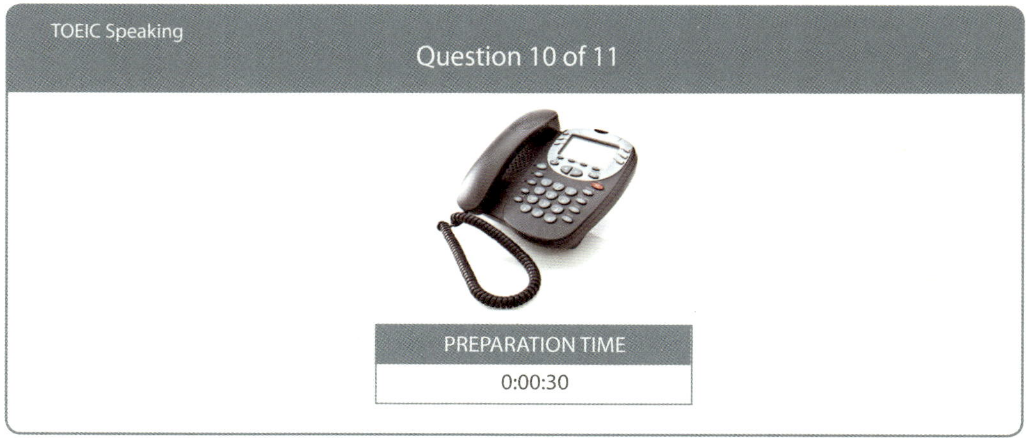

Step 4 답변 시간: 이때 2가지 유형이 있다.

❶ If you are a manager of The Times; 000에서 일하는 000의 입장에서 해결책을 제시하거나
❷ 문제에서 이미 전화 메시지를 받는 대상이 누군지 말하는 경우이다.

답변에 꼭 포함시켜야 하는 사항(문제점 파악, 해결점 제시)이 있다는 것을 반드시 기억한다.

다음은 첫 번째 유형의 화면 이미지이다.

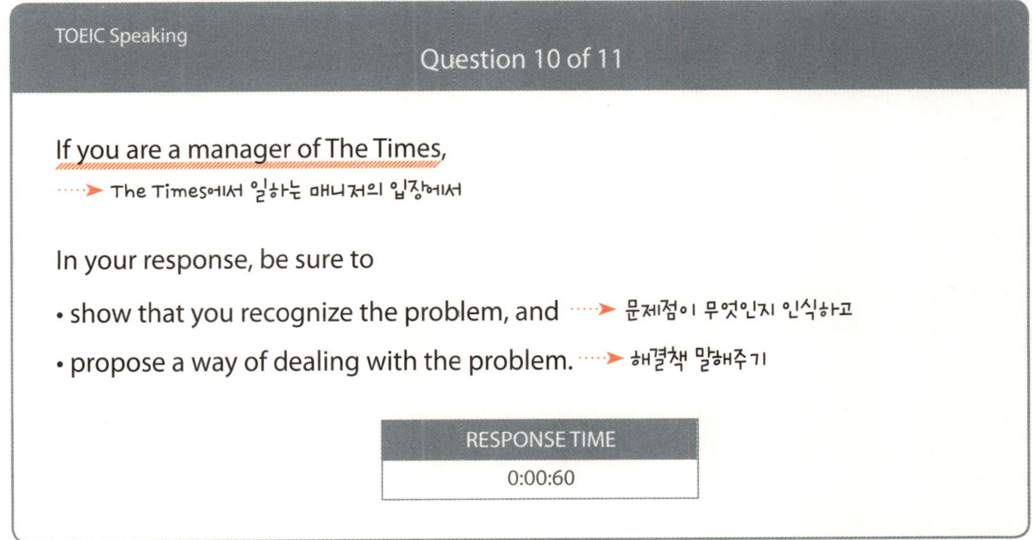

다음은 두 번째 유형의 화면이다.

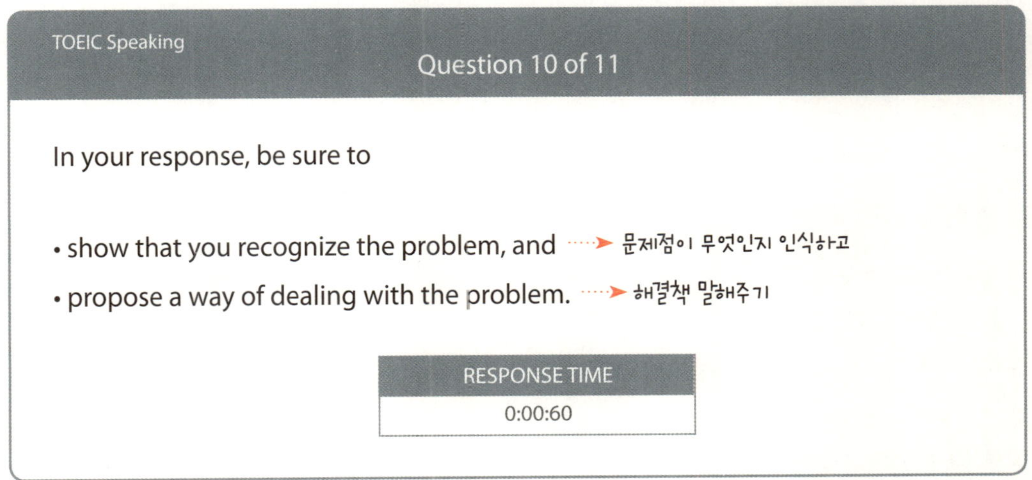

※ 이 경우 전화 메시지에서 대상이 누구인지 파악하고 기억해야 한다.

3. 출제 경향 및 기본 공략법

I. 출제 경향

토익 스피킹 파트5는 대개 개인적인 문제로 조언을 구하거나 직장에서 일어날 수 있는 일, 또는 서비스 관련 문제들을 주제로 한다. 예를 들어 얼마 전 이사를 왔는데 옆집에서 강아지가 하루 종일 짖어 가족들이 밤에 잠을 잘 수가 없다는 내용의 불만을 표하거나 회사에서 발표할 프레젠테이션을 독일어로 준비해야 하는데 도움이 필요하다는 내용 등과 같이 일상에서 흔히 겪을 수 있는 문제들이다.

전화 메시지는 Hello, this is ~라고 하며 자기소개를 먼저 하거나 Is this XXX company right?, Hello, Jane!하고 이미 전화 메시지를 받는 대상을 설정하는 경우가 있다.

전화 내용은 대개 Complaint(불만), Request(요청), 그리고 Advice(조언)의 상황이다.

Complaint의 경우는 주로 배송 지연, 일부 상품 누락, 상품 파손, 잘못된 상품의 배송 등 불만을 나타내는 상황들이 등장한다. Request의 경우는 예약을 했으나 예약이 되어 있지 않고, 확인서(Confirmation note)를 받았는데 이름이나 날짜가 잘못 나온 경우, 상품 주문에 대한 잘못된 영수증을 정정해달라고 요청하거나 예약을 변경하는 등의 내용이 출제된다. Advice는 주로 회사 업무 또는 개인적인 도움이 있을 때 조언을 구하는 내용으로 해결책 제시에 있어 다양한 아이디어가 필요한 편이다.

II. 기본 공략법

파트5에서는 문제에 대한 정확한 이해와 분석, 그리고 정리된 답변이 필요하다. 모두들 어려워하고 기피하는 경향이 있는 파트 중 하나지만, 조금만 더 공부하면 다른 사람들과 차이를 낼 수 있는 기회이기도 하다. 절대 포기하지 말자!

공략 1 문제점을 파악한다.

아래 문제는 화면에 주어지지 않고 음성으로 제공된다. 음성을 들으며 문제점에 해당하는 부분을 제대로 파악해야 답변 내용 또한 제대로 대답할 수 있다. 아래의 지문에서 문제점에 해당하는 내용에 밑줄을 그어보자.

Hello, my name is Shauna Cardenas. I'm calling about the order I made through your online office supply store. On the website, you had a buy one get one free holiday promotion. So, I ordered 2 pencil cases and 2 boxes of printing paper.

When I received the items this morning, I was very disappointed because the wrong number of items arrived. I was expecting to receive 4 pencil cases with 4 printing paper boxes. But there were only 3 pencil cases and no printing paper. Not only that, your online store guaranteed 3 days delivery, but I want you to know that it took more than 4 days to receive the items I ordered. I really think I should get a full refund or I feel that I should be compensated for your poor service. I would like you to call me when you figure out what you will do about this situation. Again, this is Shauna Cardenas and my phone number is 416-384-2983.

(▶ 해석 및 어휘 p.221 참조)

메시지 내용의 문제점을 올바로 파악하였다면 다음의 두 가지 내용의 문제가 있다는 걸 알 수 있다.

1. Wrong number of items delivered 배송 물품의 수량이 맞지 않음
   (←I was very disappointed because the wrong number of items arrived.)

2. Delivery service took more than the store guaranteed 배송 지연 문제
   (←but I want you to know that it took more than 4 days to receive the items I ordered)

Tip! 듣기 실력이 안 되더라도 문제를 자주 듣다 보면 들리는 패턴이 있다. but, however, I am worried, disappointed 등 이러한 어구들로 문장이 시작된다면 문제점을 제시하려는 상황이다. 이러한 어구 뒤에 나오는 내용을 꼭 기억해야 내용 요약이 제대로 되어 좋은 점수를 받을 수 있다.

비즈니스든 개인 용무이든 전화 메시지에 답변을 할 때에는 기본 패턴이 있다. 이 기본 패턴을 꼭 익혀야만 안정적인 점수를 받을 수 있다.

유형	Complaint에 대한 답변	Request & Advice에 대한 답변
인사	• Hello, this is Caller's name. • Hello, Receiver's name.	• Hello, this is Caller's name. • Hello, Receiver's name.
내용 요약	I got your message saying that ~	I got your message saying that ~
사과 유감표시	I am really sorry for the problem we've caused you.	I am sorry to hear that ~
해결책 제시	• After I checked the problem • I have a solution for the matter • I will have someone to ~ right away	• After I checked the problem • I think you should ~ • I have a solution for your problem. • Why don't you ~ • I think I can help you on this matter.
보상	As compensation, we will offer you ~	–
마무리 인사	If you have any questions or concerns, please call us any time. Thank you.	• If you have any questions or concerns, please call us any time. Thank you. • If you wish to talk about it more, you can call me anytime. Good luck.

공략 3 유형별 비상용 답안을 준비한다.

편법이긴 하지만, 답변 구성이 정 힘들거나 연습할 시간이 충분하지 않다면 다음 답변이라도 달달 외우도록 하자. 이 답변들이 모든 문제의 100% 답이 될 수 없지만 없는 것보다는 나을 것이다. Better than nothing!

🎧 P5_Strategies

Complaint

After I checked the problem, I told someone to deal with it. So, one of our employees will contact you as soon as he solves your problem. He will contact you within 24 hours and will tell you what can be done to make the situation better. Once again we are very sorry for the inconvenience. If you have any questions or concerns please call us back.

해석 저는 그 문제점을 확인한 후, 다른 분에게 이것에 대하여 처리해달라고 말했습니다. 그리하여 저희 직원 중 한 명이 고객님의 문제를 해결하자마자 연락을 드릴 것입니다. 그 직원은 24시간 내에 고객님께 연락해 상황이 더 좋아지게 하려면 무엇을 해야 하는지 말해 줄 것입니다. 불편을 드려 다시 한 번 대단히 죄송합니다. 질문이나 문의 사항이 있으시면 다시 전화 주십시오.

Request & Advice

I understand your situation. However, I am not able to help you at this time because I am out of town now. Why don't you call Nicole who is working for me? I know she may be able to talk to you about it. She also has good experience in this field. Her contact number is 415-7950. I am really sorry that I can't help you. I will call you after I get back to my office. Good Luck.

해석 저는 고객님의 상황을 이해합니다. 그러나 제가 지금 현장에 있지 않기 때문에 이번 일에 있어 고객님을 도와드릴 수 없습니다. 제 직원 니콜과 통화해 보시겠습니까? 그녀는 아마 그 문제에 대해 고객님께 이야기해 드릴 수 있을 겁니다. 그녀는 또한 이 분야에 경험이 풍부합니다. 그녀의 연락처는 415-7950입니다. 제가 고객님을 도와드리지 못해 대단히 죄송합니다. 업무에 복귀하면 전화 드리겠습니다. 일이 잘되길 바랍니다.

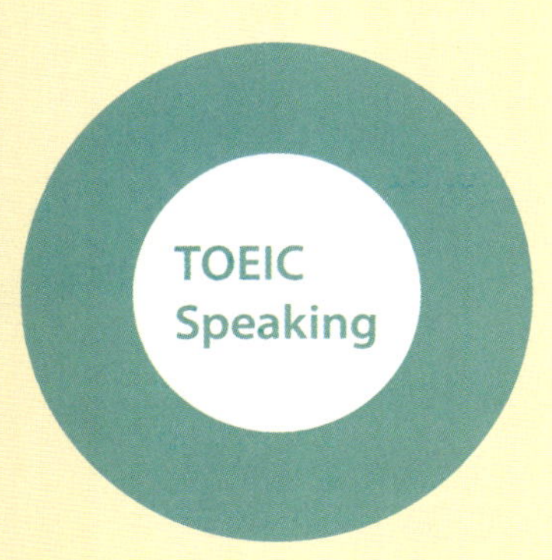

Chapter Ⅰ
준비편

TOEIC Speaking Part 5를
완벽하게 준비한다.

ETS TOEIC 시험의 평가 기준에 따르면 Part 3 이후부터는 문법과 어휘, 내용의 일관성과 완성도 면에서 평가된다. 문법과 어휘는 오랜 시간을 들여 충분히 실력을 쌓아야 하지만, 각 파트에서 자주 출제되는 질문들을 중심으로 TOEIC Speaking에 필요한 표현과 어휘를 집중적으로 공부한다면, 충분히 좋은 점수를 확보할 수 있다.

　내용의 일관성과 완성도 또한 이 책에서 제시하는 기출동형문제와 풍부한 템플릿을 자신만의 것으로 만들어 낸다면 TOEIC Speaking에서 원하는 점수를 받을 수 있다.

토익 스피킹의 성패를 좌우하는

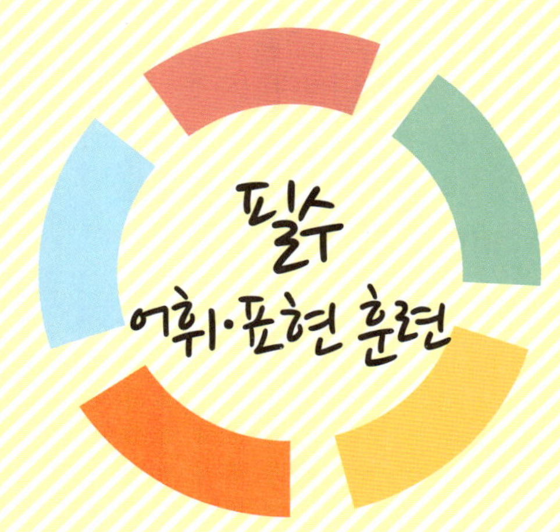

I. 어휘 *Vocabulary & Idioms*

어휘는 Speaking에 있어 기본 중의 기본이다. 적절한 주제에 잘 나오는 어휘 데이터들을 차곡차곡 쌓기만 해도 Speaking 실력이 엄청나게 늘 수 있다. 다음의 어휘와 Chapter Ⅱ 실전문제의 템플릿은 유기적으로 연관되어 있다. 어휘와 문장을 따로 따로 암기하려 하지 말고, 두 가지를 유기적으로 학습하여 내가 알고 있는 단어들을 적재적소에서 활용할 수 있도록 하자.

1.

- ☐ **Material Control department** 자원 통제 부서
- ☐ **total** [tóutl] 총합이 ~인; 합계가 ~가 되다
- ☐ **misunderstand** [mìsʌndərstǽnd] 오해하다, 잘못 이해하다
- ☐ **reach** [riːtʃ] 이르다, 도달하다
- ☐ **invoice** [ínvɔis] 송장, 청구서
- ☐ **inconvenience** [ìnkənvíːnjəns] 불편(사항)
- ☐ **accounting department** 회계 부서
- ☐ **unexpected** [ʌ̀nikspéktid] 뜻밖의
- ☐ **replace** [ripléis] 교체하다
- ☐ **make an effort** 노력하다, 애쓰다
- ☐ **reissue** [rìːíʃuː] 재발행(재발급)하다
- ☐ **in charge of** ~을 맡아서, 담당해서
- ☐ **out of control** 통제 불능의
- ☐ **repair** [ripɛ́ər] 수리; 수리하다
- ☐ **state** [steit] 언급하다

- **cartridge** [kɑ́:rtridʒ] (잉크) 카트리지
- **confusion** [kənfjú:ʒən] 혼란
- **appreciate** [əprí:ʃièit] ~에 대해 감사하다
- **apology** [əpɑ́lədʒi] 사과
- **inappropriate** [ìnəpróupriət] 부적절한
- **from the bottom of my heart** 진심으로
- **accept** [əksépt] 인정하다, 받아들이다

2.

- **family gathering** 가족 모임
- **out of** ~ 중에
- **receipt** [risí:t] 영수증
- **intern** [intə́:rn] 인턴, 교육 실습생
- **process** [práses] 진행(과정)
- **in addition** 게다가
- **extra cost** 추가비용
- **what is worse** 설상가상으로, 엎친 데 덮친 격으로
- **feed** [fi:d] 먹이다, 공급하다
- **obviously** [ɑ́bviəsli] 분명히
- **furthermore** [fə́:rðərmɔ̀:r] 더욱이
- **fault** [fɔ:lt] 잘못
- **confirm** [kənfə́:rm] 승인하다, 확인하다
- **loyal customer** 단골고객

3.

- **air conditioner** 에어컨
- **provide** [prəváid] 제공하다
- **meet the demand** 수요를 충족시키다
- **deal with** ~을 다루다
- **apologize for** ~에 대해 사과하다
- **weird** [wiərd] 이상한
- **wonder** [wʌ́ndər] 궁금해 하다
- **exchange** [ikstʃéindʒ] 교환하다
- **continue** [kəntínju:] 계속하다
- **engineer** [èndʒiníər] 기술자
- **deeply** [dí:pli] 깊이, 크게
- **regarding** [rigá:rdiŋ] ~와 관련하여
- **employee** [implɔ́ii:] 직원
- **scratch** [skrætʃ] 흠, 상처; 긁다
- **disappointed** [dìsəpɔ́intid] 실망한
- **occur** [əkə́:r] 발생하다
- **be satisfied with** ~에 만족하다
- **hesitate (to)** (~하기를) 주저하다, 망설이다

4.

- **run** [rʌn] 운영하다
- **support** [səpɔ́:rt] 지원, 도움; 지원하다
- **achieve** [ətʃí:v] 달성하다
- **quantity** [kwántəti] 양, 수량 (*quality [kwáləti] (품)질)
- **bulb** [bʌlb] 전구
- **at one's earliest convenience** 가급적 빨리
- **appropriate** [əpróupriət] 적절한
- **package** [pǽkidʒ] 포장, 포장물
- **wholesale** [hóulsèil] 도매상
- **thanks to** ~ 덕분에
- **by the way** 그런데
- **packing** [pǽkiŋ] 포장, 짐 싸기
- **depot** [dí:pou] 창고
- **fragile** [frǽdʒəl] 손상되기 (깨지기) 쉬운
- **stain** [stein] 얼룩지게 하다; 얼룩

- ☐ **tear** [tiər] -**tore** [tɔːr] -**torn** [tɔːrn] 찢다, 뜯다
- ☐ **immediately** [imíːdiətli] 즉시, 바로
- ☐ **shipping** [ʃípiŋ] 배송, 선적
- ☐ **regulation** [règjuléiʃən] 규정
- ☐ **upset** [ʌpsét] 속상한, 마음이 상한
- ☐ **storage** [stɔ́ːridʒ] 저장, 보관; 창고
- ☐ **based on** ~에 근거하여

5.

- ☐ **be convinced that** ~라고 확신하다
- ☐ **ingredient** [ingríːdiənt] 재료, 성분
- ☐ **peanut** [píːnʌt] 땅콩
- ☐ **associated with** ~와 관련된
- ☐ **place importance on** ~에 역점을 두다, ~을 중요시 여기다
- ☐ **shorthanded** [ʃɔ́ːrthǽndid] 일손이 부족한
- ☐ **demand** [dimǽnd] 수요
- ☐ **occasionally** [əkéiʒənəli] 가끔, 때때로
- ☐ **take the place of** ~을 대신(대리)하다
- ☐ **allergic to** ~에 알레르기가 있는
- ☐ **emphasize** [émfəsàiz] ~을 강조하다
- ☐ **due to** ~ 때문에
- ☐ **mug** [mʌg] 머그잔
- ☐ **drop by** ~에 들르다, ~을 방문하다

6.

- ☐ **It has been a while since** ~한 지 오래되다 (* for a while 한동안, 잠시 동안)
- ☐ **invite** [inváit] 초대하다
- ☐ **postpone** [pouspóun] ~을 연기하다, 미루다
- ☐ **sick in bed** (몸이) 아픈
- ☐ **reservation** [rèzərvéiʃən] 예약
- ☐ **in person** 직접, 몸소
- ☐ **crazy about** ~에 푹 빠져 있는
- ☐ **on time** 제 시간에
- ☐ **preparation** [prèpəréiʃən] 준비
- ☐ **depend on** ~에 달려 있다
- ☐ **fair** [fɛər] 박람회, 전시회
- ☐ **arrival** [əráivəl] 도착
- ☐ **major** [méidʒər] 주요한, 중대한
- ☐ **upcoming** [ʌ́pkʌmiŋ] 곧 있을
- ☐ **gosh** [gɑʃ] 어이쿠
- ☐ **decade** [dékeid] 10년
- ☐ **for nothing** 헛된, 소용없는; 공짜로
- ☐ **used to** ~하곤 했다
- ☐ **decision** [disíʒən] 결정(사항)

7.

- ☐ **make a reservation** 예약하다
- ☐ **come up** 생기다, 발생하다
- ☐ **maximum** [mǽksiməm] 최대(의)
- ☐ **look forward to -ing** ~하기를 기대하다
- ☐ **catch a cold** 감기 들다
- ☐ **cancel** [kǽnsl] 취소하다
- ☐ **be supposed to** ~하기로 되어 있다
- ☐ **private** [práivət] 개인의, 사적인
- ☐ **cough** [kɔːf] 기침하다
- ☐ **serious** [síəriəs] 심각한

8.

- □ **on the way to** + 명사[부사] ~로 가는 길에
- □ **unfortunately** [ʌnfɔ́ːrtʃənətli] 불행히도, 유감스럽게도
- □ **have difficulty (in) -ing** ~하는 데 어려움을 겪다
- □ **make a turn** 방향을 틀다
- □ **as soon as** ~하자마자
- □ **familiar with** ~에 익숙한
- □ **sour** [sáuər] (맛이) 신, 시큼한; 상한
- □ **keep -ing** 계속해서 ~하다
- □ **careful** [kéərfəl] 조심하는
- □ **get worse** 더 나빠지다, 악화되다
- □ **dead-end** (도로·통로 등이 한쪽 끝이 막힌) 막다른
- □ **at the moment** 지금, 현재
- □ **speed up** 속도를 더 내다
- □ **right away** 바로, 즉시
- □ **focus on** ~에 집중하다, 초점을 맞추다
- □ **be composed of** ~로 구성되다

9.

- □ **faucet** [fɔ́ːsit] 수도꼭지 (= water tap)
- □ **get mad** 화가 나다
- □ **inform** [infɔ́ːrm] ~에게 알리다
- □ **hurt** [həːrt] ~을 다치게 하다
- □ **compensation** [kàmpənséiʃən] 보상, 배상
- □ **in the middle of** ~ 도중에, 중간에
- □ **announce** [ənáuns] ~을 발표하다
- □ **resident** [rézidənt] 거주민
- □ **other than** ~ 외에
- □ **checkup** [tʃékʌ̀p] (정기) 검진, 점검
- □ **calm down** 진정하다
- □ **blackout** [blǽkàut] 정전
- □ **patient** [péiʃənt] 잘 참는, 인내력이 있는
- □ **properly** [prápərli] 제대로, 적절히
- □ **get burned** 화상을 입다
- □ **be covered with** ~로 덮이다
- □ **otherwise** [ʌ́ðərwàiz] 그렇지 않으면
- □ **janitor** [dʒǽnitər] 관리인
- □ **officially** [əfíʃəli] 공식적으로
- □ **bulletin board** 게시판
- □ **rinse** [rins] 씻다, 헹구어 내다
- □ **in spite of** 아무리 ~일지라도
- □ **security office** 경비실
- □ **devote oneself to -ing** ~에 전념하다, 바치다
- □ **take care of** ~을 돌보다

10.

- □ **passport** [pǽspɔ̀ːrt] 여권
- □ **relieve** [rilíːv] ~을 덜어주다, 없애주다
- □ **embassy** [émbəsi] 대사관
- □ **concern** [kənsə́ːrn] 걱정, 염려

- [ ] **make sure that** ~을 확실히 하다
- [ ] **apply to[for]** ~을 신청하다, ~에 지원하다
- [ ] **no room for** ~의 여유가 없는
- [ ] **keep track of** ~을 놓치지 않고 따라가다
- [ ] **afford to** ~할 여유가(형편이) 되다
- [ ] **embarrassed** [imbǽrəst] 당황스러운, 곤란한
- [ ] **take part in** ~에 참석하다
- [ ] **manpower** [mǽnpàuər] 인력
- [ ] **on one's side** ~의 편인

- [ ] **inappropriately** [ìnəpróupriətli] 부적절하게
- [ ] **tied up** (바빠서) 꼼짝 못하는
- [ ] **manage to** 간신히 ~하다
- [ ] **hire** [háiər] 고용하다
- [ ] **give a hand** 도와주다
- [ ] **vital** [váitəl] 중요한
- [ ] **press** [pres] 압박을 가하다
- [ ] **be willing to** 기꺼이 ~하다

11.

- [ ] **booklet** [búklit] 작은 책자
- [ ] **with lack of** ~이 부족하여
- [ ] **delay** [diléi] 지연, 지체; 지연(지체)되다
- [ ] **pass something out** ~을 배포하다
- [ ] **urgent** [ə́ːrdʒənt] 긴급한, 시급한
- [ ] **pick up** ~을 찾아오다
- [ ] **stuck** [stʌk] 움직일 수 없는, 꼼짝 못하는
- [ ] **on schedule** 예정대로, 정시에
- [ ] **finance department** 재무부서

- [ ] **call in sick** (전화로) 병가를 내다
- [ ] **slight** [slait] 약간의, 조금의
- [ ] **be scheduled to** ~할 예정이다
- [ ] **brochure** [bróuʃuər] (안내·광고용) 책자
- [ ] **top priority** 최우선 (과제)
- [ ] **printing shop** 인쇄소
- [ ] **at least** 적어도
- [ ] **financial** [fainǽnʃəl] 재무의, 재정의
- [ ] **miss** ~을 놓치다, 빠뜨리다

12.

- [ ] **cable** [kéibl] 전선, 케이블
- [ ] **incomplete** [ìnkəmplíːt] 불완전한
- [ ] **sincerely** [sinsíərli] 진심으로
- [ ] **additionally** [ədíʃənəli] 게다가, 덧붙여
- [ ] **goodwill** [gudwíl] 호의
- [ ] **mix up** ~을 혼동하다, 헷갈리다
- [ ] **re-do** 개조하다
- [ ] **at no cost** 무료로
- [ ] **no later than** 늦어도 ~까지는

- [ ] **brand-new** 완전 새로운, 신품의
- [ ] **full refund** 전액 환불
- [ ] **frustrating** [frʌ́streitiŋ] 불만스러운, 좌절감을 주는
- [ ] **gesture** [dʒéstʃər] 몸짓
- [ ] **match with** ~와 어울리다, 맞다, 일치하다
- [ ] **match** [mætʃ] 경기
- [ ] **dissatisfied** [dissǽtisfàid] 불만스러운
- [ ] **assure** [əʃúər] 장담하다, 보장하다
- [ ] **acceptance** [əkséptəns] 승낙, 수락

13.

- **plate** [pleit] 접시 (= dish)
- **anniversary** [æ̀nəvə́:rsəri] 기념일
- **arrange** [əréindʒ] ~을 마련하다, 처리하다
- **prompt** [prɑmpt] 즉각적인 (= immediate [imí:diət])
- **token** [tóukən] 증표, 표시
- **water-resistant** 물이 잘 스며들지 않는
- **shouldn't have p.p.** ~하지 말았어야 하는데
- **be more than happy to** ~하면 더없이 기쁠 것이다

- **crack** [kræk] 금이 가다; 금이 가게 하다
- **run out of time** 시간이 다 되다
- **appreciation** [əprì:ʃiéiʃən] 감사
- **look into** ~을 조사하다
- **under warranty** 품질 보증 기간 중인

14.

- **status** [stéitəs] 상태
- **maintenance** [méintənəns] (기계·설비의) 유지, 보수
- **patience** [péiʃəns] 인내심, 참을성
- **as of** ~ 일자로, ~ 현재
- **deliver a presentation** 발표하다
- **get into an accident** 사고를 당하다
- **deadline** [dédlàin] 기한, 마감시간

- **revised** [riváizd] 변경한, 개정한
- **general manager** 총지배인, 국장
- **extension** [iksténʃən] 연장; 내선, 구내전화
- **be busy -ing** ~하느라 바쁘다
- **extra** [ékstrə] 여분의, 추가의

15.

- **oversee** [òuvərsí:] ~을 감독하다
- **secretary** [sékrəteri] 비서
- **chef** [ʃef] 주방장, 요리사
- **get back to** ~에게 나중에 다시 연락하다
- **contract** [kántrækt; kɑntrǽkt] 계약(서); 계약하다
- **waive** [weiv] ~을 포기하다, 철회하다
- **additional cost** 추가 비용 (* additional [ədíʃənəl] 추가의, 더한)
- **make sense** 이치에 맞다, 합리적이다
- **gathering** [gǽðəriŋ] 모임, 회식
- **up to** ~까지
- **put someone on the list** ~을 명단에 올리다
- **waiting list** 대기자 명단
- **recommend** [rèkəménd] 추천하다
- **big deal** 대단한 일, 중요한 일

- **banquet** [bǽŋkwit] 연회, 만찬
- **so that ~ can** ~가 …할 수 있도록
- **accordingly** [əkɔ́:rdiŋli] 부응해서, 그에 따라
- **cancellation charge** 취소 수수료
- **recover** [rikʌ́vər] (몸을) 회복하다
- **reserve** [rizə́:rv] 예약하다 (= book)
- **accommodate** [əkámədèit] 수용하다
- **in case that** ~하는 경우에
- **alternative** [ɔ:ltə́:rnətiv] 대안(의)
- **inquiry** [inkwáiəri] 문의 (사항)

토익 스피킹의 성패를 좌우하는

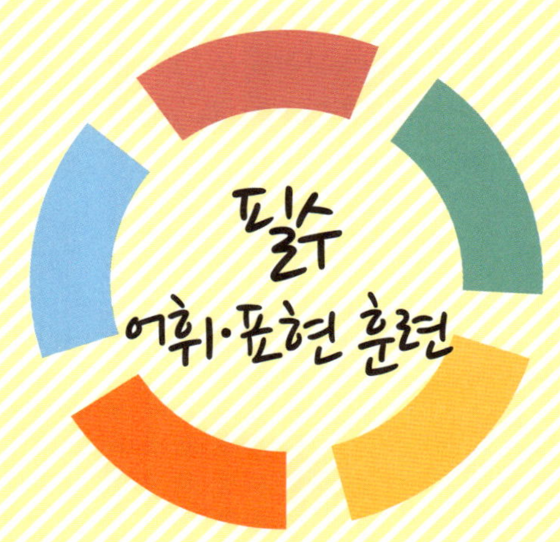

II. 표현 *Patterns*

Speaking에서 문법이란 일정한 패턴 읽기이다. TOEIC Speaking 답변 표현에 적절한 패턴 또는 표현들
만 잘 익혀 두어도 어떤 질문을 만나든 두려움 없이 답할 수 있는 용기가 생길 것이다. 다음의 패턴[표현]
들을 잘 익혀 두어 TOEIC Speaking 실력을 한 단계 업그레이드 시키도록 하자. 🎧 P5_PT

1. This is Jeffrey Spencer from Tech computer.
저는 테크 컴퓨터의 제프리 스펜서입니다.

> This is ＿이름＿ from ＿직장이름＿ : 저는 ＿＿＿의 ＿＿＿입니다

다음 표현을 소리 내어 세 번 읽은 후, 자신의 상황에 맞추어 문장을 만들어 보자.

☐ This is Chulsoo from Hyundai Motors. 저는 현대 자동차의 철수입니다.

☐ This is Mr. Lee from MicroSoft in Korea. 저는 마이크로소프트 한국지사의 미스터 리입니다.

☐ This is Manager Anderson from Histension Clinic. 저는 히스텐션 클리닉의 매니저 앤더슨입니다.

My Sentence

2. You have a problem with your order.
고객님의 주문에 문제가 있습니다.

Have a problem with ____ : ____ 에 문제가 있다

다음 표현을 소리 내어 세 번 읽은 후, 자신의 상황에 맞추어 문장을 만들어 보자.

☐ I have a problem with this project. 이 프로젝트에 문제가 있습니다.

☐ He has a problem with his health. 그는 건강에 문제가 있습니다.

☐ You had a problem with English. 너는 영어에 어려움을 겪었지.

My Sentence

3. I am really sorry for the problem we've caused you.
문제를 일으켜 정말 죄송합니다.

Be really sorry for ____ : ____ 에 대해 정말 죄송합니다

다음 표현을 소리 내어 세 번 읽은 후, 자신의 상황에 맞추어 문장을 만들어 보자.

☐ I am really sorry for the dinner. 저녁식사에 대해 정말 사과 드립니다.

☐ He is really sorry for the accident. 그는 그 사고에 대해 정말 미안해한다.

☐ I am really sorry for what happened last night. 지난 밤에 일어난 일에 대해 정말 미안해.

My Sentence

4. To solve this problem,
이 문제를 해결하기 위해

To 동사원형 , : ____ 하기 위해

다음 표현을 소리 내어 세 번 읽은 후, 자신의 상황에 맞추어 문장을 만들어 보자.

☐ To arrive there on time, 그곳에 제 시간에 도착하기 위해

☐ To help other people in trouble, 곤경에 빠진 사람들을 도와주기 위해

☐ To be kind to all my customers, 모든 고객 분들께 친절히 대하기 위해

My Sentence

5. I got your message saying that you had a problem.
저는 당신에게 문제가 생겼다는 내용의 메시지를 받았습니다.

> I got your message saying that 　주어　 + 　동사　 : 나는 　　　　　라는 내용의 메시지를 받았다

- ☐ I got your message saying that you would come here.
  당신이 여기에 올 거라는 내용의 메시지를 받았습니다.
- ☐ I got your message saying that you would be late today.
  당신이 오늘 늦을 거라는 내용의 메시지를 받았습니다.
- ☐ I got your message saying that they had a meeting last week.
  지난주에 그들이 회의를 했다는 내용의 메시지를 받았습니다.

  My Sentence

6. I'd checked it twice before we left.
출발 전 저는 그것을 두 번 확인했습니다.

> I have/had + 완료형 (p.p.) 　서수　 : 나는 　　　　　차례 ~했다

- ☐ I have read the book three times. 나는 그 책을 세 번 읽었다.
- ☐ I have been to the country five times. 나는 그 나라에 다섯 번 가봤다.
- ☐ I had checked the documents just once until last week.
  나는 지난주까지 그 서류들을 단 한 번 검토했다.

  My Sentence

7. You misunderstood what you ordered.
고객님께서 주문하신 사항을 착각하셨습니다.

> You misunderstand 　　　　 : 당신은 　　　　을 착각[오해]했다

- ☐ You misunderstand the meaning of the word. 그 단어의 의미를 착각하고 계십니다.
- ☐ You misunderstood the agenda for the meeting. 회의 안건을 착각하셨습니다.
- ☐ You misunderstood what was going on there. 그곳에서 일어난 일에 대해 오해하셨습니다.

  My Sentence

8. You are one of our valuable customers.
고객님은 저희의 소중한 고객 중 한 분이십니다.

> One of 복수명사 :   들 중 하나

- ☐ This is one of my favorite movies. 이것은 제가 가장 좋아하는 영화 중 하나입니다.
- ☐ I am one of the best students. 나는 최우수 학생 중 한 명입니다.
- ☐ One of your coworkers is my friend. 당신의 동료 중 한 명은 내 친구입니다.

My Sentence

---

9. First of all,
우선,

> 서수 of all,

- ☐ Second of all, 두 번째로
- ☐ Third of all, 세 번째로
- ☐ Last of all, 마지막으로

My Sentence

---

10. Our engineers are too busy to meet the demand.
우리 기술자들이 너무 바빠서 요구를 충족시켜 드리지 못하고 있습니다.

- ☐ It is too long to finish today. 오늘 안에 끝내기엔 그건 너무 오래 걸려.
- ☐ English is too difficult to learn. 영어는 배우기가 너무 어려워.
- ☐ He is too busy to talk to. 그가 너무 바빠서 그와 얘기를 못해.

My Sentence

11. Regarding air conditioners,
에어컨과 관련하여

Regarding ______,: ______ 와 관련하여, ______ 에 대하여

- ☐ Regarding the conference this week, 이번 주 회의와 관련하여
- ☐ Regarding the quality problem we have, 우리가 지닌 품질 문제와 관련하여
- ☐ Regarding the unit price they are questioning, 그들이 문의한 물품 가격에 대하여

My Sentence

12. As soon as possible
가능한 한 빨리

As 부사 as possible: 가능한 한 ______ 하게

- ☐ As often as possible 가능한 한 자주
- ☐ As much as possible 가능한 한 많이
- ☐ As immediately as possible 가능한 한 빨리

My Sentence

13. The product you received
당신이 받은 제품

명사 + 주어 + 동사 : 주어 가 동사 한 명사

- ☐ The computer I bought today 내가 오늘 산 컴퓨터
- ☐ The price I have to pay for 내가 결제해야 할 금액
- ☐ The movie you will see 네가 볼 영화

My Sentence

14. We will send you another twelve bulbs.
전구 12개를 추가로 보내드리겠습니다.

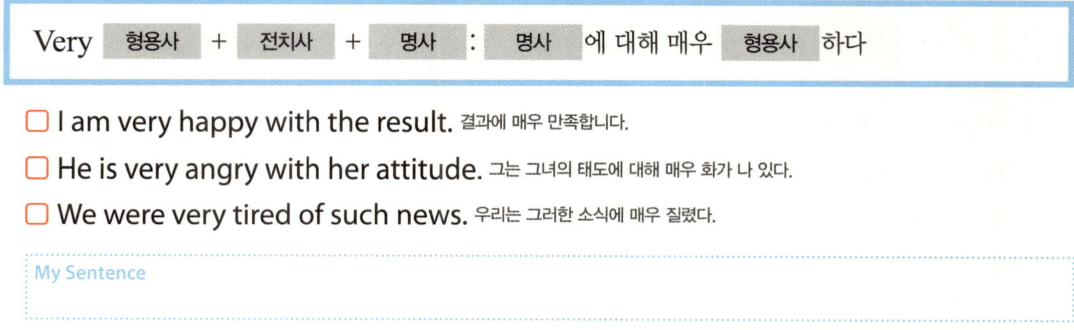

Send 　사람　 + 　물건　 : 　물건　 을 　사람　 에게 보내다

☐ I will send you some money later. 추후에 얼마간의 돈을 보낼게요.

☐ He will send you an invoice within an hour. 그가 한 시간 내로 송장을 보낼 거예요.

☐ I send my parents a gift every week. 나는 매주 부모님께 선물을 보낸다.

15. We are very sorry for the problem.
그 문제에 대해 매우 유감입니다.

Very 　형용사　 + 　전치사　 + 　명사　 : 　명사　 에 대해 매우 　형용사　 하다

☐ I am very happy with the result. 결과에 매우 만족합니다.

☐ He is very angry with her attitude. 그는 그녀의 태도에 대해 매우 화가 나 있다.

☐ We were very tired of such news. 우리는 그러한 소식에 매우 질렸다.

16. If you have any questions
질문이 있으시면

If you have any 　명사　 : 　　　　 가 있다면

☐ If you have any extra pens 남은 펜이 있다면

☐ If you have any cups or glasses 컵이나 유리잔이 있다면

☐ If you have anything available 무엇이든지 있다면

17. When the books were sent out

그 책들을 발송했을 때

When 주어 + 동사 : ___ 했을 때

- ☐ When I got up in the morning 내가 아침에 일어났을 때
- ☐ When the games started at the same time 경기가 동시에 시작했을 때
- ☐ When the market was competitive 시장에서 경쟁이 치열했을 때

My Sentence

18. This problem should be dealt with by the shipping company.

이 문제는 배송업체와 해결해야 합니다.

___ should be dealt with by 사람/대상 : ___ 는 사람/대상 과 해결해야 한다

- ☐ The issue should be dealt with by the manager. 그 문제는 매니저와 해결해야 합니다.
- ☐ The question should be dealt with by the person in charge. 그 질문은 담당자와 해결해야 합니다.
- ☐ Problems should be dealt with by experts in the field. 문제는 그 분야의 전문가와 해결해야 합니다.

My Sentence

19. I'd like you to contact

저는 당신이 ～로 연락하길 원합니다.

I'd like 사람 to 동사 : 나는 사람 이 동사 하기를 바란다

- ☐ I'd like you to listen carefully to her. 나는 네가 그녀의 말에 귀 기울이면 좋겠어.
- ☐ I'd like him to join the team immediately. 나는 그가 팀에 바로 합류했으면 한다.
- ☐ I'd like all of you to be kind to other people. 저는 여러분 모두가 다른 이들에게 친절하게 대했으면 합니다.

My Sentence

20. Based on our regulation
저희의 규정에 의해

Based on ▢▢▢ : ▢▢▢에 의해, ▢▢▢을 바탕으로

- ☐ Based on the internal policies 내부 규정에 의해
- ☐ Based on the relevant laws 관련법에 의해
- ☐ Based on a true story 실화를 바탕으로

My Sentence

21. You need to change your schedule.
귀하의 일정을 바꾸셔야 합니다.

Need to 동사 : ▢▢▢할 필요가 있다, ▢▢▢해야 한다

- ☐ You need to go there someday. 너는 언젠가 그곳에 가야 해.
- ☐ I need to look at and talk about it. 나는 그걸 보고 얘기해야겠어.
- ☐ We need to start it because it is important. 그 일은 중요하니까 그걸 시작해야 해.

My Sentence

22. I'm sorry to hear that your son is sick in bed.
아드님이 아프다니 유감입니다.

Be sorry to 동사 : ▢▢▢하게 되어 유감스럽다[미안하다]

- ☐ I am sorry to see you here. 너를 이곳에서 보게 되다니 유감이야.
- ☐ I was sorry to be busy and tired. 내가 바쁘고 피곤해서 미안했어.
- ☐ You should be sorry to say so. 너는 그렇게 말하는 걸 미안해해야 돼.

My Sentence

23. I found that I could take care of your situation.
제가 귀하의 상황을 해결할 수 있는 방법을 찾았습니다.

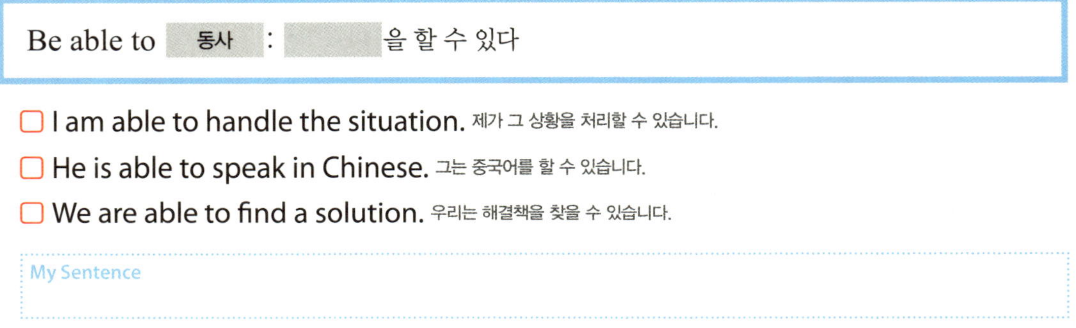

I found that 주어 + 동사 : 나는 주어 가 동사 하다는 것을 알았다

- ☐ I found that the weather forecast was wrong. 날씨 예보가 틀렸다는 걸 알았다.
- ☐ I found that you did your best. 나는 네가 최선을 다 했다는 걸 알아.
- ☐ I found that there were a lot of problems. 문제가 많다는 걸 알았어.

My Sentence

24. I'm able to change your hotel reservation.
귀하의 호텔 예약을 변경할 수 있습니다.

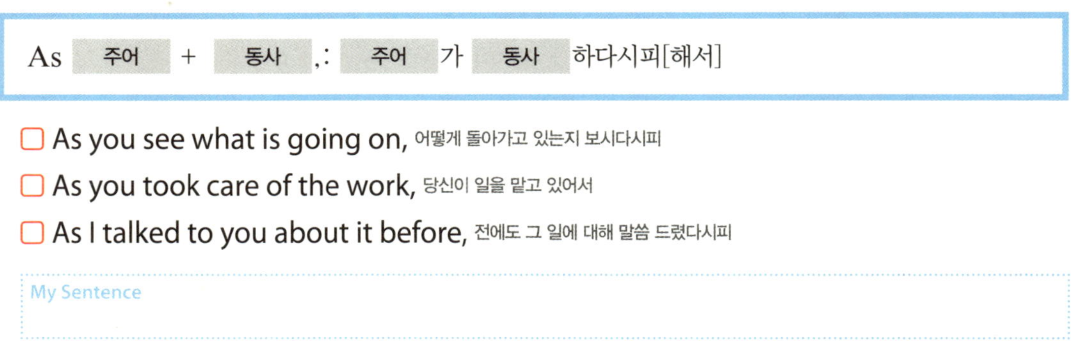

Be able to 동사 : 을 할 수 있다

- ☐ I am able to handle the situation. 제가 그 상황을 처리할 수 있습니다.
- ☐ He is able to speak in Chinese. 그는 중국어를 할 수 있습니다.
- ☐ We are able to find a solution. 우리는 해결책을 찾을 수 있습니다.

My Sentence

25. As you know,
아시다시피

As 주어 + 동사 ,: 주어 가 동사 하다시피[해서]

- ☐ As you see what is going on, 어떻게 돌아가고 있는지 보시다시피
- ☐ As you took care of the work, 당신이 일을 맡고 있어서
- ☐ As I talked to you about it before, 전에도 그 일에 대해 말씀 드렸다시피

My Sentence

26. The maximum number of customers
최대 고객 수

The [   ] number of 복수명사 : 명사 의 [   ] 수

- ☐ The minimum number of people 최소 인원 수
- ☐ The average number of passengers 평균 승객 수
- ☐ The largest number of employees 최대 직원 수

My Sentence

27. We are looking forward to serving you.
저희는 귀하를 모시기를 고대하고 있습니다.

Be looking forward to [   ]ing : [   ]하기를 고대하고[몹시 기다리고] 있다

- ☐ I am looking forward to hearing from you. 너의 소식을 몹시 기다리고 있어.
- ☐ I will be looking forward to seeing you right there. 바로 그 자리에서 당신을 뵙길 고대하겠습니다.
- ☐ We have been looking forward to being with you. 당신과 함께하길 고대하고 있습니다.

My Sentence

28. If there is anything we can do
우리가 할 수 있는 게 있다면

If there is anything 주어 can 동사 : 주어 가 동사 할 수 있는 게 있다면

- ☐ If there is anything we can eat now 우리가 지금 먹을 수 있는 게 있다면
- ☐ If there is anything you can enjoy there 네가 그곳에서 즐길 수 있는 게 있다면
- ☐ If there is anything I can play with 내가 가지고 놀 수 있는 게 있다면

My Sentence

29. On the way here
여기 오는 길에

On the way `부사/to명사` :　　　　　 로 가는 길

- [ ] **On the way home** 집으로 가는 길에
- [ ] **On the way to grocery shopping** 생필품을 사러 가는 길에
- [ ] **On the way to the office he works in** 그가 일하는 사무실에 가는 길에

30. It seems that you took the wrong directions.
길을 잘못 드신 것 같습니다.

It seems that `주어` + `동사의 과거형` : `주어` 가 `동사` 했던 것 같다

- [ ] **It seems that you were tired then.** 넌 그때 피곤했던 것 같아.
- [ ] **It seems that we made a big mistake.** 우리가 큰 실수를 저지른 거 같습니다.
- [ ] **It seems that I fell in love with the girl.** 저는 그 여자와 사랑에 빠진 것 같습니다.

31. You want to come.
당신은 오고 싶어 합니다.

`주어` want to `동사` : `주어` 가 `동사` 하기를 원하다

- [ ] **I want to succeed in the projects given to me.** 저는 저에게 주어진 그 프로젝트를 잘해내고 싶습니다.
- [ ] **I want to be a businessman in the future.** 장래에 저는 사업가가 되고 싶어요.
- [ ] **He wants to speak English very fluently.** 그는 영어를 매우 유창하게 말하고 싶어 한다.

32. I hope to see you soon.
당신을 곧 뵙길 바랍니다.

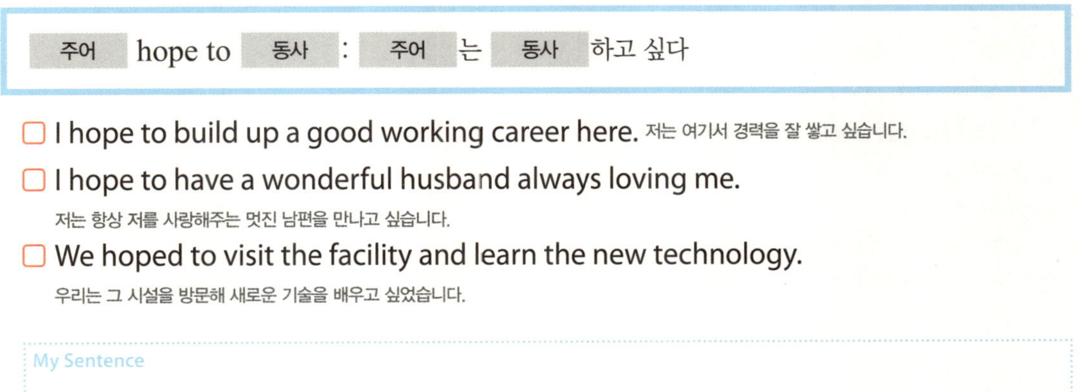

주어　hope to　동사 : 주어　는　동사　하고 싶다

☐ I hope to build up a good working career here. 저는 여기서 경력을 잘 쌓고 싶습니다.

☐ I hope to have a wonderful husband always loving me.

저는 항상 저를 사랑해주는 멋진 남편을 만나고 싶습니다.

☐ We hoped to visit the facility and learn the new technology.

우리는 그 시설을 방문해 새로운 기술을 배우고 싶었습니다.

My Sentence

33. You are in the middle of a problem.
당신은 어려움을 겪고 있다.

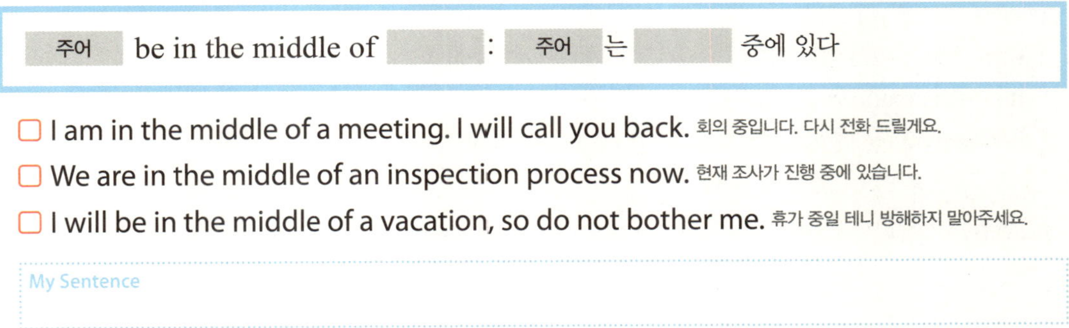

주어　be in the middle of　　　 : 주어　는　　　중에 있다

☐ I am in the middle of a meeting. I will call you back. 회의 중입니다. 다시 전화 드릴게요.

☐ We are in the middle of an inspection process now. 현재 조사가 진행 중에 있습니다.

☐ I will be in the middle of a vacation, so do not bother me. 휴가 중일 테니 방해하지 말아주세요.

My Sentence

34. Cold water is not available until 10 o'clock.
10시까지 찬물 사용이 불가합니다.

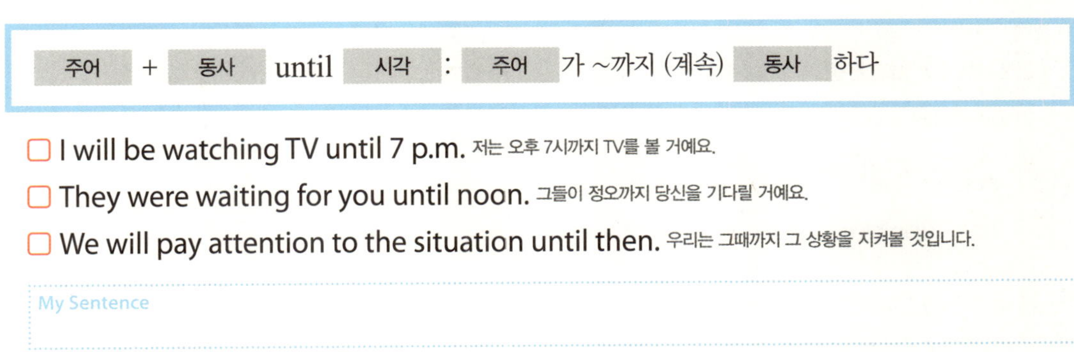

주어　+　동사　until　시각 : 주어　가 ~까지 (계속)　동사　하다

☐ I will be watching TV until 7 p.m. 저는 오후 7시까지 TV를 볼 거예요.

☐ They were waiting for you until noon. 그들이 정오까지 당신을 기다릴 거예요.

☐ We will pay attention to the situation until then. 우리는 그때까지 그 상황을 지켜볼 것입니다.

My Sentence

35. We had to turn off the water tap.
우리는 수도꼭지를 잠가 두어야만 했습니다.

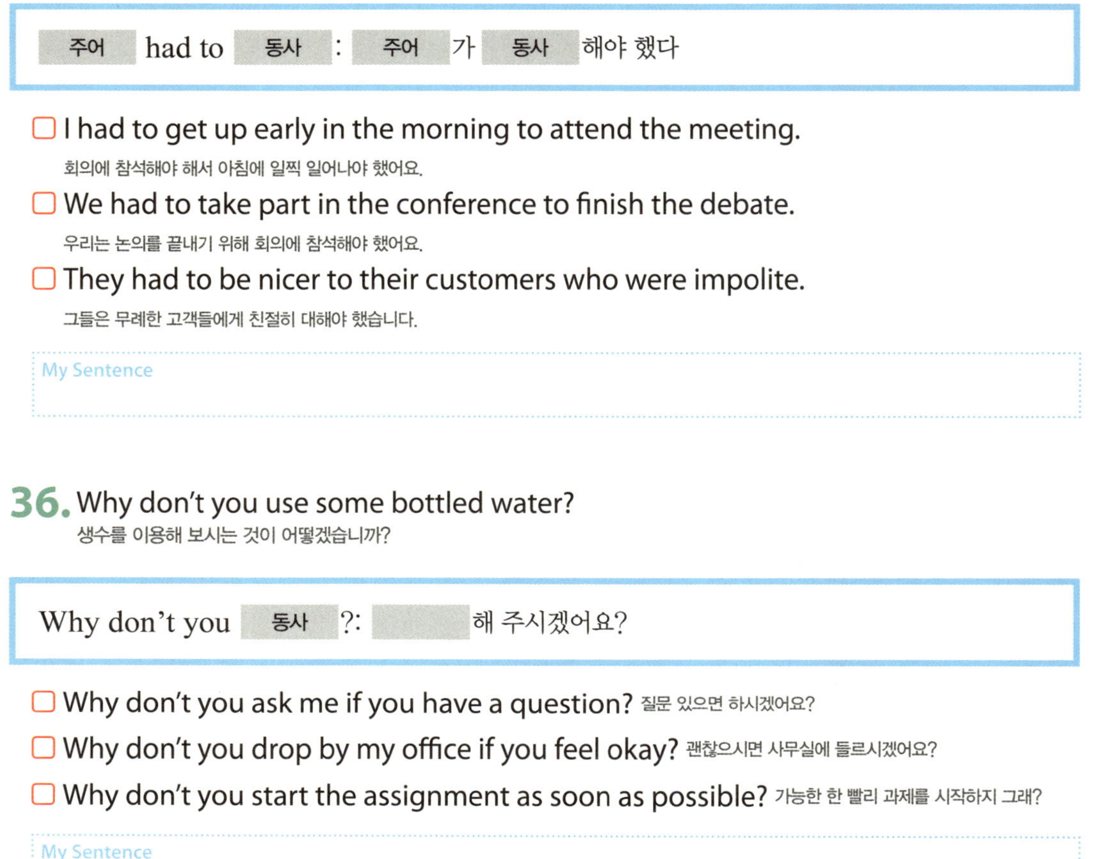

주어 had to 동사 : 주어 가 동사 해야 했다

☐ I had to get up early in the morning to attend the meeting.
회의에 참석해야 해서 아침에 일찍 일어나야 했어요.

☐ We had to take part in the conference to finish the debate.
우리는 논의를 끝내기 위해 회의에 참석해야 했어요.

☐ They had to be nicer to their customers who were impolite.
그들은 무례한 고객들에게 친절히 대해야 했습니다.

My Sentence

36. Why don't you use some bottled water?
생수를 이용해 보시는 것이 어떻겠습니까?

Why don't you 동사 ?: 해 주시겠어요?

☐ Why don't you ask me if you have a question? 질문 있으면 하시겠어요?

☐ Why don't you drop by my office if you feel okay? 괜찮으시면 사무실에 들르시겠어요?

☐ Why don't you start the assignment as soon as possible? 가능한 한 빨리 과제를 시작하지 그래?

My Sentence

37. I received your message that you would like some advice from me.
당신이 저의 조언을 원한다는 메시지를 받았습니다.

I received your message that 주어 + 동사 : 나는 라는 당신의 메시지를 받았다

☐ I received your message that you are in big trouble. 저는 당신이 곤경에 처했다는 메시지를 받았습니다.

☐ I received your message that we would need a conversation.
우리가 대화가 필요하다는 당신의 메시지를 받았습니다.

☐ I received your message that I should check the product quality.
제가 제품의 품질을 확인해야 한다는 당신의 메시지를 받았습니다.

My Sentence

38. Make sure that nobody uses them inappropriately.
아무도 그것을 부적절하게 사용하지 않도록 해주세요.

Make sure that [주어] + [동사] : [주어] 가 [동사] 하는 것을 확실히 하다

(반드시) [주어] 가 [동사] 하도록 하다

☐ Make sure that you ask someone else first. 다른 사람들에게 먼저 물어봐 주셔야 해요.

☐ Make sure that we check the current situation. 우리가 현재의 상황을 확실히 확인하도록 해주세요.

☐ Make sure that you clean up before you leave. 나가기 전에 깨끗이 정리해 주세요.

My Sentence

39. If I get any news, I'll let you know.
소식을 들으면 알려드릴게요.

If [주어1] + [현재동사] , [주어2] will [동사원형] : [주어1] 이 [동사] 한다면,

[주어2] 가 [ ] 할 것이다

☐ If I make an effort, I will succeed in everything I do.
내가 노력한다면 내가 필요한 건 뭐든 얻을 수 있을 것이다.

☐ If you focus on this project, they will be satisfied with the result.
당신이 이 프로젝트에 집중한다면 그들은 그 결과에 만족할 것입니다.

☐ If we finish this in time, they will be really surprised by it.
우리가 이것을 시간 맞춰 끝낸다면 그들은 그 점에 정말 놀랄 거예요.

My Sentence

40. This is the best way to solve your problems.
이것이 당신의 문제를 해결할 최선의 방법입니다.

This is the best way to [동사] : 이것은 [ ] 할 최선의 방법이다

☐ This is the best way to reach the goal. 이것이 목표에 도달할 최선의 방법입니다.

☐ This is the best way to talk to a person like him. 이것이 그와 같은 사람과 이야기할 최선의 방법입니다.

☐ This is the best way to figure out a solution. 이것이 해결방법을 알아내는 최선의 방법입니다.

My Sentence

41. We are expecting a slight delay.
약간 지연될 것 같습니다.

We are expecting 명사/to 동사 : ___ 할 것 같다, ___ 하길 예상[기대]한다

- [ ] We are expecting a slight change. 약간 바뀔 것 같습니다.
- [ ] We are expecting the delivery soon. 곧 배달될 거라 예상합니다.
- [ ] We are expecting to see you tomorrow. 내일 당신을 뵙길 기대합니다.

My Sentence

42. Is there any way that you can deliver them?
그것을 배달할 수 있는 방법이 있나요?

Is there any way that 주어 + 동사 ?: 주어 가 동사 할 수 있는 방법이 있나요?

- [ ] Is there any way that you can help me? 당신이 저를 도울 수 있는 방법이 있나요?
- [ ] Is there any way that I can submit the form now? 제가 그 서식을 지금 제출할 수 있는 방법이 있나요?
- [ ] Is there any way that I can speak to her? 제가 그녀와 통화할 수 있는 방법이 있나요?

My Sentence

43. It is our top priority to take care of this matter.
이 문제를 해결하는 것이 저희의 최우선 과제입니다.

It is our top priority to 동사 : ___ 하는 것이 저희의 최우선 과제입니다

- [ ] It is our top priority to deliver the products to you now.
  고객님께 지금 물품을 배송하는 일이 저희의 최우선 과제입니다.
- [ ] It is our top priority to handle your problem. 귀하의 문제를 해결하는 것이 저희의 최우선 과제입니다.
- [ ] It is our top priority to meet your needs. 귀하의 요구에 부응하는 것이 저희의 최우선 과제입니다.

My Sentence

44. It looks like I'm stuck here.
여기서 꼼짝 못할 것 같습니다.

It looks like 　주어　 + 　동사　 : 　　　　 인 것 같다, 　　　　 처럼 보이다

- ☐ It looks like we will be late for the meeting. 우리는 회의에 늦을 것 같아요.
- ☐ It looks like it will rain tonight. 오늘 밤 비가 올 것 같다.
- ☐ It looks like he's not happy with the result. 그는 결과에 만족하지 못하는 것 같다.

45. I'm stuck here at least for tonight.
적어도 오늘밤은 여기서 꼼짝 못합니다.

I'm stuck 　장소 부사/at 명사　 : 　　　　 에서 / 　　　　 때문에 꼼짝 못하고 있다

- ☐ I'm stuck at work. 저는 직장에서 꼼짝 못하고 있어요.
- ☐ I'm stuck at the traffic light. 신호등에 걸려서 꼼짝 못하고 있어요.
- ☐ I'm stuck at the meeting. 회의 때문에 꼼짝 못하고 있어요.

46. There is a financial report due tomorrow.
재무 보고서를 내일까지 내야 합니다.

There is 　명사　 due 　시간　 : 　명사　 가 　시간　 까지 예정이다,
　명사　 를 　시간　 까지 해야 한다

- ☐ There is a research paper due tomorrow. 연구 보고서를 내일까지 내야 합니다.
- ☐ There is a project due this Sunday. 이번 주 일요일까지 끝내야 할 프로젝트가 있어요.
- ☐ There is a payment due by today. 오늘까지 지불해야 할 내역이 있어요.

47. Is there anything else I can do for you?
그가 더 도와드릴 일이 있을까요?

Is there anything else 주어 + 동사 : 주어 가 동사 할 일이 더 있을까요?

- ☐ Is there anything else I can help you with? 제가 도와드릴 일이 더 있을까요?
- ☐ Is there anything else I can assist you with? 제가 도와드릴 일이 더 있을까요?
- ☐ Is there anything else you need? 필요한 일이 더 있으신가요?

My Sentence

48. I sincerely apologize for the mistake.
그 실수에 대해 진심으로 사과 드립니다.

I sincerely apologize for 명사 : 에 대해 진심으로 사과 드립니다

- ☐ I sincerely apologize for the error. 실수에 대해 진심으로 사과 드립니다.
- ☐ I sincerely apologize for the inconvenience. 불편에 대해 진심으로 사과 드립니다.
- ☐ I sincerely apologize for the carelessness. 부주의에 대해 진심으로 사과 드립니다.

My Sentence

49. As a gesture of goodwill, we'd like to offer you a 30% discount coupon.
선의의 표시로 30% 할인쿠폰을 제공해드리고 싶습니다.

As a gesture of goodwill, we'd like to 동사 : 선의의 표시로 하고 싶다

- ☐ As a gesture of goodwill, we'd like to offer you a full refund.
  선의의 표시로 전액 환불해드리고 싶습니다.
- ☐ As a gesture of goodwill, we'd like to offer you a discount.
  선의의 표시로 할인해드리고 싶습니다.
- ☐ As a gesture of goodwill, we'd like to send you a free ticket.
  선의의 표시로 무료 티켓을 보내드리고 싶습니다.

My Sentence

50. Please don't hesitate to call me.
망설이지 마시고 전화 주세요.

> **Please don't hesitate to** 동사 **:** 망설이지 마시고 하세요

- ☐ Please don't hesitate to ask me questions. 망설이지 마시고 질문 주세요.
- ☐ Please don't hesitate to send me emails. 망설이지 마시고 이메일 주세요.
- ☐ Please don't hesitate to contact me. 망설이지 마시고 연락 주세요.

My Sentence

51. At no cost
무료로

> **At no cost / Free of charge:** 무료로, 무료인

- ☐ We'd like to offer you the ticket at no cost. 티켓을 무료로 제공해드리겠습니다.
- ☐ We'd like to send you the printer at no cost. 프린터를 무료로 보내드리겠습니다.
- ☐ The coffee is free of charge. 커피는 무료입니다.

My Sentence

52. Please be assured that we will deliver the uniforms.
유니폼을 꼭 보내드리도록 하겠습니다.

> **Please be assured that** 주어 **+** 동사 **:** 주어 가 동사 할 테니 안심하세요
> 주어 가 꼭 동사 하도록 하겠습니다

- ☐ Please be assured that your problem will be resolved. 고객님의 문제를 확실히 해결해드리겠습니다.
- ☐ Please be assured that we can help you with the problem.
  그 문제에 대해서는 저희가 고객님을 도와드릴 수 있으니 안심하세요.
- ☐ Please be assured that we will send you a new printer.
  저희가 새 프린터를 보내드릴 테니 안심하세요.

My Sentence

53. No later than this Thursday
늦어도 이번 주 목요일까지는

> No later than 　날짜　 : 늦어도 　　　　 까지는

- ☐ Please send me the invoice no later than tomorrow. 적어도 내일까지는 저에게 송장을 보내주세요.
- ☐ I'd like to ask you for the delivery no later than this Saturday.
  적어도 이번 주 토요일까지는 배송을 요청 드립니다.
- ☐ The project is due no later than this week. 그 프로젝트는 적어도 이번 주까지 마감해야 합니다.

My Sentence

54. Since we are running out of time
시간이 촉박하기 때문에

> Run out of time: 시간이 촉박하다

- ☐ We're running out of time. Let's hurry. 시간이 촉박해요. 서두릅시다.
- ☐ We're running out of time now. We need to finish up the meeting.
  지금 시간이 촉박합니다. 회의를 끝내야 합니다.
- ☐ We're running out of time. Please offer your suggestions as soon as possible.
  시간이 촉박합니다. 가능한 한 빨리 제안해 주세요.

My Sentence

55. I will wait for your prompt response.
빠른 답변 기다리겠습니다.

> I wait for your prompt 　명사　 : 빠른 　　　　 기다리겠습니다

- ☐ I wait for your prompt email. 빠른 이메일 (회신) 기다리겠습니다.
- ☐ I wait for your prompt feedback. 빠른 피드백 기다리겠습니다.
- ☐ I wait for your prompt comments. 빠른 견해 기다리겠습니다.

My Sentence

56. As a token of appreciation for your business, we would like to include
귀하의 거래에 대한 감사의 표시로 ∼을 보내드립니다.

> As a token of appreciation for your business, we would like to [동사] :
> 귀하의 거래에 대한 감사의 표시로 [   ]하다

- ☐ As a token of appreciation for your business, we would like to send you free tickets. 귀하의 거래에 대한 감사의 표시로 무료 티켓을 보내드립니다.
- ☐ As a token of appreciation for your business, we would like to email you a complimentary coupon. 귀하의 거래에 대한 감사의 표시로 우대권을 이메일로 보내드립니다.
- ☐ As a token of appreciation for your business, we would like to offer you a present. 귀하의 거래에 대한 감사의 표시로 사은품을 제공해드립니다.

My Sentence

57. For any questions, please feel free to contact me.
질문이 있으면 언제든지 연락주세요.

> For any [명사] , please feel free to [동사] : [명사] 가 있다면, 언제든지 [동사] 하세요

- ☐ For any questions, please feel free to call me. 질문이 있으면 언제든지 전화하세요.
- ☐ For any inquiries, please feel free to email me. 문의사항이 있으면 언제든지 이메일하세요.
- ☐ For any questions, please feel free to send me messages.
  질문이 있으면 저에게 언제든지 메시지를 보내세요.

My Sentence

58. It turned out to be wrong.
그것은 잘못된 것으로 밝혀졌습니다.

> It turned out to be [형용사/명사] : [   ]인 것으로 판정되다[밝혀지다]

- ☐ It turned out to be false. 거짓으로 밝혀졌다.
- ☐ It turned out to be a misunderstanding. 오해인 걸로 밝혀졌다.
- ☐ It turned out to be a mistake. 실수로 밝혀졌다.

My Sentence

59. The watch is guaranteed for 3 months.
그 시계의 품질 보증 기간은 3개월입니다.

| 명사 | is guaranteed for | 기간 | : | 명사 | 의 품질 보증 기간은 | … 기간 | 입니다 |

- ☐ The camera is guaranteed for 3 months. 그 카메라의 품질 보증 기간은 3개월입니다.
- ☐ The furniture is guaranteed for 2 months. 그 가구의 품질 보증 기간은 2개월입니다.
- ☐ The carrier is guaranteed for 2 months. 그 캐리어의 품질 보증 기간은 2개월입니다.

My Sentence

60. At your convenience
편한 시간에

At your convenience: 편한 시간에

- ☐ Please contact me at your convenience. 편할 때 연락 주세요.
- ☐ You can deliver the product at your convenience. 편할 때 상품을 배송해주셔도 괜찮습니다.
- ☐ Feel free to email me at your convenience. 편할 때 언제든 이메일 해주세요.

My Sentence

61. Give me a ring
전화해 주세요.

Give me a ring / Give me a call / Call me / Contact me: 전화[연락]해 주세요

- ☐ Please give me a ring when you get this message. 이 메시지를 받으면 전화 주세요.
- ☐ Could you give me a call when you get home? 집에 도착하면 전화해 줄래요?
- ☐ Would you please contact me when you return to work? 사무실로 돌아오면 연락 주시겠습니까?

My Sentence

62. I'll be more than happy to help you.

기꺼이 당신을 도와드리겠습니다.

> I'll be more than happy to 동사 : 기꺼이   해 드리겠습니다.

- [ ] I'll be more than happy to assist you anytime. 언제든 기꺼이 도와드리겠습니다.
- [ ] I'll be more than happy to answer your questions. 기꺼이 질문에 답해드리겠습니다.
- [ ] I'll be more than happy to submit the application. 기꺼이 지원서를 제출하겠습니다.

My Sentence

63. Deliver a presentation

발표하다

> Deliver/Make/Give a presentation : 발표하다

- [ ] I need to deliver a presentation about my research at school.

  학교에서 진행하는 연구에 대해 발표를 해야 해요.
- [ ] Jessie will make a presentation in the auditorium today.

  제시는 오늘 강당에서 발표를 할 것입니다.
- [ ] When you give a presentation, be confident. 발표를 할 때는 자신감을 가지세요.

My Sentence

64. My extension is 3421.

제 내선번호는 3421입니다.

> Extension (number) 숫자 : 내선번호   번

- [ ] Please call me at my extension 1234. 제 내선번호 1234로 전화 주세요.
- [ ] Would you let me know your extension number? 내선번호를 알려주시겠습니까?
- [ ] Dial extension 3 when you get there. 그곳에 도착하면 내선번호 3번으로 전화하세요.

My Sentence

65. Would it be possible to ask for an extension of the deadline?
기한 연장을 요청해도 될까요?

> Would it be possible to ask for 　명사　 : 　　　　을 요청하는 게 가능할까요[요청해도 될까요]?

- ☐ Would it be possible to ask for his approval? 그의 승인을 요청하는 게 가능할까요?
- ☐ Would it be possible to ask for additional orders? 추가 주문을 요청해도 될까요?
- ☐ Would it be possible to ask for a faster shipment? 더 빠른 배송을 요청해도 될까요?

My Sentence

66. I am in charge of overseeing.
제가 담당자입니다.

> Be in charge of 　명사/-ing　 : 　　　　을 담당하다[책임지다]

- ☐ I'm in charge of the marketing department. 저는 마케팅 부서를 책임지고 있습니다.
- ☐ I'm in charge of taking care of financial reports. 저는 재무 보고서 처리를 담당하고 있습니다.
- ☐ She's in charge of overseeing the entire company. 그녀는 회사 전체를 책임지고 있습니다.

My Sentence

67. The Internet was down.
인터넷이 끊겼습니다.

> 　기기/기계　 was down/broken: 　기기/기계　 가 고장 나다

- ☐ The printer was down this morning. 프린터가 오늘 아침 고장 났어요.
- ☐ The fax machine was broken yesterday. 팩스기기가 어제 고장 났어요.
- ☐ The copy machine is down. Please call for help. 복사기가 고장 났어요. 수리를 요청해 주세요.

My Sentence

68. Please call me to confirm when you have received it.
그것을 받으면 확인 전화 부탁 드립니다.

Please call me to confirm when 주어 + 동사 : 주어 가 동사 하면 확인
전화 부탁 드립니다

☐ Please call me to confirm when you have sent me the email.

제게 이메일을 보내시면 확인 전화 부탁 드립니다.

☐ Please call me to confirm when you are on the way to the office.

사무실로 가는 길에 확인 전화 부탁 드립니다.

☐ Please call me to confirm when you have finished the work.

일이 다 끝나면 확인 전화 부탁 드립니다.

My Sentence

69. Hold the company dinner at the private room
특실에서 회사 회식을 열다

Hold the (company) dinner at 장소 : 에서 (회사) 회식을 열다[개최하다]

☐ My company decided to hold the dinner at the nearby restaurant.

우리 회사는 근처 식당에서 회식을 하기로 했다.

☐ My company will hold the dinner right after work. 우리 회사는 퇴근 후에 바로 회사 회식을 할 것이다.

☐ Sam's Printing Store will hold its company dinner on the 21st of December.

샘즈 프린팅 스토어는 12월 21일에 회사 회식을 할 것이다.

My Sentence

70. For any further inquiries, please feel free to contact me.
다른 문의사항이 있으시면 언제든지 연락주세요.

For any further inquiries, please 동사 : 다른 문의사항이 있으시면 해 주세요.

☐ For any further inquiries, please email me anytime.

다른 문의사항이 있으시면 언제든지 저에게 이메일 해주세요.

☐ For any further inquiries, please visit me in my office.

다른 문의사항이 있으시면 저희 사무실에 방문해 주세요.

☐ For any further inquiries, please stop by our store. 다른 문의사항이 있으시면 저희 가게에 들러 주세요.

My Sentence

토익 스피킹 준비가 완벽해지는

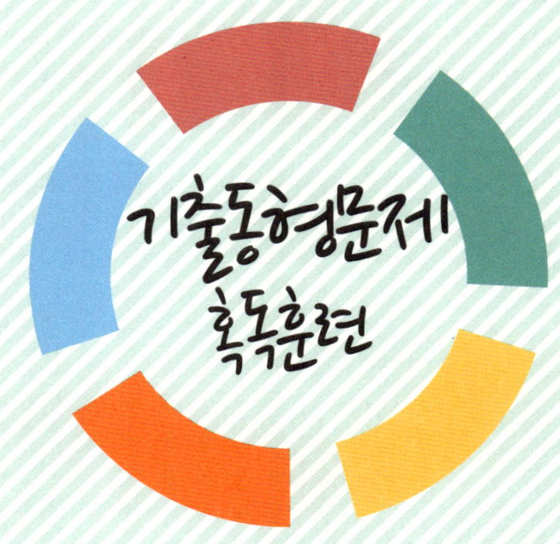

I. 예시문항 혹독훈련

앞서 다뤘던 예시문항(p.184-185 참조)에서 꼭 들어야 할 내용을 나름대로 체크하며 들어보자.

P5_ST 00

Hello, my name is Shauna Cardenas. I'm calling about the order I made through your online office supply store. On the website, you had a buy one get one free holiday promotion. So, I ordered 2 pencil cases and 2 boxes of printing paper. When I received the items this morning, I was very disappointed because the wrong number of items arrived. I was expecting to receive 4 pencil cases with 4 printing paper boxes. But there were only 3 pencil cases and no printing paper. Not only that, your online store guaranteed 3 days delivery, but I want you to know that it took more than 4 days to receive the items I ordered. I really think I should get a full refund or I feel that I should be compensated for your poor service. I would like you to call me when you figure out what you will do about this situation. Again, this is Shauna Cardenas and my phone number is 416-384-2983.

해석 제 이름은 쇼나 카르데나스입니다. 귀하의 온라인 사무용품점을 통해 주문한 건에 관해서 전화를 걸었는데요. 웹사이트에선 1+1 휴일 행사를 했습니다. 그래서 저는 필통 2개와 인쇄용지 2상자를 주문했습니다. 저는 오늘 아침 그 물건들을 받았는데 주문한 물건들이 다 오지 않아서 매우 실망스럽습니다. 저는 필통 4개와 인쇄용지 4상자를 받을 거라 기대했는데 필통은 3개만 있었고 인쇄용지는 없었습니다. 그뿐 아니라 귀하의 온라인 상점은 3일 배송을 약속했는데 제가 주문한 물건을 받는 데 4일이 더 걸렸다는 걸 아셨으면 합니다. 저는 제가 전액 환불을 받아야 한다고 정말 생각합니다. 그렇지 않으면 귀하의 형편없는 서비스에 대해 보상을 받아야 한다고 느낍니다. 귀하가 이 문제에 대해 무엇을 해주실지 알아본 후 저에게 전화해 주셨으면 좋겠습니다. 다시 한 번 말씀 드리자면, 저는 쇼나 카르데나스이구요. 제 번호는 416-384-2983입니다.

어휘 **office supply** 사무용품 **a buy one get one free promotion** 1+1 행사 (하나 사면 하나를 덤으로 주는 행사)
disappointed[disəpɔ́intid] 실망한 **not only that** 그뿐 아니라 **guarantee**[gæ̀rəntíː] 보장하다, 약속하다
get a full refund 전액 환불 받다 **compensate for** ~에 대해 보상하다

다음은 앞서 학습한 패턴(p. 186)에 적용시킨 모범 답안이다. 자신이 표시한 부분과 다음의 답변을 비교해보며 완전히 체화할 때까지 숙지하자.

● 시작 인사

먼저 전화 문의자의 이름을 언급하면서 시작한다. 전화 청취 중 상대방의 이름을 잘 기억해두자. 그런 다음 자신의 이름을 말한다.

> Hello, my name is Shane Cardenas. ~.

> **Hello**, Ms. Cardenas. **This is** Youngji. 안녕하세요. 카르데나스 씨. 저는 영지라고 합니다.

🎧 P5_ST 00a

상대방의 전화내용을 파악하고 불만에 대한 사과 또는 유감표시를 한다. 전화 청취 중 파악한 핵심 문장들을 답변 패턴 틀에 적용시킨다.

~, **I was very disappointed because the wrong number of items arrived.** I was expecting to receive 4 pencil cases with 4 printing paper boxes. But there were only 3 pencil cases and no printing paper. Not only that, your online store guaranteed 3 days delivery, **but I want you to know that it took more than 4 days to receive the items I ordered.** ~

I got your message saying that you have a problem with your order. Some items didn't arrive and the delivery took longer than you expected. **I am really sorry for the problem we have caused you.**

제가 메시지를 받았는데 고객님의 주문에 문제가 있으시다고요. 어떤 물건은 오지 않았고 배송도 생각보다 오래 걸렸다고 남기셨죠. 이런 문제가 발생된 데에 대해 진심으로 사과 드립니다.

🎧 P5_ST 00b

해결책 설명하기

문제 해결 방안을 준비할 때 고객이 원하는 조치에 상응할 수 있는 방법을 생각해 내어 해결책을 적절히 제시하도록 한다. 예시 문항에서 상대방은 환불을 받거나 그에 상응하는 보상을 받고 싶다고 했다. 환불을 해달라는 요구에 알맞은 해결책으로는 전액 환불, 무료 교환 또는 할인쿠폰 제시 등이 있을 수 있겠다.

I really think **I should get a full refund** or I feel that **I should be compensated for your poor service**.

After I checked the problem, we decided to give you a full refund. It will take 2 days to process. Please check your bank account and **once again we are very sorry for the problem**.

문제점을 확인했는데요, 저희 쪽에서 전액 환불을 해 드리겠습니다. 절차 과정은 2일 정도 걸릴 예정입니다. 은행 계좌를 확인해 보세요. 그리고 다시 한 번 정말 사과의 말씀 드립니다.

P5_ST 00c

After I checked the problem, I told someone to deal with it. So, one of our employees will contact you after taking care of the problem. He will contact you within 24 hours. **Once again we are very sorry for the inconvenience.**

문제점을 확인 후 이 문제를 해결하라고 다른 사람에게 지시해 놓았습니다. 그러니 저희 직원 중 한 명이 문제를 해결한 후 고객님께 연락을 드릴 겁니다. 24시간 안에 연락이 갈 거예요. 불편한 상황을 만들어 드려 다시 한번 죄송합니다.

P5_ST 00d

끝 인사

마무리 인사는 한두 개 정도만 준비하면 된다. 아래 문구는 언제 어디서나 사용할 수 있는 좋은 답이다.

If you have any questions or concerns, please call us back.

다른 궁금한 사항이나 질문이 있으시다면 언제든 연락 주세요.

P3_ST 00e

Ⅱ. 기출동형문제 혹독훈련

아래의 단축형 기출동형문제들을 보고 나만의 답안 틀을 만들어보자. 단축형 문제는 파트5의 전체 문제를 요약, 정리한 내용이다. 전화 메시지 청취 후 자신의 내용 정리가 이 정도 수준이 된다면 고득점도 문제없다. 이제 자신의 답안에 빈칸을 채워놓고 큰소리로 연습하자! 눈동자만 움직이는 공부로는 TOEIC Speaking에서 원하는 점수를 얻지 못한다. 반드시 입으로 큰소리 내어 훈련하자!

❶ 예제 1 ☑ Complaint ☐ Request & Advice

🎧 P5_ST 01

Name: Jennifer Hillstate

Problem: Living in the apartment for 10 years. All the residents seem to have a serious problem with maintenance. The air-conditioner is not working in the building. As a supervisor of this building, you must give attention to this matter.

시작 인사

Hello, ________________ This is ________________

문제점 요약하기

I got your message saying that ________________________________
____
____
I am really sorry for the problem we have caused you.

해결책 설명하기

After I checked the problem, ________________________________
____
________________________________ Once again we are very sorry for the problem.

끝 인사

If you have any questions or concerns, please call us back.

Answer

Problem: Living in the apartment for 10 years. All the residences seem to have a serious problem with maintenance. The air-conditioner is not working in the building. As a supervisor of this building, you must give attention to this matter.

문제점: 10년 동안 이 아파트에서 지냈습니다. 모든 거주자들이 건물 보수 관리와 관련하여 불만이 많습니다. 건물 내 에어컨이 작동되지 않습니다. 빌딩 관리인으로서 이 문제에 관심을 가져 주시기 바랍니다.

시작 인사
🎧 P5_ST 01_Answer

Hello, Ms. Hillstate. This is ___________________

문제점 요약하기

I got your message saying that **our residents are complaining about the air-conditioner which is not working in the building. So you would like me to deal with this matter as soon as I can.** I am really sorry for the problem we have caused you.

아파트 거주자들이 건물 내 에어컨이 작동하지 않은 점에 관해 불만 사항이 많다고 하셨죠. 그래서 제가 가능한 한 빨리 이 문제를 해결하면 좋겠다고 말씀하셨습니다.

해결책 설명하기

After I checked the problem, **I found out that technicians are on the way to look at the air-conditioner. So I think that if it is not a serious problem, they can fix it today. So the air-conditioner will start running from this afternoon.** Once again we are very sorry for the problem.

문제점을 확인해 보니 에어컨을 살펴보기 위해 기술자들이 오는 중이랍니다. 그래서 심각한 문제가 아니라면 오늘 중으로 고칠 것 같습니다. 따라서 오늘 오후에는 정상적으로 에어컨이 작동될 것입니다.

끝 인사

If you have any questions or concerns, please call us back.

어휘 **resident** [rézidənt] 거주자; 투숙객 **serious** [síəriəs] 심각한 **maintenance** [méintənəns] (건물 등의) 유지 보수 **supervisor** [súːpərvàizər] 책임자, 관리자 **technician** [tekníʃən] 기술자 **run** [rʌn] 작동하다

❷ 예제 2 ☑ Complaint ☐ Request & Advice

Name: James Berkshire

Problem: Visited the store to buy milk, bread, and some snacks. Bought expired milk. Upset about store's lack of care and stock control. Wants a full refund and to know what you will do to improve the service.

시작 인사

Hello, _________________ This is _________________

문제점 요약하기

I got your message saying that ____

____

____

I am really sorry for the problem we have caused you.

해결책 설명하기

After I checked the problem, _____________________________________

____

____ Once again we are very

sorry for the problem.

끝 인사

If you have any questions or concerns, please call us back.

Answer

Problem: Visited the store to buy milk, bread, and some snacks. Bought expired milk. Upset about store's lack of care and stock control. Wants a full refund and to know what you will do to improve the service.

문제점: 우유와 빵, 간식거리를 사려고 가게에 갔고 유통기한이 지난 우유를 구입했습니다. 가게의 부주의함과 재고관리의 허술함에 마음이 상했습니다. 전액 환불을 원하고 앞으로 어떻게 서비스를 개선할건지 궁금하네요.

Part 5

시작 인사

🎧 P5_ST 02_Answer

> Hello, Mr. Berkshire. This is ___________________

문제점 요약하기

> I got your message saying that **you came to our store to buy some groceries. However, you bought expired milk. So you feel that you need to get a full refund and would like to know how we can improve our service.** I am really sorry for the problem we have caused you.
>
> 저희 가게에 오셔서 식료품들을 구입하셨는데 유통기한이 지난 우유를 구입하셨다고요. 그래서 전액 환불을 요구하셨고 저희가 어떻게 서비스를 향상시킬 수 있는지 알고 싶다고 메시지를 남기셨는데요.

해결책 설명하기

> After I checked the problem, **I found that one of my staff didn't check the stock thoroughly. So by accident, we sold the expired milk. Definitely, I will give a full refund and I would like to offer some gift cards that you can use at our store. I will train our staff again so these kinds of problems will never happen again.** Once again we are very sorry for the problem.
>
> 문제를 확인해보니 저희 직원 중 한 명이 재고를 철저히 확인하지 않은 걸 알았습니다. 그래서 고의가 아니게 유통기한이 지난 우유를 판매했습니다. 당연히 전액 환불을 해드릴 것이며 저희 가게에서 쓰실 수 있는 기프트 카드를 제공해 드리도록 하겠습니다. 제가 직원들을 다시 교육해 이런 종류의 문제가 다시는 일어나지 않도록 하겠습니다.

끝 인사

> If you have any questions or concerns, please call us back.

어휘 expired[ikspáiərd] 유효기간이 지난, 만료된 **stock**[stɑk] 재고품, 재고 **improve**[imprúːv] 향상시키다, 개선하다 **grocery**[gróusəri] 식료품 **thoroughly**[θɔ́rəli] 완전히; 철저히 **by accident** 우연히, 고의가 아니게 **definitely**[défənətli] 분명히; 틀림없이 **train**[trein] 훈련시키다

❸ 예제 3 ☐ Complaint ☑ Request & Advice

Name: Diane Pollock

Problem: Supposed to attend training course next Friday. Will be on a 3-day business trip to New York. Can't attend. Needs advice on this situation.

시작 인사

Hello, _________________ This is _________________

문제점 요약하기

I got your message saying that ____
____
____
I am really sorry to hear that.

해결책 설명하기

After I checked the problem, _____________________________________
____
____ I am sorry that we didn't announce such a matter to our employees.

끝 인사

If you have any questions or concerns, please call us back.

Answer

Problem: Supposed to attend training course next Friday. Will be on a 3-day business trip to New York. Can't attend. Needs advice on this situation.

문제점: 다음 주 금요일 교육에 참석하기로 되어 있었는데요. 3일 동안 뉴욕으로 출장을 가게 되었습니다. 그래서 교육에 참여할 수가 없는데 이점에 대해 조언 부탁드립니다.

시작 인사

🎧 P5_ST 03_Answer

Hello, Ms. Pollock. This is ____________________

문제점 요약하기

I got your message saying that **you are supposed to attend the training course next Friday. But you will be on a 3-day business trip to New York. You are telling me that you can't attend the training course. So you need advice on this situation.** I am really sorry to hear that.

다음 주 금요일 교육에 참석하기로 되어 있으셨다고요. 하지만 3일 동안 뉴욕으로 출장을 가셔서 교육에 참석할 수 없다고 말씀하십니다. 그래서 이 상황에 대해 조언이 필요하시다고요.

해결책 설명하기

After I checked the problem, **I found out that the training course has been delayed for 2 weeks because not many people signed up for the course. So I think you shouldn't worry too much. You can take the course after your trip. I** am sorry that we didn't announce such a matter to our employees.

그 문제를 알아봤는데 그 교육에 사람들이 많이 등록하지 않아서 그 교육과정이 2주 미뤄졌습니다. 그러니 너무 걱정 안 하셔도 됩니다. 출장을 다녀오신 후, 교육에 참석하시면 될 것 같습니다. 이러한 문제를 우리 직원들에게 공지하지 못한 점 죄송합니다.

끝 인사

If you have any questions or concerns, please call us back.

어휘 **be supposed to** ～할 예정이다 **attend** [əténd] 참석하다 **be on a business trip** 출장가다 **delay** [diléi] 미루다, 연기하다 **sign up for** ～에 등록하다, ～을 신청하다 **announce** [ənáuns] 발표하다, 알리다

❹ 예제 4 ☐ Complaint ☑ Request & Advice

Name: Pauline Kim

Problem: Will be holding a charity clothing and toy drive. Doesn't know where to start to organize. Moreover, doesn't have enough staff or volunteers to work with. Needs your guidance.

시작 인사

Hello, _________________ This is _________________

문제점 요약하기

I got your message saying that _________________________________
____
____

해결책 설명하기

I think that I can help you on this matter. _________________________
____
____
____

끝 인사

If you would like to talk about it more, you can call me anytime. Good luck.

Answer

Problem: Will be holding a charity clothing and toy drive. Doesn't know where to start to organize. Moreover, doesn't have enough staff or volunteers to work with. Needs your guidance.

문제점: 의류 및 장난감 자선 바자회를 개최할 계획인데, 어디서부터 무엇을 어떻게 시작해야 할지 모르겠습니다. 더군다나 이 일을 함께할 직원이나 자원봉사자들이 충분하지도 않습니다. 조언 부탁합니다.

시작 인사

🎧 P5_ST 04_Answer

> Hello, Ms. Kim. This is __________________

문제점 요약하기

> I got your message saying that **you will be holding a charity clothing and toy drive. But you don't know where to start to organize. Moreover, you don't have enough staff or volunteers to work with. So you need my guidance.**
>
> 의류 및 장난감 자선 바자회를 개최할 계획인데, 어디서부터 무엇을 어떻게 시작해야 할지 모르겠다는 메시지를 들었습니다. 더군다나 일을 함께할 직원이나 자원봉사자들이 충분하지도 않고 그래서 저의 조언이 필요하시다고요.

해결책 설명하기

> I think that I can help you on this matter. **First check your email. I sent you an email with some information that you need to organize the event. It has some procedures to follow. Also, I sent you some contact numbers and names. I am sure they are willing to work as volunteers.**
>
> 제가 이 문제에 대해 도와드릴 수 있을 것 같습니다. 일단 이메일을 확인해보세요. 제가 그 행사를 진행하는 데 필요한 정보를 담은 이메일을 보냈습니다. 그 이메일에는 따라야 할 절차도 포함하고 있습니다. 또한, 몇몇 사람의 연락처와 이름도 보냈습니다. 그분들은 기꺼이 자원봉사자로 일해줄 거예요.

끝 인사

> If you would like to talk about it more, you can call me anytime. Good luck.
>
> 이 문제에 대해 좀 더 얘기하고 싶다면, 언제든 전화해 주셔도 됩니다. 일이 잘 되길 빌게요.

어휘 **charity** [tʃǽrəti] 자선 행사　**toy drive** 가난한 아이들에게 크리스마스 선물을 모아주는 자선행사　**organize** [ɔ́:rgənàiz] 준비하다, 조직하다　**volunteer** [vὰləntíər] 자원봉사자; 자원봉사 하다　**guidance** [gáidəns] 지도, 안내　**procedure** [prəsí:dʒər] 절차, 진행　**be willing to** 기꺼이 ～하다

Chapter Ⅱ
실전편

TOEIC Speaking Part 5,
실전문제를 혹독하게 훈련한다.

계산착오 (Miscalculation) | 개수 부족 (Shortage of Number) | 서비스 불만 (Complaint about Poor Service) | 물품 파손 (Damaged Goods) | 주문 오류 (Mistakes in Receiving an Order) | 일정 연기 (Changing a Schedule) | 약속 취소 (Canceling an Appointment) | 안내 요청 (Request for Guidance) | 기계 고장 (Complaint about Facility) | 도움 요청 (Asking for Help) | 지연 통보 (Notification of Delays) | 환불 요구 (Asking for a Refund) | 교환 요청 (Asking for an Exchange) | 주문 독촉 (Meeting Deadlines) | 예약 문의 (Inquiry about Reservations)

파트5에서 출제되는 상황은 주로 비즈니스의 경우가 대부분이다. 배송문제가 발생하고 비용문제를 상의하거나 요청사항을 주고받는 등의 장면들인데, 이런 업무 처리를 순탄하게 해내는 것도 비즈니스 능력이다. 시험을 위한 준비는 물론 실무 능력 배양에도 분명 도움이 되는 파트이므로 실전 문제를 많이 익히면 익힐수록 여러모로 쓸모가 있을 것이다.

이 Chapter에서는 토익 스피킹 파트5에 자주 출제되는 주제 15개에 해당하는 문답 포맷을 각각 2개씩 총 30개 템플릿을 익힐 것이다. 이 30개 문제와 답안을 나의 것으로 만들고 그 답안 안에 숨어 있는 유용한 패턴과 어휘들에 대한 훈련에 훈련을 거듭한다면 당연히 파트5에서 원하는 점수를 얻을 수 있을 것이다. Are you READY?

Topic 1

계산착오
Miscalculation

Q1.

TOEIC Speaking

Question 10 of 11

Directions: In this part of the test, you will be presented with a problem and asked to propose a solution. You will have 30 seconds to prepare. Then you will have 60 seconds to speak.

In your response, be sure to

• show that you recognize the problem, and

• propose a way of dealing with the problem.

Now listen to the voice message.

RESPONSE TIME
0:00:60

Q2.

TOEIC Speaking

Question 10 of 11

Directions: In this part of the test, you will be presented with a problem and asked to propose a solution. You will have 30 seconds to prepare. Then you will have 60 seconds to speak.

In your response, be sure to

• show that you recognize the problem, and

• propose a way of dealing with the problem.

Now listen to the voice message.

RESPONSE TIME

0:00:60

Answer

Q1.

Hello. This is Thomas Wonders, Manager of the Material Control department from Global Fashion Company. I bought thirty computer monitors last week and I found a wrong number on the bill I had received the other day when I was going to pay for the units yesterday. The unit price of the monitor is 100 US dollars, so the total amount I should pay is $3,000. However, the bill from you totals $3,500. I do not think I misunderstood anything. I would like you to explain how you reached the amount. And, if this is a mistake, please make efforts not to repeat it. I will be waiting for your call and hold the payment for a while.

해석 안녕하십니까? 저는 글로벌 패션 사(社)의 직물통제부서 매니저 토마스 원더스라고 합니다. 제가 지난주에 컴퓨터 모니터 30개를 구입했고 어제 그 물품에 대한 결제를 하려고 했을 때 며칠 전에 받은 계산서에 잘못된 숫자가 적혀 있음을 알았습니다. 모니터의 개당 가격은 미화 100달러이고 따라서 제가 지불해야 하는 금액은 총 3,000달러입니다. 하지만 귀사로부터 받은 계산서에는 합이 3,500달러라고 되어 있습니다. 저는 제가 잘못 이해한 것이 없다고 생각합니다. 귀사가 어떻게 이 금액을 산출했는지 저에게 설명해주길 바랍니다. 그리고 만일 이것이 실수라면 이런 일이 반복되지 않도록 노력해주십시오. 귀사로부터의 전화를 기다리며 한동안 지불을 보류하도록 하겠습니다.

Possible answer

P5_AS 01-1

Hello, Mr. Wonders. **1This is Jeffrey Spencer from Tech computer.** I got your message saying that **2you have a problem with your order.** After I checked your invoice, the total amount should be $3,000, not $3,500. **3I am really sorry for the problem we've caused you. 4To solve this problem,** I'm going to reissue your invoice. I'm going to email you within 24 hours. Once again we are very sorry for the inconvenience. If you have any questions or concerns, please call us back.

해석 안녕하십니까. 원더스 씨. 저는 테크 컴퓨터의 제프리 스펜서입니다. 고객님의 주문에 문제가 있다는 메시지를 받았습니다. 청구서를 확인해보니 총 금액이 3,500달러가 아니라 3,000달러가 되어야 합니다. 문제를 일으켜 정말 죄송합니다. 이 문제를 해결하기 위해 고객님의 청구서를 재발행할 예정입니다. 24시간 안에 이메일을 보내드리도록 하겠습니다. 다시 한 번, 불편을 드린 데 대해 깊이 사과 드립니다. 질문이나 문의 사항이 있으시면 다시 전화 주세요.

어휘_p.190 참조

My Answer

Q2.

Hello. This is Cindy Smith who is in charge of the accounting department at Universal IT Company. 3 days ago, we had service from your company because our copy machine was out of control. When I was going to pay for it, I found an unexpected number on the bill. I thought the total service cost is $150, not $300 like what a repair guy said. He just took about an hour for repairing and there was nothing special to replace. However, the bill states that he put in a new cartridge at that time. I am 100% sure that he did not put in a new cartridge. Would you check our bill again? I will be waiting for your response.

해석 안녕하세요. 저는 유니버설 IT사(社)에서 회계 부서를 담당하고 있는 신디 스미스입니다. 3일 전 저희는 복사기 고장 때문에 귀사로부터 서비스를 받았습니다. 제가 그것에 대한 비용을 지불하려 했을 때 계산서에서 예상치 못한 금액을 발견하였습니다. 저는 총 서비스 금액이 수리 기사가 말한 대로 300달러가 아닌 150달러라고 생각했습니다. 그는 수리하는 데 약 1시간 정도밖에 걸리지 않았으며 특별히 교체할만한 게 없었습니다. 그러나 그 청구서에는 그가 그때 새 카트리지를 설치했다고 되어 있습니다. 저는 그가 새로운 카트리지를 설치하지 않았다고 100% 확신합니다. 계산서를 다시 한 번 확인해 주시겠습니까? 귀사의 답변을 기다리겠습니다.

Possible answer

P5_AS 01-2

Hello, Ms. Smith. This is Baron from Quick Repair Service. I just got your message saying that you have an inappropriate bill. After checking, we found that there was some confusion. As you said, the total cost is $150, not $300. From the bottom of my heart I am so sorry for what we did. I am going to send you a new one and a 50% discount coupon for the next time right away. I'd appreciate it if you can accept our apology. If you have any problem, please contact me anytime.

해석 안녕하세요. 스미스 씨. 저는 퀵 리페어 서비스의 바론입니다. 저는 방금 고객님이 잘못된 계산서를 받았다는 메시지를 받았습니다. 확인해 본 결과 약간의 혼동이 있었던 것 같습니다. 고객님의 말씀대로 총 금액은 300달러가 아닌 150달러입니다. 저희가 한 실수에 대해 진심으로 사과 드립니다. 새로운 계산서와 다음번에 이용하실 수 있는 50% 할인 쿠폰을 곧바로 보내드리겠습니다. 저희의 사과를 받아주시면 감사하겠습니다. 어떠한 것이든 문제가 있으면 저에게 언제든지 연락해 주세요.

어휘_p.190–191 참조

My Answer

Topic 2

개수 부족
Shortage of Number

Q1.

P5_AQ 02-1

Q2.

P5_AQ 02-2

TOEIC Speaking

Question 10 of 11

Directions: In this part of the test, you will be presented with a problem and asked to propose a solution. You will have 30 seconds to prepare. Then you will have 60 seconds to speak.

In your response, be sure to

• show that you recognize the problem, and

• propose a way of dealing with the problem.

Now listen to the voice message.

RESPONSE TIME
0:00:60

Q1.

  Hello. My name is Angelo, a customer who orders food from you often. I have a family gathering tonight so I ordered seven large-size premium pizzas and fifteen Buffalo wings. I didn't check how many arrived when they were delivered, but the number of pizzas I have is only five. What is worse, two out of the five look like regular size. We have a big party that has more than ten people here. I don't think the pizzas I have here are enough to feed them. I don't know what to do. Please call me back and let me know how you can help us.

해석 안녕하세요. 제 이름은 안젤로이고 그곳에서 종종 음식을 주문하는 한 고객입니다. 저는 오늘 밤 가족모임이 있어서 라지 사이즈 프리미엄 피자 일곱 판과 버팔로 윙 15개를 주문했습니다. 음식이 배달되었을 때 몇 개가 왔는지 확인하지 않았지만 저에게 있는 피자 개수는 다섯 판뿐입니다. 게다가 다섯 개 중 두 개는 레귤러 사이즈로 보입니다. 이곳에 10명 이상 모이는 큰 파티가 열립니다. 여기에 있는 피자로는 그 사람들이 배불리 먹기에 충분치 않다고 생각합니다. 무엇을 해야 할지 모르겠군요. 저에게 답신 전화를 주셔서 저희를 어떻게 도울 수 있는지 알려주십시오.

Possible answer

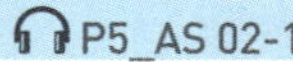

  Hello Angelo, this is Jessica from Surge Pizza. [5]I got your message saying that you had a problem with the food you had ordered. I checked your receipt, and I found there was no problem with our delivery service. [6]I'd checked it twice before we left for your house and you obviously ordered three large pizzas and two regular pizzas. I'm afraid [7]you misunderstood what you ordered. However, we can deliver two more large-size premium pizzas within 30 minutes, because [8]you are one of our valuable customers. Please call me back and let me know if you like our offer.

해석 안녕하십니까? 안젤로 씨. 저는 서지 피자의 제시카입니다. 고객님께서 주문하신 음식에 문제가 있다는 메시지를 받았습니다. 고객님의 영수증을 확인했더니 저희의 배달 서비스에는 아무런 문제가 없었습니다. 고객님 댁으로 출발하기 전 저는 그것을 두 번이나 확인했고 고객님께서는 분명히 라지 피자 세 판과 레귤러 피자 두 판을 주문하셨습니다. 고객님께서 주문하신 사항을 착각하신 것 같아 유감입니다. 그러나 고객님은 저희의 소중한 고객 중 한 분이시기에 30분 이내에 라지 사이즈 프리미엄 피자 두 판을 더 배달해 드릴 수 있습니다. 저에게 답신 전화를 주셔서 저희의 제안이 마음에 드시는지 알려주세요.

📄 어휘_p.191 참조

My Answer

Q2.

Hello. This is Adam who called you about a month ago. I ordered a big desk and three blue chairs for new **interns**. When I went on a business trip they were delivered so now is the first time I have seen them. However, you sent me two desks. What is worse, the number of chairs we have is only two. We don't have enough space for 2 big desks. One of the interns has to stand while she is working. **Furthermore**, I have to report my order to the accounting department in a week. Please let me know how we can solve this problem.

해석 안녕하십니까? 약 한 달 전에 전화했던 애덤입니다. 저는 새 교육 실습생들이 사용할 큰 책상 하나와 파란색 의자 세 개를 주문했습니다. 제가 출장을 간 사이 그 상품들이 배달되었고 그래서 지금 그것들을 처음 보게 되었습니다. 그러나 그쪽에서 책상 두 개를 보내셨더군요. 게다가 저희가 받은 의자 개수는 두 개뿐이고요. 저희에게는 큰 책상 두 개를 놓을 공간이 없습니다. 교육 실습생 중 한 명은 서서 일해야 하고요. 더욱이 저는 일주일 후 회계 부서에 주문 내역을 보고해야 합니다. 이 문제를 해결할 방법을 알려주세요.

● Possible answer

🎧 P5_AS 02-2

Hello Adam, this is Bianca from Local Furniture Company. I received your message that you have a problem about our products. I checked the whole **process** many times but I don't know what caused this problem. I think it is not our **fault** because your order list which we have includes 2 big desks and 2 chairs. **In addition**, we called your office to **confirm** before we left. I guess someone who works in your office misunderstood what you ordered. However, we can deliver one more chair without an **extra cost**, because you've been a **loyal customer**. Contact me anytime and tell me what you think.

해석 안녕하십니까? 애덤 씨. 로컬 퍼니처 사(社)의 비앙카입니다. 저희 제품에 문제가 있다는 귀하의 메시지를 받았습니다. 제가 전체 과정을 여러 번 확인했지만 무엇 때문에 이 문제가 발생했는지 모르겠습니다. 저희가 가지고 있는 고객님의 주문목록에는 큰 책상 두 개와 의자 두 개가 명기되어 있기에 저희의 잘못은 아닌 것 같습니다. 게다가 출발 전 고객님의 사무실로 확인 차 전화를 드렸고요. 제 추측으로는 고객님의 사무실에서 근무하시는 누군가가 주문 내용을 혼동한 것 같습니다. 그러나 고객님은 저희의 단골고객이시므로 추가비용 없이 의자 한 개를 더 보내드릴 수 있습니다. 언제든 연락 주셔서 고객님의 생각은 어떠신지 말해주세요.

📄 어휘_p.191 참조

My Answer

Topic 3

서비스 불만
Complaint about Poor Service

Q1.

Q2.

P5_AQ 03-2

TOEIC Speaking

Question 10 of 11

Directions: In this part of the test, you will be presented with a problem and asked to propose a solution. You will have 30 seconds to prepare. Then you will have 60 seconds to speak.

In your response, be sure to

• show that you recognize the problem, and

• propose a way of dealing with the problem.

Now listen to the voice message.

RESPONSE TIME
0:00:60

Answer

Q1.

Hello. This is Mike Peterson and my address is 2356 Hillside Avenue, Eastbrook. I hope you remember my name. I called your service center five or more times about my air conditioner. I had to wait for your engineer for two days in this hot weather, and he finally could come today while I was out. When I got back home, I found my air conditioner still not working. Listen! I am very angry this time and do not understand how you provide this kind of service to a customer. You should give me a solution for my inconvenience I have had here as soon as possible.

해석 안녕하세요. 저는 마이크 피터슨이고, 제 주소는 이스트브룩 타운 힐사이드 길 2356번지입니다. 당신이 제 이름을 기억하길 바랍니다. 저는 에어컨 때문에 귀사의 서비스 센터에 5번도 더 전화했습니다. 이 더운 날씨에 수리기사를 이틀 동안 기다려야 했고 기사님이 마침내 오늘 오실 수 있었지만 제가 밖에 나가 있었습니다. 제가 집에 도착했을 때 에어컨이 아직도 작동하지 않고 있음을 발견했습니다. 들어보세요! 저는 이번만은 매우 화가 나고 어떻게 이런 종류의 서비스를 고객에게 제공하는지 이해가 가지 않는군요. 가능한 한 빨리 제가 이곳에서 겪은 불편에 대해 해결책을 제시해야 할 것입니다.

Possible answer

P5_AS 03-1

Hello, Mr. Peterson. This is Rachel from the customer service center of Winston Air Conditioner. [9]**First of all,** I'm deeply sorry for the inconvenience with our service. Because it is August now, all [10]**our engineers are too busy to meet the demand** from all customers [11]**regarding air conditioners.** However, I told someone to deal with it [12]**as soon as possible.** So, one of our employees will contact you within 24 hours. Once again, I apologize for the inconvenience. If you have any questions or concerns, please call me back.

해석 안녕하세요. 피터슨 씨. 윈스톤 에어컨 고객 서비스 센터의 레이첼입니다. 우선 저희 서비스 이용에 불편을 드려 깊이 사과 드립니다. 지금이 8월이어서 저희의 모든 수리기사들이 너무나 바빠 모든 고객님들의 에어컨 관련 요구를 충족시켜 드리지 못하고 있습니다. 그러나 이것을 최대한 빨리 해결해 달라고 말해두었습니다. 따라서 저희 직원 중 한 명이 24시간 이내에 고객님께 연락을 드릴 것입니다. 불편을 끼쳐드린 점 다시 한 번 사과 드립니다. 궁금한 점이나 문의 사항이 있다면 다시 전화해 주시기 바랍니다.

어휘_p.191 참조

My Answer

Q2.

Hello. This is Emma who visited you right before. Maybe you remember my name because I called you many times. As we both know, you returned my smart phone after repairing it today. However, when I got back my home it didn't work again. Because I forgot to bring my glasses, I couldn't check my phone at that time. Now I have found some **scratches** on my phone and it has started to make a **weird** noise. I am very **disappointed** now and I don't want to use your service again. I am **wondering** if your company knows that its repair center provides terrible service to customers.

해석 안녕하십니까? 방금 방문했던 엠마입니다. 아마도 제가 전화를 많이 드려 제 이름을 기억하실지도 모르겠습니다. 우리 두 사람 모두 알고 있듯이, 저는 오늘 수리가 끝난 후 제 스마트폰을 돌려받았습니다. 그러나 집으로 돌아오니 이것이 또 작동하지 않았습니다. 제가 안경을 가져가는 걸 잊어서 그때는 제 전화기를 체크할 수 없었고요. 지금 저는 제 전화기 위에 긁힌 흔적을 몇 군데 발견했고 전화기는 이상한 소리를 내기 시작했습니다. 저는 지금 매우 실망스럽고 귀사의 서비스를 다시는 이용하고 싶지 않습니다. 귀사에서도 귀사의 수리센터가 고객들에게 엉망진창인 서비스를 제공하고 있다는 걸 아는지 궁금하네요.

Possible answer

🎧 P5_AS 03-2

Hello, Emma. This is Sarah from the customer service center. First of all, I'm deeply sorry for the inconvenience with our service. I talked to the person who is in charge of that center and he told me that some of the employees are new. So these kinds of problems **occurred**. They will train their employees again so these matters will never happen again and if you can visit our main office at Young St., you can **exchange** your phone with a new one. I hope you **are satisfied with** the solution and **continue** your business with us. If you have any other concerns or problems, don't **hesitate to** call us back.

해석 안녕하세요, 엠마 씨. 저는 고객 서비스 센터의 새라입니다. 먼저 저희 서비스를 이용하시는 데 불편을 드려 대단히 죄송합니다. 그 서비스 센터를 담당하고 있는 분께 이야기했더니 몇몇 직원들이 새로 입사했다고 합니다. 그래서 이런 문제가 발생한 것 같습니다. 직원들을 다시 교육시켜 이런 문제가 다시는 발생하지 않을 것이며 고객님이 영스트리트에 있는 저희 본사를 방문해주신다면 고객님의 전화기를 새 전화기로 교체하실 수 있습니다. 해결책이 마음에 드셨으면 좋겠고 저희 서비스를 계속 이용해 주셨으면 합니다. 다른 문의사항이나 문제가 있다면 주저하지 마시고 언제든 전화 주세요.

📄 어휘_p.191 참조

My Answer

Topic 4

물품 파손
Damaged Goods

Q1.

TOEIC Speaking

Question 10 of 11

Directions: In this part of the test, you will be presented with a problem and asked to propose a solution. You will have 30 seconds to prepare. Then you will have 60 seconds to speak.

In your response, be sure to

• show that you recognize the problem, and

• propose a way of dealing with the problem.

Now listen to the voice message.

RESPONSE TIME
0:00:60

Q2.

TOEIC Speaking

Question 10 of 11

Directions: In this part of the test, you will be presented with a problem and asked to propose a solution. You will have 30 seconds to prepare. Then you will have 60 seconds to speak.

In your response, be sure to

• show that you recognize the problem, and

• propose a way of dealing with the problem.

Now listen to the voice message.

RESPONSE TIME
0:00:60

Q1.

Good morning. This is James Brown who runs the Brown Wholesale in Seattle. I always appreciate your support for good business relationships. Thanks to you, we have achieved a good record lately. Thank you again. By the way, the reason I am calling you is that the quantity we received earlier today includes twelve broken bulbs. I thought I should report it to you because this is more than usual. It seems to have resulted from inappropriate packing. Please let me ask you to provide bulbs at your earliest convenience. Thank you.

해석 좋은 아침입니다. 저는 시애틀에서 브라운 도매점을 운영하고 있는 제임스 브라운이라고 합니다. 저는 항상 좋은 거래 관계를 유지하는 귀사의 지원에 감사하고 있습니다. 귀사 덕분에 저희는 최근 좋은 성과를 냈습니다. 다시 한 번 감사 드립니다. 그런데 제가 전화 드린 이유는 저희가 오늘 아침에 받은 수량에 깨진 전구가 12개 포함되어 있기 때문입니다. 저는 이것이 평소보다 많은 수량이기에 귀사에 알려야 한다고 생각했습니다. 이것은 부주의한 포장으로 인해 생긴 결과로 보입니다. 가급적 빨리 전구를 공급해주시길 요청합니다. 감사합니다.

Possible answer

🎧 P5_AS 04-1

Hello, Mr. Brown. This is Kate Miller from Washington Home Depot. I got your message saying that you have a problem with **[13]the product you received.** I am really sorry for the problem we've caused you. After I checked the problem, **[14]we will send you another twelve bulbs** with appropriate packing for fragile items. Once again **[15]we are very sorry for the problem. [16]If you have any questions** or concerns, please call us back.

해석 안녕하세요, 브라운 씨. 저는 워싱턴 홈 디폿의 케이트 밀러입니다. 고객님께서 받으신 제품에 문제가 있다는 메시지를 받았습니다. 저희가 초래한 문제에 대해 정말 사과 드립니다. 문제를 확인한 후, 파손 위험이 있는 상품에 대해 적절한 포장을 하여 전구 12개를 추가로 보내드리겠습니다. 다시 한 번 그 문제에 대해 정말 사과 드립니다. 질문이나 문제가 있으면 다시 전화 주세요.

📄 어휘_p.191 참조

My Answer

Q2.

Hello. I am Jena Keller. I received ten history books of which the order number is DS#4572. But there are some problems. When I opened the package, my mother and I were disappointed by the quality. Two books were stained and one was torn. I have ordered from you many times before, but I have never received any wrong or damaged items before. Although this can happen sometimes, I am upset because these are birthday gifts for my mom. I want you to exchange them for good ones by 5 p.m. today. Please call me immediately.

해석 안녕하세요. 저는 제나 켈러입니다. 저는 주문번호가 DS#4572인 역사책 10권을 받았습니다. 그런데 문제가 좀 있습니다. 제가 소포를 열었을 때 어머니와 저는 그 품질에 실망했습니다. 책 두 권은 얼룩져 있었고 한 권은 찢겨 있었습니다. 저는 이전에도 몇 번 귀사에 주문했지만 이전에는 잘못되거나 파손된 물건을 받은 적이 없습니다. 때때로 이런 일이 일어날 수는 있지만 이것이 어머니께 드릴 생신선물이라 기분이 상했습니다. 오늘 오후 5시까지 좋은 상품으로 교환해주시면 좋겠습니다. 즉시 전화해 주세요.

Possible answer

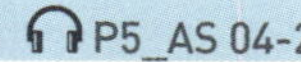

Hello, Ms. Keller. This is Michael from the customer service of Amazon.com. I got your message saying that you have a problem with your books you ordered. I'm sorry for the inconvenience. However, [17]**when the books were sent out** from our storage, they were perfectly fine. I think [18]**this problem should be dealt with by the shipping company,** Fedex Express. [19]**I'd like you to contact** 080-123-4567 for this situation. If they confirm this issue, we can exchange your items [20]**based on our regulation** as soon as possible. If you have any questions or concerns, please call us back.

해석 안녕하세요, 켈러 씨. 저는 아마존닷컴 고객 서비스 센터의 마이클입니다. 고객님께서 주문하신 책에 문제가 있다는 메시지를 받았습니다. 불편을 끼쳐드려 죄송합니다. 하지만 그 책들이 저희 창고에서 출고되었을 때, 그 책들은 정말 괜찮았습니다. 제 생각에 이 문제는 배송업체인 페덱스 익스프레스와 해결해야 할 것 같습니다. 이 상황에 대해 080-123-4567로 연락해보시는 게 좋을 것 같습니다. 만약 그곳에서 이 문제를 확인해준다면 저희 규정에 준하여 최대한 빨리 고객님의 물건을 교환해드릴 수 있습니다. 질문이나 문제가 있으면 다시 전화 주세요.

📄 어휘_p.191-192 참조

My Answer

Topic 5

주문 오류

Mistakes in Receiving an Order

Q1.

TOEIC Speaking   Question 10 of 11

Directions: In this part of the test, you will be presented with a problem and asked to propose a solution. You will have 30 seconds to prepare. Then you will have 60 seconds to speak.

In your response, be sure to

• show that you recognize the problem, and

• propose a way of dealing with the problem.

Now listen to the voice message.

RESPONSE TIME
0:00:60

Q2.

TOEIC Speaking

Question 10 of 11

Directions: In this part of the test, you will be presented with a problem and asked to propose a solution. You will have 30 seconds to prepare. Then you will have 60 seconds to speak.

In your response, be sure to

• show that you recognize the problem, and

• propose a way of dealing with the problem.

Now listen to the voice message.

RESPONSE TIME
0:00:60

Answer

Q1.

Hello. I am Olivia Simpson. I received two lovely cakes from your bakery today. They are the best birthday cakes I have ever seen. I am convinced that nobody can take the place of you. However, there is an ingredient problem. My son is allergic to peanuts, so when I ordered cakes I emphasized that twice because it is associated with my family's health. You had to place importance on it, but I found some peanuts on the cakes. I want to exchange them. I don't know what happened on your side, but I don't think that you were careful enough since I found some peanuts on the cakes.

해석 안녕하세요. 저는 올리비아 심슨입니다. 저는 오늘 귀하의 제과점에서 사랑스러운 케이크 두 개를 받았습니다. 제가 지금까지 본 케이크 중 최고입니다. 아무도 귀하의 제과점을 대신할 수 없을 거라 확신합니다. 그러나 재료 문제가 있더군요. 제 아들이 땅콩 알레르기가 있어서 케이크를 주문할 때 그것에 대해 두 번이나 강조했습니다. 저희 가족의 건강과 관련되기 때문입니다. 귀하는 이 점을 중요시했어야 했지만 케이크에서 땅콩 몇 개를 발견했습니다. 저는 케이크들을 교환하고 싶습니다. 귀하 측에서 어떤 일이 일어났는지 잘 모르겠지만, 케이크 위의 땅콩들이 올라 있는 것을 보니 귀하가 그렇게 주의 깊었다고 생각되지는 않습니다.

● Possible answer

🎧 P5_AS 05-1

Hello, Ms. Simpson. This is Chloe from Lemon Tree Bakery. I just received your message which includes your complaint. First, I am so sorry for what we did. Recently, we are shorthanded due to many demands. I guess you received another client's cakes because of our confusion. Once again, I am truly sorry for that. I'd appreciate it if you can understand our current situation. I am sorry I have caused you in trouble so I want to give you a free cake every month for a year. If you want to accept my offer, call our bakery anytime.

해석 안녕하세요. 심슨 씨. 저는 레몬 트리 제과점의 클로이입니다. 저는 고객님의 불만사항이 포함된 메시지를 막 받았습니다. 우선 저희가 한 바에 대해 진심으로 사과 드립니다. 최근 저희는 주문이 많아 인력이 부족합니다. 제 추측으로 저희의 혼동 때문에 고객님께서 다른 고객님의 케이크를 받으신 것 같습니다. 다시 한 번 그 점에 대해 진심으로 사과 드립니다. 고객님께서 저희 현 상황을 이해해 주신다면 감사하겠습니다. 고객님을 난처하게 해드려 죄송하며 앞으로 1년간 매달 고객님께 무료 케이크를 보내 드리고 싶습니다. 저희 제안을 받아들이고 싶으시면 언제든 저희 제과점으로 전화 주세요.

📄 어휘_p.192 참조

My Answer

Q2.

   Good afternoon. This is Jacob who runs Clothing Company in Dongdaemun. I am pleased to buy good quality mugs from your shop. It is always a good idea to work with you. All my co-workers are satisfied with your items. However, there were some problems on the cups. We ordered 20 mugs printed with our logo but three of them don't have our logo. We didn't realize when we received them. I can understand it can happen occasionally. So please let me know when you can exchange them.

해석 안녕하세요. 동대문에서 의류업체를 운영하고 있는 제이콥입니다. 귀하의 상점에서 좋은 품질의 머그잔을 구매하게 되어 기쁩니다. 귀하와의 거래는 언제나 만족스럽습니다. 모든 동료들이 귀하의 제품에 만족합니다. 하지만 컵에 몇 가지 문제가 있었습니다. 저희는 우리 회사의 로고가 새겨진 머그잔 20개를 주문했지만 그 중 3개에는 로고가 없더군요. 제품들을 받았을 때는 그 사실을 발견하지 못했습니다. 저는 때때로 이런 일이 일어날 수 있음을 이해합니다. 그러므로 언제 이 제품들을 교환해주실 수 있는지 알려주세요.

 **Possible answer**   P5_AS 05-2

   Hello, Jacob. This is Emily from Emily's gift shop. I just checked your voice mail saying that you have a problem with our mugs. We always make an effort to give you good quality items. We are so sorry for the problem we've caused you. We promise that we won't let you down again. I will drop by your office with new mugs by 2:30 p.m. today. So please let me know where your office is. Lastly, I apologize for making a mistake again. If you need anything from our shop, call me.

해석 안녕하세요. 제이콥 씨. 저는 에밀리스 기프트 샵을 운영하는 에밀리입니다. 저희 머그잔에 문제가 있다는 음성 메일을 방금 확인했습니다. 저희는 고객님께 좋은 품질의 제품을 제공하고자 언제나 노력하고 있습니다. 저희가 일으킨 문제에 대해 진심으로 사과 드립니다. 다시는 고객님을 실망시켜 드리지 않을 것을 약속합니다. 새 머그잔을 가지고 오늘 오후 2시 30분까지 고객님의 사무실에 방문하겠습니다. 그러므로 고객님의 사무실 위치를 알려주세요. 마지막으로 저희가 실수한 점에 대해 다시 한 번 사과 드립니다. 저희 가게에서 필요한 것이 있으시면 전화 주세요.

어휘_p.192 참조

My Answer

Topic 6

일정 연기
Changing a Schedule

Q1.

TOEIC Speaking

Question 10 of 11

Directions: In this part of the test, you will be presented with a problem and asked to propose a solution. You will have 30 seconds to prepare. Then you will have 60 seconds to speak.

In your response, be sure to

• show that you recognize the problem, and

• propose a way of dealing with the problem.

Now listen to the voice message.

RESPONSE TIME
0:00:60

Q2.

Directions: In this part of the test, you will be presented with a problem and asked to propose a solution. You will have 30 seconds to prepare. Then you will have 60 seconds to speak.

In your response, be sure to

• show that you recognize the problem, and

• propose a way of dealing with the problem.

Now listen to the voice message.

RESPONSE TIME
0:00:60

Q1.

Hello. This is Julia Diamonds. It has been a while since we met last time. As you may know, I have been invited by your company for the Mobile Fair and I am scheduled to arrive the day after tomorrow, on the first day of the Fair. However, I hate to tell you this but I have to postpone the arrival date to the third day. My son is sick in bed and I have to stay with him for a while. I hope this will not cause any major change on the schedule and make any of you upset. Please change my hotel room reservation under my name. Once again, I apologize for the change.

해석 안녕하세요. 저는 줄리아 다이아몬즈입니다. 마지막으로 만나 뵌 지 꽤 오랜 시간이 지났네요. 아시다시피, 저는 귀사로부터 모바일 박람회에 초청받았고 행사 첫날인 내일 모레 도착하도록 예정되어 있습니다. 하지만, 저도 이런 말을 하고 싶지 않지만 도착 날짜를 세 번째 날로 연기해야 될 것 같습니다. 제 아들이 아파서 제가 한동안 옆에 있어줘야 합니다. 이것 때문에 일정에 큰 변화가 생기지 않길 바라며 귀사의 어느 누구도 맘이 상하지 않았으면 합니다. 제 이름으로 된 호텔 객실 예약을 변경해 주시길 바랍니다. 다시 한 번 변경 사항에 대해 사과 드립니다.

Possible answer

Hello, Ms. Diamonds. This is Ruby Kent from Verizon telecom. I got your message saying that [21]**you need to change your schedule** for the Mobile Fair. Firstly, [22]**I'm sorry to hear that your son is sick in bed.** After I checked the problem, [23]**I found that I could take care of your situation.** [24]**I'm able to change your hotel reservation** to the third day of the event. I hope we can meet at the upcoming fair. If you have any further questions, please don't hesitate to call me anytime.

해석 안녕하세요. 다이아몬즈 씨. 저는 버라이즌 텔레콤의 루비 켄트입니다. 저는 모바일 박람회 일정을 변경해야 한다는 귀하의 메시지를 받았습니다. 우선, 아드님이 아프다니 유감입니다. 그 문제를 확인해 본 결과 제가 귀하의 상황을 해결할 수 있는 방법을 찾았습니다. 귀하의 호텔 예약을 행사 세 번째 날로 변경할 수 있습니다. 다가오는 박람회에서 우리가 만날 수 있으면 좋겠습니다. 더 많은 질문 사항이 있으면 주저하지 마시고 언제든 연락주세요.

📄 어휘_p.192 참조

My Answer

Q2.

Hello. This is Sunmi Kim. When I got your call, I was so excited. Because I will meet you in person. Oh, my gosh! How can it happen? I have been crazy about you, especially your songs, for 2 decades. However, I am afraid to say I have to postpone the date. I am living in Jeju Island now so I have to take an airplane for the special date. However, it seems like I can't get there on time because of bad weather. I wish I could. I tried to find a way to go to Seoul but it was for nothing. So please let me meet you a week later. I'd appreciate it if you can understand me. I will wait for your response until 11:30 p.m.

해석 안녕하세요. 저는 김선미입니다. 당신의 전화를 받았을 때 저는 정말 흥분했어요. 제가 당신을 실제로 만나다니요. 오, 맙소사! 어떻게 이런 일이 일어날 수 있죠? 저는 20년 동안 당신에게, 특히 당신의 노래에 푹 빠져있어요. 그러나 말씀 드리기 유감스럽지만 만날 날짜를 연기해야 합니다. 저는 현재 제주도에 살아서 그 특별한 날을 위해서는 비행기를 타야 합니다. 하지만 날씨가 좋지 않아 제가 그곳에 제때 도착할 수 없을 것 같아요. 저도 그럴 수 있으면 좋겠습니다. 서울로 가는 방법을 찾으려 노력했지만 헛수고였습니다. 사정이 이러니 일주일 후에 당신을 만나게 해주세요. 저를 이해해주시면 감사하겠습니다 밤 11시 30분까지 답변 기다리겠습니다.

Possible answer

Hello, Miss. Kim. This is Andrew Taylor. I got your message saying that you need to change your schedule. Firstly, I can't meet you a week later because I have an important interview the day after. I have to finish preparation perfectly. I cannot find time for the date at that time. How about 2 weeks later? If you don't mind I will go to Jeju. I used to live there when I was younger. I really want to visit there again. Everything depends on your decision. Please let me know what you choose. Thank you.

해석 안녕하세요. 선미 씨. 저는 앤드류 테일러입니다. 귀하의 일정을 조정해야 한다는 메시지를 받았습니다. 우선, 한 주 후에는 제가 다음날 중요한 인터뷰가 있어서 만나 뵐 수가 없습니다. 준비를 완벽하게 해야 하거든요. 그때는 제가 만날 시간을 낼 수 없습니다. 2주 후는 어떠세요? 괜찮으시면 제가 제주도로 갈게요. 제가 어렸을 때 그곳에 살았거든요. 정말로 그곳을 다시 한 번 방문하고 싶습니다. 모든 것이 당신의 결정에 달려있어요. 결정하시는 내용을 알려주세요. 감사합니다.

어휘_p.192 참조

My Answer

"""

약속 취소
Canceling an Appointment

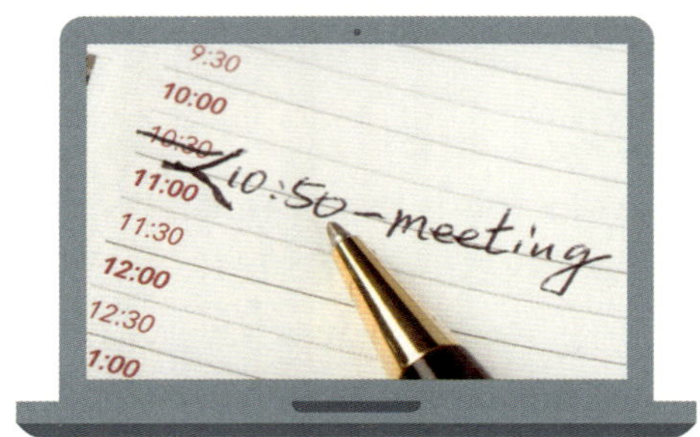

Q1.

P5_AQ 07-1

> **TOEIC Speaking**
>
> ### Question 10 of 11
>
> **Directions:** In this part of the test, you will be presented with a problem and asked to propose a solution. You will have 30 seconds to prepare. Then you will have 60 seconds to speak.
>
> In your response, be sure to
>
> • show that you recognize the problem, and
>
> • propose a way of dealing with the problem.
>
> Now listen to the voice message.
>
> | RESPONSE TIME |
> |---|
> | 0:00:60 |

Q2.

TOEIC Speaking

Question 10 of 11

Directions: In this part of the test, you will be presented with a problem and asked to propose a solution. You will have 30 seconds to prepare. Then you will have 60 seconds to speak.

In your response, be sure to

• show that you recognize the problem, and

• propose a way of dealing with the problem.

Now listen to the voice message.

RESPONSE TIME
0:00:60

Answer

Q1.

Hello. My name is Scott Robinson from Metropolitan Commerce. I am calling about the dinner I asked you about yesterday. I made a reservation for Friday, the 12th of March, but I have to cancel it because something has come up. Seven people were supposed to come to the dinner at the moment I made the reservation. Some more people told me today that they would join us, and the total number of our party seems to be over fifteen. I remember you have told me that the maximum number you could have was ten, so I thought I should cancel the reservation. If you have anything to let me know, please call me. My phone number is 908-7756-3467

해석 안녕하세요. 저는 메트로폴리탄 커머스의 스콧 로빈슨입니다. 제가 어제 문의했던 저녁식사 건 때문에 전화 드립니다. 제가 3월 12일 금요일에 예약을 해두었습니다만 일이 생겨 취소를 해야 할 것 같습니다. 제가 예약했던 그 시간에 7명이 저녁식사에 오기로 되어 있었는데요. 오늘 몇몇 분들이 더 함께 하겠다고 말해서 총 참가 인원수는 15명 이상일 것 같습니다. 저는 그쪽에서 수용할 수 있는 최대 인원이 10명이라 말했던 바가 기억나서 예약을 취소해야겠다고 생각했습니다. 저에게 알려주실 사항이 있으면 전화해주세요. 제 전화번호는 908-7756-3467입니다.

Possible answer

P5_AS 07-1

Hello, Mr. Robinson. This is Angela from Riverside restaurant. I received your voice message that your dinner reservation should be canceled. [25]**As you know,** [26]**the maximum number of customers** we can have in the private room is ten. We are sorry to hear that we cannot have you for the dinner on Friday. [27]**We are looking forward to serving you** in the future. [28]**If there is anything we can do** for you, please call us back anytime.

해석 안녕하세요. 로빈슨 씨. 저는 리버사이드 식당의 안젤라입니다. 고객님의 저녁식사 예약이 취소되어야 한다는 음성메시지를 받았습니다. 아시다시피 저희가 개인 실에 수용할 수 있는 최대 고객 수는 10명입니다. 저희가 고객님의 금요일 저녁식사를 준비해 드릴 수 없다는 점을 듣게 되어 유감입니다. 훗날 고객님을 모시기를 고대하겠습니다. 고객님을 위해 저희가 더 해드릴 수 있는 일이 있다면 언제든 다시 전화 주세요.

📄 어휘_p.192 참조

My Answer

Q2.

Hello. My name is Daniel Timberlake from Hot Issue Magazine. I made a reservation for my girlfriend's birthday party, 31st October, but I have to cancel it because something has come up. A week ago she started to cough. I thought she caught a cold. However, it is getting serious and now she is ill with pneumonia. As you expect, she can't participate in her birthday party. So I have to cancel the reservation. If you have anything to tell me, please contact me. My mobile number is 908-3345-6723.

해석 안녕하세요. 저는 핫 이슈 매거진의 다니엘 팀버레이크입니다. 10월 31일 제 여자친구의 생일 파티를 예약해두었습니다만 갑작스러운 일이 생겨 취소해야 합니다. 1주일 전에 제 여자친구가 기침을 하기 시작했어요. 저는 그녀가 감기에 걸린 거로 생각했습니다. 하지만 점점 심각해져서 현재 그녀는 폐렴에 걸려 아픕니다. 예상하시는 바처럼 그녀는 자신의 생일파티에 참석할 수 없습니다. 그래서 예약을 취소해야 겠습니다. 저에게 얘기할 게 있으시다면 언제든 연락 주세요. 제 휴대 전화번호는 908-3345-6723입니다.

🔴 Possible answer

🎧 P5_AS 07-2

Hello, Mr. Timberlake. This is Anthony from Grandma's restaurant. I received your voice message that your dinner reservation should be canceled. First of all, I am so sorry to hear that. I hope she will be fine soon. As you know, we can't return your deposit based on our regulation. However, it was not caused because of your choice, so we want to give you back your deposit. So please let me know your account number. My e-mail address is Anthony@ Grandma's restaurant.com. I hope I can serve you and your girlfriend in the near future.

해석 안녕하세요, 팀버레이크 씨. 저는 그랜드마스 식당의 안소니입니다. 저녁식사 예약을 취소해야 한다는 고객님의 음성메시지를 받았습니다. 우선 그 소식을 듣게 되어 매우 유감입니다. 여자친구분께서 빨리 쾌차하시면 좋겠습니다. 고객님께서 아시다시피 저희의 규정상 고객님의 보증금을 돌려 드릴 수 없습니다. 하지만 이 일은 고객님이 선택하신 일이 아니므로 고객님의 보증금을 돌려 드리고 싶습니다. 그러니까 고객님의 계좌번호를 알려주시기 바랍니다. 제 이메일 주소는 Anthony@Grandma's restaurant.com입니다. 빠른 시일 내에 고객님과 고객님의 여자친구 분을 모실 수 있길 바랍니다.

📄 어휘_p.192–193 참조

My Answer

"

Topic 8

안내 요청
Request for Guidance

Q1.

TOEIC Speaking

Question 10 of 11

Directions: In this part of the test, you will be presented with a problem and asked to propose a solution. You will have 30 seconds to prepare. Then you will have 60 seconds to speak.

In your response, be sure to

• show that you recognize the problem, and

• propose a way of dealing with the problem.

Now listen to the voice message.

RESPONSE TIME
0:00:60

Q2.

TOEIC Speaking

Question 10 of 11

Directions: In this part of the test, you will be presented with a problem and asked to propose a solution. You will have 30 seconds to prepare. Then you will have 60 seconds to speak.

In your response, be sure to

• show that you recognize the problem, and

• propose a way of dealing with the problem.

Now listen to the voice message.

RESPONSE TIME
0:00:60

Answer

Q1.

Hi. This is Diana Simons from Chicago Mattress. I asked your boss, Mr. Kim, to find time to meet me, and today is the day. I am now on the way to your office, but, unfortunately, I am having difficulty finding the right directions to your location. The map that Mr. Kim emailed me says that I should make a right-turn at the second block from the Civil Center. But, what I can see is a 'dead-end' sign as soon as I made the turn. I'd appreciate it if you can let me know directions from here. I tried to call Mr. Kim several times but he didn't seem available. Please help.

해석 안녕하세요. 저는 시카고 매트리스에서 근무하고 있는 다이애나 사이먼스입니다. 귀하의 상사인 미스터 김에게 저를 만날 시간을 내주십사 부탁 드렸고 오늘이 그날입니다. 저는 지금 귀하의 사무실로 가는 중입니다만 유감스럽게도 그곳으로 가는 올바른 방향을 찾는 데 어려움을 겪고 있습니다. 미스터 김이 저에게 이메일로 보내주신 지도에서는 시민 회관에서 두 블록을 지나 우회전해야 한다고 알려주고 있습니다. 하지만 제가 방향을 틀자마자 제가 본 것은 "막다른 길" 표시입니다. 당신이 이곳에서부터 길을 알려준다면 감사하겠습니다. 제가 미스터 김에게 여러 번 전화를 했지만 그는 통화를 할 수 없는 것 같습니다. 좀 도와주세요.

Possible answer

P5_AS 08-1

Hello, Ms. Simons. This is Virginia Graham from Olive Garden Co. I just checked your message that you are lost [29]**on the way here.** [30]**It seems that you took the wrong directions** at the moment. I'm happy to help you to find our office. If [31]**you want to come** here, you should make a left-turn after one block from the Civil Center. You'll see the office on your right side. I'm sorry you had a problem to find the right direction. [32]**I hope to see you soon.** If you have further questions, please call me anytime you need. Thank you.

해석 안녕하세요, 사이먼스 씨. 저는 올리브 가든 주식회사에서 근무하고 있는 버지니아 그레이엄입니다. 당신이 이곳에 오시는 길에 길을 잃으셨다는 메시지를 방금 확인하였습니다. 당신은 현재 길을 잘못 드신 것 같습니다. 저희 사무실을 찾으시는 데 제가 도움을 드리게 되어 기쁩니다. 이곳으로 오시려면 시민 회관에서 한 블록을 지나 좌회전하셔야 합니다. 오른쪽에 사무실이 보일 겁니다. 올바른 길을 찾는 데 어려움을 겪게 되어 유감입니다. 곧 뵙기를 바라겠습니다. 더 질문이 있으시면 필요하실 때 언제든 연락해 주세요. 감사합니다.

어휘_p.193 참조

My Answer

Q2.

Hello. This is Sofia from Korea Delivery Company. I called you an hour ago to get your home address. Now, I am on the way to your home. However, there are some problems. The direction you gave me is that I should make a left-turn at the first block from ABC discount shop. I can't find the shop because I am not ==familiar with== the road. Please let me know how I can get there. You have to ==speed up==. Due to hot weather your package can go ==sour==. When you get this message, call me ==right away==.

해석 안녕하세요. 코리아 택배 회사의 소피아입니다. 저는 고객님의 집 주소를 알고자 1시간 전에 전화 드렸습니다. 지금 저는 고객님 댁으로 가는 길입니다. 그러나 문제가 좀 있습니다. 고객님이 제게 설명한 길은 ABC 할인점에서 첫 번째 블록에서 좌회전하라고 하셨는데요. 제가 이 길에 익숙지 않아서 그 상점을 찾을 수가 없네요. 제가 그곳에 가는 법을 알려주세요. 서둘러주세요. 더운 날씨 때문에 택배물품이 상할 수도 있습니다. 이 메시지를 받는 즉시 바로 전화해 주세요.

Possible answer

🎧 P5_AS 08-2

Hello, This is André and my address is 2F 5568 Sunset Street. I am sorry I kept you waiting. I had to finish my report. I'd appreciate it if you can understand my situation. ABC discount shop is next to Gang-nam subway station. I don't know where you are so I should stay here for you. If you can't find the right direction, call me. I will ==keep focusing on== my mobile. Please be ==careful==. The package ==is composed of== foods. It will ==get worse== because of the weather.

해석 안녕하세요, 저는 안드레이고 제 주소는 선셋 길 5568번지 2층입니다. 기다리게 해서 죄송합니다. 저는 보고서를 끝내야 했어요. 제 상황을 이해해주시면 감사하겠습니다. ABC 할인점은 강남역 옆에 있습니다. 당신이 지금 어디 있는지 모르므로 여기에 있어야겠네요. 올바른 길을 찾 지 못하시면 전화해 주세요. 제 휴대전화를 지켜보고 있을게요. 부디 조심해주세요. 제 택배는 음식으로 구성되어 있거든요. 날씨 때문에 점점 더 안 좋아질 것입니다.

📄 어휘_p.193 참조

My Answer

Topic 9

기계 고장

Complaint about Facility

Q1.

TOEIC Speaking

Question 10 of 11

Directions: In this part of the test, you will be presented with a problem and asked to propose a solution. You will have 30 seconds to prepare. Then you will have 60 seconds to speak.

In your response, be sure to

• show that you recognize the problem, and

• propose a way of dealing with the problem.

Now listen to the voice message.

RESPONSE TIME
0:00:60

Q2.

TOEIC Speaking

Question 10 of 11

Directions: In this part of the test, you will be presented with a problem and asked to propose a solution. You will have 30 seconds to prepare. Then you will have 60 seconds to speak.

In your response, be sure to

• show that you recognize the problem, and

• propose a way of dealing with the problem.

Now listen to the voice message.

RESPONSE TIME
0:00:60

Answer

Q1.

Hello. My **faucet** is not working **properly**. Oh, I don't know what to say. I **got mad** because… while I shampooed, I didn't realize cold water did not come out from my shower. I almost **got burned**. What happened to the faucet? Does it happen often? I think you should have **informed** me earlier like when I checked in. My face and hair **are covered with** shampoo and soap, and it really **hurts** my eyes. Send me a man and fix it right way, okay? **Otherwise**, you will have to prepare a **compensation** for this. Do you understand? You know my room number, right?

해석 안녕하세요. 수도꼭지가 제대로 작동하질 않아요. 아, 뭐라고 말해야 할지 모르겠어요. 저는 몹시 화가 났습니다. 왜냐하면…… 샴푸를 하는데 샤워기에서 찬물이 나오지 않는다는 걸 알지 못했거든요. 하마터면 화상을 입을 뻔 했어요. 수도꼭지에 무슨 일이 있었던 걸까요? 이런 일이 종종 일어나나요? 저는 그쪽에서 저에게 더 일찍 알려줬어야 한다고 생각합니다. 제가 체크인했을 때 같이 말이에요. 제 얼굴과 머리는 샴푸와 비누로 덮여 있고 눈이 정말 아픕니다. 사람을 보내 이것을 당장 고쳐주세요, 알겠죠? 그렇지 않으면 이에 대한 보상을 준비하셔야 할 것입니다. 이해하셨나요? 제 방 번호는 아시죠?

🎧 Possible answer

P5_AS 09-1

Hello, sir. This is Jack from the **janitor**'s office. First of all, I'm sorry to hear that [33]**you are in the middle of a problem.** I think you missed our earlier notice that [34]**cold water is not available until 10 o'clock** tonight. The water tank is broken so [35]**we had to turn off the water tap** until we fix it. We **officially announced** it on the **bulletin board** on every floor. Plus, we emailed to all the **residents** so we thought no one could miss it. I'm afraid to say this but you should wait to use cold water until tonight. [36]**Why don't you use some bottled water** if you need to **rinse** your hair right now? **Other than** that, I can't help you right now. Sorry.

해석 안녕하세요. 선생님. 관리실에서 근무하고 있는 잭입니다. 우선 손님께서 어려움을 겪고 계시다니 유감입니다. 오늘 밤 10시까지 찬물 사용이 불가하다고 미리 공지 드린 점을 놓치신 것 같습니다. 물탱크가 고장 나서 그것을 고칠 때까지 수도꼭지를 잠가 두어야만 했습니다. 저희는 이 점을 매 층의 게시판에 공식적으로 공지했습니다. 또한, 저희는 모든 투숙객들께 이메일을 보냈고 따라서 한 분도 그 점을 놓치지 않을 거라고 생각했습니다. 이런 말씀 드리기 죄송하지만 찬물을 쓰기 위해서는 오늘 밤까지 기다리셔야 합니다. 지금 당장 머리를 헹궈야 한다면 생수를 이용해 보시는 것이 어떻겠습니까? 그것 이외에는 제가 지금 당장 도와드릴 수가 없습니다. 죄송합니다.

📄 어휘_p.193 참조

My Answer

Q2.

Hello. I am Mario who is working at 14F. Please for the love of god! I am in a broken elevator. You have to hurry up because I have an important meeting in 20 minutes! My boss will kill me if I am late for the meeting. What happened to the elevator? There is no light. I don't have enough mobile battery. Please let me know when you can solve it. Is it more serious than I expected? In spite of regular checkups, how can it happen? My phone number is 602-7361-4613. Call me!

해석 안녕하십니까? 14층에서 일하는 마리오입니다. 하느님, 맙소사! 저는 지금 고장 난 엘리베이터 안에 있습니다. 빨리 좀 와주세요, 제가 20분 후에 중요한 미팅이 있거든요! 제가 미팅에 늦으면 상사가 저를 죽일 거예요. 엘리베이터에 무슨 일이 일어난 거죠? 불이 들어 오지 않습니다. 휴대전화 배터리도 별로 없고요. 언제 이것을 해결하실 수 있는지 제발 알려주세요. 제가 예상했던 것보다 더 심각한가요? 아무리 정기 점검이라고 해도 어떻게 이 일이 일어날 수 있나요? 제 전화번호는 602-7361-4613입니다. 전화해주세요!

Possible answer

P5_AS 09-2

Hello, sir. This is Lucas from the security office. First of all, please calm down. I will devote myself to helping you out. We have regular checkups. So I guess it is associated with the blackout. I called the service center right after checking your voice message. They said "The service center is in the middle of a busy season. In spite of it, we will take some time to take care of the problem." Everything is going to be ok. If you can be patient for the next 10 minutes, we will fix this matter. I am really sorry for the trouble.

해석 안녕하세요, 선생님. 경비실의 루카스입니다. 우선 진정해주세요. 저는 선생님을 돕기 위해 최선을 다할 것입니다. 저희는 정기 점검 중입니다. 그래서 제 생각에 그 일은 정전과 관련된 것 같습니다. 선생님의 음성메시지를 확인한 직후 저는 서비스 센터에 연락했습니다. 그쪽에서는 "서비스 센터가 매우 바쁜 시기입니다. 그럼에도 불구하고 시간을 내서 그 문제를 살피도록 하겠습니다."라고 말했습니다. 모든 일이 잘 될 것입니다. 앞으로 10분만 기다려 주신다면 이 문제를 해결하도록 하겠습니다. 문제를 일으켜 대단히 죄송합니다.

어휘_p.193 참조

My Answer

"

Topic 10

도움 요청
Asking for Help

Q1.

P5_AQ 10-1

TOEIC Speaking

Question 10 of 11

Directions: In this part of the test, you will be presented with a problem and asked to propose a solution. You will have 30 seconds to prepare. Then you will have 60 seconds to speak.

In your response, be sure to

• show that you recognize the problem, and

• propose a way of dealing with the problem.

Now listen to the voice message.

RESPONSE TIME
0:00:60

Q2.

P5_AQ 10-2

TOEIC Speaking

Question 10 of 11

Directions: In this part of the test, you will be presented with a problem and asked to propose a solution. You will have 30 seconds to prepare. Then you will have 60 seconds to speak.

In your response, be sure to

• show that you recognize the problem, and

• propose a way of dealing with the problem.

Now listen to the voice message.

RESPONSE TIME
0:00:60

Answer

Q1.

Hello. This is George Duckworth, an engineer of the visiting team from Busch Technologies. I am sorry to say this, but I am in trouble now. I took a green-line subway train last night to go to Hongdae, and lost my wallet and passport. I am following the instructions given by the US embassy, but somebody told me that you had helped one of my coworkers find her bag. Can you help me out? Your advice will really relieve my concerns. Please call me. My phone number is 990-8654-0878.

해석 안녕하세요. 저는 부슈 테크놀로지에서 파견된 원정팀의 기술자 조지 덕워스라고 합니다. 이런 말하기 송구스럽지만 지금 저는 곤란에 처해 있습니다. 지난밤 저는 홍대로 가기 위해 2호선 지하철을 탔고 제 지갑과 여권을 잃어버렸습니다. 저는 미국 대사관이 내려준 지시에 따르고 있습니다만 당신이 제 동료 중 한 명의 가방을 찾도록 도와준 적이 있다고 누군가 저에게 말해주었습니다. 저를 도와주실 수 있나요? 당신의 조언이라면 정말 걱정을 덜 수 있을 것 같습니다. 저에게 연락해 주세요. 제 전화번호는 990-8654-0878입니다.

Possible answer

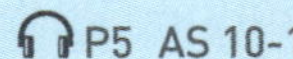

Hello, Mr. Duckworth. This is Joshua from the US embassy. [37]**I received your message that you would like some advice from me** since you've lost your wallet and passport. First of all, you should report your credit card and passport that you lost to [38]**make sure that nobody uses them inappropriately.** Second, you need to apply to reissue your new passport. [39]**If I get any news** about your wallet, **I'll let you know** as soon as possible. However, [40]**this is the best way to solve your problems** at the moment. If you have any questions, please call me.

해석 안녕하세요. 덕워스 씨. 저는 미국 대사관에서 일하고 있는 조슈아입니다. 귀하께서 지갑과 여권을 분실하신 바에 대해 저의 조언이 필요하다는 메시지를 받았습니다. 우선 아무도 그것을 부적절하게 사용하지 않도록 분실한 신용카드와 여권을 신고하셔야 합니다. 두 번째로 새 여권에 대한 재발급을 신청하셔야 합니다. 당신의 지갑에 대한 소식을 들으면 최대한 빨리 알려 드리겠습니다. 하지만 지금으로서는 이것이 문제를 해결하는 최선의 방법입니다. 어떤 질문이든 있으면 전화 주세요.

📄 어휘_p.193–194 참조

My Answer

Q2.

Hello. This is Noah who is working at Bon Appetite Restaurant. As you know, we are in the middle of the busiest season. Recently, we are so busy and tied up. There is no room for a break. We are managing to keep track of it. We hired 3 part-timers. We can't afford to do it. Can you give me a hand? You were the best when you worked here. Nobody can take the place of you. I'd appreciate it if you can accept my request. I am sorry if I make you embarrassed. However, it is associated with a vital question. Please call me and tell me what you think.

해석 안녕하십니까? 보나베띠 레스토랑에서 근무 중인 노아입니다. 아시다시피 저희는 가장 바쁜 시기에 있습니다. 최근에 저희는 정말 바빠서 꼼짝 못하고 있습니다. 쉴 여유가 없어요. 저희는 이 시기를 간신히 모면하고 있습니다. 아르바이트생 3명을 더 고용했지만 저희는 이 일을 감당하지 못합니다. 저희를 도와주실 수 있나요? 당신이 이곳에서 일했을 때 최고였잖아요. 아무도 당신을 대신할 수는 없습니다. 저의 청을 받아들이시면 감사하겠습니다. 곤란하게 해드려 죄송합니다. 하지만 이것이 매우 중요한 문제와 관련이 있어서요. 전화해 주셔서 당신의 생각은 어떤지 말해주세요.

● Possible answer ⌒ P5_AS 10-2

Hello, this is Yoojung Shin. I just got your message that you need my help. Unfortunately, I am out of city now. I wish I could help you but I have to take part in this fair. As you know, I was pressed to do it for a long time. I am worried about you. If you allow me to find manpower, I am willing to do that. Please let me know what you want exactly. In spite of your busy schedule you have to take care of your health. Nobody can take the place of you. If you have something special and need my advice, don't hesitate! I am always on your side.

해석 안녕하세요. 신유정입니다. 저의 도움이 필요하다는 당신의 메시지를 방금 받았습니다. 유감스럽게도 저는 현재 외부에 있습니다. 당신을 도울 수 있으면 좋겠지만 저는 이 박람회에 참석해야만 합니다. 아시다시피 저는 오랫동안 매우 힘들게 이 일을 해왔습니다. 당신이 걱정됩니다. 제가 인력을 찾아도 된다면 기꺼이 하겠습니다. 당신이 원하는 것이 정확히 무엇인지 알려주세요. 바쁘시겠지만 건강에 신경 쓰셔야 합니다. 아무도 당신을 대신할 수 없으니까요. 특별한 일이 있거나 제 조언이 필요하시다면, 망설이지 마세요. 저는 항상 당신 편입니다.

 어휘_p.194 참조

My Answer

지연 통보
Notification of Delays

Q1.

P5_AQ 11-1

TOEIC Speaking

Question 10 of 11

Directions: In this part of the test, you will be presented with a problem and asked to propose a solution. You will have 30 seconds to prepare. Then you will have 60 seconds to speak.

In your response, be sure to

• show that you recognize the problem, and

• propose a way of dealing with the problem.

Now listen to the voice message.

RESPONSE TIME
0:00:60

Q2.

TOEIC Speaking

Question 10 of 11

Directions: In this part of the test, you will be presented with a problem and asked to propose a solution. You will have 30 seconds to prepare. Then you will have 60 seconds to speak.

In your response, be sure to

• show that you recognize the problem, and

• propose a way of dealing with the problem.

Now listen to the voice message.

RESPONSE TIME
0:00:60

Answer

Q1.

 Hello, Jane! This is James Brown calling from the Brown Printing Company. I am calling about the delivery of your **booklets**. We were supposed to deliver them to you by this morning, but unfortunately, my truck driver **called in sick** this morning. **With lack of** manpower, [41]**we are expecting a slight delay**. I'm terribly sorry to cause you inconvenience. We will make sure that the booklets will be delivered as soon as possible. Please call me back to confirm when you receive this message. Thank you for your understanding.

해석 안녕하세요, 제인 씨! 저는 브라운 인쇄업체의 제임스 브라운입니다. 고객님의 소책자 배송과 관련하여 전화를 드렸습니다. 그것을 오늘 아침까지 고객님께 배송하기로 예정되어 있었으나, 유감스럽게도 배송기사가 오늘 아침 병가를 냈습니다. 인력 부족으로 인해 약간의 지연이 예상됩니다. 고객님께 불편을 드려 대단히 죄송합니다. 소책자가 가능한 한 빨리 배송될 것을 약속드리겠습니다. 이 메시지를 받게 된다면 확인 차 다시 전화해 주시기 바랍니다. 고객님의 이해심에 감사드립니다.

Possible answer

P5_AS 11-1

 Hello, James! This is Jane calling from ABC company. I just got your message that the delivery will be late. This is a big problem for us because we **are scheduled to pass the booklets out** at the event scheduled this afternoon. [42]**Is there any way that you can deliver them** on time? We need those **brochures** for this event. Could you please have the truck driver deliver them to us now? This is very **urgent** and [43]**it is our top priority to take care of this matter.** If not, we can **pick** them **up** from your **printing shop**. Please call me as soon as possible to further discuss this matter. Thank you.

해석 안녕하세요, 제임스 씨! 저는 ABC 회사의 제인입니다. 저는 방금 배송이 지연될 거라는 귀하의 메시지를 받았습니다. 저희는 오늘 오후 예정된 행사에서 그 소책자를 배포할 예정이고 그렇기 때문에 저희에게 이것은 매우 중대한 문제입니다. 그것들을 제 시간에 배송해주실 방법이 없을까요? 이 행사를 위해서는 그 책자들이 꼭 필요합니다. 배송 기사가 그것들을 지금 저희에게 보내줄 수는 없나요? 이것은 꽤 긴급한 상황이며, 이 문제를 해결하는 것이 저희의 최우선 과제입니다. 만약 그럴 수 없다면 저희가 귀하의 인쇄소에서 그것들을 수령할 수 있습니다. 이 문제에 대해 더 논의하려면 가능한 한 빨리 전화 주세요. 감사합니다.

어휘_p.194 참조

My Answer

Q2.

  Hello, Jane! This is Simon calling from the JFK airport. How are things at the office? I'm afraid that my flight is delayed due to heavy snow now. **[44]It looks like [45]I'm stuck here at least for tonight.** The airport employees are not sure when the flights will be back on schedule. I guess I have to wait and see the weather condition. I'm worried about the meetings and the reports scheduled tomorrow. Please call Mr. Johnson to re-schedule the meeting. Also, **[46]there is a financial report due tomorrow.** Would you ask James to take care of it and send it to the finance department for me? Please call me right away. Thank you.

해석 안녕하십니까, 제인 씨! 저는 JFK 공항에서 전화하는 시몬입니다. 사무실은 별일 없는지요? 유감스럽게도 제가 탄 비행기 편이 현재 폭설로 지연되고 있습니다. 저는 적어도 오늘밤은 이곳에서 꼼짝 못할 것 같습니다. 공항 직원들도 비행이 언제 예정대로 다시 운행될지 확신하지 못합니다. 제 추측으로는 날씨 상황을 조금 더 지켜보아야 할 것 같습니다. 저는 내일 예정된 회의와 보고가 걱정됩니다. 존슨 씨에게 회의를 다시 잡자고 전화해 주세요. 또한, 내일까지 제출해야 하는 재무 보고서가 있습니다. 제임스 씨에게 그것을 처리해서 그걸 저 대신 재무 부서로 보내줄 수 있는지 물어봐 주시겠어요? 바로 전화 주시기 바랍니다. 감사합니다.

Possible answer

P5_AS 11-2

  Hello, Simon. This is Jane calling from the office. I hope you are doing OK. How is the weather in New York now? Don't worry about the things at the office. As you told me, I already called Mr. Johnson to re-schedule the meeting. He was totally fine with it. We postponed the meeting to next week. For the financial report, James is working on it. He may call you if he has any questions about the report. **[47]Is there anything else I can do for you?** Please let me know if I missed anything. I look forward to having you back in the office soon. Thank you.

해석 안녕하십니까, 시몬 씨. 사무실에서 연락 드리는 제인입니다. 당신이 괜찮기를 바랍니다. 뉴욕의 날씨는 지금 어떻습니까? 사무실 일은 걱정하지 마세요. 말씀하셨듯이, 저는 이미 존슨 씨에게 전화해 회의 날짜를 재조정하자고 했습니다. 그는 흔쾌히 승낙했습니다. 우리는 다음 주로 그 회의를 미뤘습니다. 재무 보고서에 관해서는, 제임스 씨가 현재 그 일을 진행하고 있습니다. 그 보고서에 대해 질문이 있다면 그가 당신에게 전화할 것입니다. 제가 더 도와드릴 일이 있을까요? 제가 놓친 부분이 있다면 알려주세요. 당신이 곧 사무실로 복귀하길 기대합니다. 감사합니다.

어휘_p.194 참조

My Answer

환불 요구

Asking for a Refund

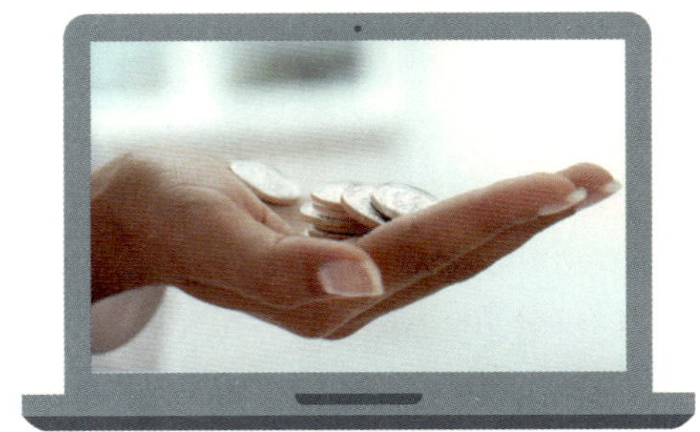

Q1.

P5_AQ 12-1

TOEIC Speaking

Question 10 of 11

Directions: In this part of the test, you will be presented with a problem and asked to propose a solution. You will have 30 seconds to prepare. Then you will have 60 seconds to speak.

In your response, be sure to

• show that you recognize the problem, and

• propose a way of dealing with the problem.

Now listen to the voice message.

RESPONSE TIME
0:00:60

Q2.

Directions: In this part of the test, you will be presented with a problem and asked to propose a solution. You will have 30 seconds to prepare. Then you will have 60 seconds to speak.

In your response, be sure to

• show that you recognize the problem, and

• propose a way of dealing with the problem.

Now listen to the voice message.

RESPONSE TIME
0:00:60

Q1.

Is this the customer service center from Sam's Computer store? This is Chris McKellen speaking. I ordered a printer online and received it just now, but it is missing a cable. There is no cable in the box. I paid for a brand-new printer and waited for days for delivery. How can you send me an incomplete product? I'm very disappointed about this and ask you to give me a full refund right away. My order number is xyz5678. I expect your call right away.

해석 샘즈 컴퓨터 매장의 고객 서비스 센터인가요? 저는 크리스 맥켈런입니다. 저는 온라인으로 프린터 한 대를 주문했으며 지금 막 그것을 받았으나, 케이블 하나가 빠져 있습니다. 박스 안에도 케이블이 없습니다. 저는 최신형 프린터에 돈을 지불했으며 며칠 동안 배송을 기다렸습니다. 어떻게 불완전한 상품을 배달할 수 있습니까? 저는 이번 일에 대해 매우 실망했으며, 즉시 전액 환불해주실 것을 요청합니다. 제 주문번호는 xyz5678입니다. 빠른 답변을 기다리겠습니다.

Possible answer

Hello, Mr. McKellen! This is Simon Jackson, a manager of Sam's Computer store. I received your message regarding the missing cable from the order. First of all, [48]**I sincerely apologize for the mistake.** It is an error made by our packaging department and I can understand how frustrating it is for you. What I can do for you is to send you a new printer including the cable to your home by tomorrow. Our delivery person can pick up the old printer from you. Additionally, [49]**as a gesture of goodwill, we'd like to offer you a 30% discount coupon** on your next purchase. If there is anything I can do for you, [50]**please don't hesitate to call me** anytime. My number is 312-1223. Thank you.

해석 안녕하십니까, 맥켈런 씨! 저는 시몬 잭슨이며 샘즈 컴퓨터 매장의 책임자입니다. 저는 주문에서 누락된 케이블과 관련한 고객님의 메시지를 받았습니다. 무엇보다도 그 실수에 대해 진심으로 사과 드립니다. 이것은 저희의 물품 포장 부서가 저지른 잘못이며 이것 때문에 고객님이 얼마나 당혹스러우실지 이해할 수 있습니다. 저희가 할 수 있는 일은 케이블이 포함된 새 프린터를 내일까지 고객님의 집으로 배송해드리는 겁니다. 저희 배송기사가 기존의 프린터를 수거해갈 것입니다. 더불어 선의의 표시로 다음 구매 시 사용 가능한 30% 할인쿠폰을 제공해 드리고 싶습니다. 제가 고객님을 도울 수 있는 부분이 있다면 언제라도 망설이지 마시고 전화 주세요. 제 전화번호는 312-1223입니다. 감사합니다.

📄 어휘_p.194 참조

My Answer

Q2.

Hello, Mary! This is John calling from the Johnson Shoe Store. I just received the uniforms we ordered from your Logo Printing shop. It seems that there was some misunderstanding. The colors printed on our soccer uniforms are not matching with what we ordered. You completely mixed up my order. Since our soccer match is next week, I don't think there is enough time to re-do the work. I'm afraid that we cannot accept this and ask you for a full refund. I'm very dissatisfied with your service. Please call me back immediately and confirm the refund. Thank you.

해석 안녕하십니까, 마리 씨! 저는 존슨 신발매장에서 전화 드리는 존입니다. 저는 귀하의 로고 인쇄업체에서 주문했던 유니폼을 막 받았는데 몇 가지 오해가 있었던 것 같습니다. 축구 유니폼에 인쇄된 (로고의) 색이 저희가 주문했던 것과 일치하지 않습니다. 귀하는 저의 주문을 완전히 잘못 이해하셨더군요. 축구 시합이 다음 주이므로 이 일을 다시 진행할 시간이 충분치 않다고 생각합니다. 저희는 이것을 받아들일 수 없으며 전액 환불을 요청하게 되어 유감입니다. 귀사의 서비스에 대하여 매우 불만족스럽습니다. 즉시 전화 주시고 환불 건을 확인해주세요. 감사합니다.

Possible answer

🎧 P5_AS 12-2

Hello, John! This is Mary, the office manager from the Logo Printing Shop. I received your message regarding the wrong colors printed on your soccer uniforms. After checking with our printing department, I learned that there was some mistake on our part. I'm terribly sorry for this inconvenience. If you allow, we'd like to re-print the colors on the uniform [51]**at no cost.** I understand that your soccer match is next week. [52]**Please be assured that we will deliver the uniforms** to you [53]**no later than this Thursday.** Please accept our sincere apology for this matter. Could you please give me a call back to confirm your acceptance? Thank you.

해석 안녕하세요, 존 씨! 로고 인쇄업체의 사무실 책임자인 마리입니다. 저는 축구 유니폼에 잘못 인쇄된 (로고의) 색과 관련한 고객님의 메시지를 받았습니다. 인쇄 부서에 확인 후, 저희의 업무에 몇 가지 실수가 있음을 발견했습니다. 이러한 불편을 드린 데 대해 정말 죄송하게 생각합니다. 괜찮으시다면 유니폼에 (로고) 색을 무료로 다시 인쇄해드리고 싶습니다. 고객님의 축구시합이 다음 주인 점을 이해합니다. 늦어도 이번 주 목요일까지는 유니폼을 꼭 보내드리도록 하겠습니다. 이번 문제에 대한 저희의 진심 어린 사과를 받아주십시오. 고객님의 승낙을 확인하기 위해서 전화를 부탁 드려도 괜찮을까요? 감사합니다.

📄 어휘_p.194 참조

My Answer

Topic 13

교환 요청

Asking for an Exchange

Q1.

TOEIC Speaking

Question 10 of 11

Directions: In this part of the test, you will be presented with a problem and asked to propose a solution. You will have 30 seconds to prepare. Then you will have 60 seconds to speak.

In your response, be sure to

- show that you recognize the problem, and
- propose a way of dealing with the problem.

Now listen to the voice message.

RESPONSE TIME
0:00:60

Q2.

TOEIC Speaking

Question 10 of 11

Directions: In this part of the test, you will be presented with a problem and asked to propose a solution. You will have 30 seconds to prepare. Then you will have 60 seconds to speak.

In your response, be sure to

• show that you recognize the problem, and

• propose a way of dealing with the problem.

Now listen to the voice message.

RESPONSE TIME
0:00:60

Answer

Q1.

  Hello, this is Joshua Peterson. This message is for the store manager at Applebee Crystal. My wife and I purchased a set of crystal dishes from your online store yesterday. When we received the delivery, we realized that some of the **plates** are **cracked**. How could you deliver such products to customers? We need this set of dishes for our wedding **anniversary** party next week. We'd like to ask you for an **immediate** exchange of this set. [54]**Since we are running out of time,** please **arrange** someone to deliver a new one as soon as possible. [55]**I will wait for your prompt response.** Thank you.

해석 안녕하십니까, 저는 조슈아 피터슨입니다. 애플비 크리스탈의 매장 관리자에게 이 메시지를 남깁니다. 어제 아내와 저는 귀사의 온라인 스토어에서 크리스탈 접시 세트를 구입했습니다. 배송을 받았을 때 우리는 접시 몇 개에 금이 가 있다는 것을 발견했습니다. 어떻게 이런 제품을 고객에게 배송할 수 있습니까? 우리는 다음 주 결혼 기념일 파티를 위해 이 접시 세트가 필요합니다. 우리는 이 세트에 대한 즉각적인 교환을 요구합니다. 시간이 촉박하기 때문에 누군가를 시켜 새로운 세트를 가능한 한 빨리 보내주세요. 빠른 답변 기다리겠습니다. 감사합니다.

◑ Possible answer
🎧 P5_AS 13-1

  Good morning, Mr. Peterson. This is Michael Harrison calling from Applebee Crystal. I just heard your message saying that some of the plates are cracked. I fully understand how frustrating it is regarding your plan for a special wedding anniversary party. Please accept our sincere apology. I will have a delivery person bring you a new set of dishes no later than this Wednesday. [56]**As a token of appreciation for your business, we would like to include** a set of crystal champagne glasses. I hope you could use them for special occasions. [57]**For any questions, please feel free to contact me** at 123-1234. Thank you for your kind understanding.

해석 안녕하십니까, 피터슨 씨. 저는 애플비 크리스탈의 마이클 해리슨입니다. 저는 접시 몇 개가 깨져 있었다는 고객님의 메시지를 방금 들었습니다. 특별한 결혼 기념일 파티 계획에 관하여 고객님이 이 때문에 얼마나 당혹스러우실지 저는 완전히 이해합니다. 부디 저희의 진심 어린 사과를 받아주시기 바랍니다. 늦어도 이번 주 수요일까지 새로운 접시 세트를 배송기사 편에 보내드리겠습니다. 고객님의 거래에 대한 감사의 표시로 크리스탈 샴페인 잔 한 세트를 함께 보내드리겠습니다. 특별한 날에 사용하시면 좋겠습니다. 질문이 있으면 123-1234번으로 언제든지 연락해주십시오. 고객님의 사려 깊은 이해에 감사드립니다.

📄 어휘_p.195 참조

My Answer

Q2.

Hello, this is David Johnston calling. I'm calling about the watch I bought from your store last month. When I bought the watch, your employee informed me that it is water-resistant. However, [58]**it turned out to be wrong.** When I used it in the swimming pool, it immediately stopped working. Can you please look into this situation and offer me an exchange? Please confirm that this watch is water-resistant. The model number of the watch is wfd1234. Thank you.

해석 안녕하십니까, 데이빗 존스턴입니다. 지난 달 귀하의 매장에서 구매한 시계와 관련하여 문의 드립니다. 제가 시계를 구매했을 때 귀하의 직원은 그 시계가 방수 기능이 된다고 알려주었습니다. 그러나 그것은 잘못된 것으로 밝혀졌습니다. 제가 수영장에서 그것을 사용했을 때 그것은 바로 멈춰 버렸습니다. 이 상황을 조사 후 교환해주실 수 있겠습니까? 이 시계가 방수 기능이 있는지 확인해주십시오. 시계의 제품 번호는 wfd1234입니다. 감사합니다.

● Possible answer

🎧 P5_AS 13-2

Hello, Mr. Johnston! This is Edward calling from the watch store. I got your message regarding the broken watch. First of all, the watch you bought is water-resistant so it shouldn't have been a problem. After checking your purchase, I learned that the watch is under warranty. [59]**The watch is guaranteed for 3 months,** so we are able to fix your watch without any cost. Please visit our store [60]**at your convenience.** We will be more than happy to exchange it for a brand-new watch. We apologize for the inconvenience this may have caused you. For any questions, please give me a call. Thank you.

해석 안녕하십니까, 존스턴 씨! 시계 매장의 에드워드입니다. 저는 고장 난 시계와 관련된 고객님의 메시지를 받았습니다. 무엇보다도 고객님께서 구매하신 그 시계는 방수 기능이 있으므로 그것이 문제가 되면 안 되는 경우였습니다. 고객님의 구매 내역을 확인해보니 그 시계가 품질 보증 기간 중임을 알았습니다. 그 시계의 품질 보증 기간은 3개월이며 따라서 저희가 고객님의 시계를 추가 금액 없이 수리해드릴 수 있습니다. 편한 시간에 매장을 방문해주십시오. 그 제품을 최신형 시계로 교환해 드린다면 저희는 더없이 기쁠 것입니다. 이 문제가 일으킨 불편에 대하여 사과 드립니다. 어떠한 질문이라도 전화 주십시오. 감사합니다.

📄 어휘_p.195 참조

My Answer

Topic 14

주문 독촉
Meeting Deadlines

Q1.

Q2.

TOEIC Speaking
Question 10 of 11

Directions: In this part of the test, you will be presented with a problem and asked to propose a solution. You will have 30 seconds to prepare. Then you will have 60 seconds to speak.

In your response, be sure to

- show that you recognize the problem, and
- propose a way of dealing with the problem.

Now listen to the voice message.

RESPONSE TIME
0:00:60

Q1.

Hi, my name is Christine and I ordered 100 gift items from your store two weeks ago. I need them for my new store opening this Saturday. I was expecting my order to be delivered yesterday, but I haven't received them yet. You assured me that everything would be delivered on time. Can you let me know the **status** of my order? I need an update on this as soon as possible. If you can't deliver them by tomorrow, I have to ask for a refund and purchase them from another store. This is very urgent. Please [61]**give me a ring** as soon as possible.

해석 안녕하세요, 제 이름은 크리스틴이고 저는 2주 전 귀하의 매장에서 기념품 100개를 주문했습니다. 저는 이번 주 토요일 신규 매장 오픈 행사에 그것이 필요합니다. 주문내역이 어제 배송되길 기대하고 있었으나 아직까지도 그것들을 받지 못했습니다. 귀하는 모든 것이 제시간에 배송될 거라고 장담했습니다. 저의 주문 상태를 알려주실 수 있나요? 저는 가능한 한 빨리 이 문제에 대한 최신 정보가 필요합니다. 만약 내일까지 배송해줄 수 없다면 저는 환불을 요구하고 다른 매장에서 그것들을 구입할 수밖에 없습니다. 매우 급합니다. 최대한 빨리 전화 주세요.

Possible answer

🎧 P5_AS 14-1

Good afternoon, Christine! This is Young Ae calling from the gift shop. I got your message regarding the 100 gift items that you haven't received. After checking with our staff, I found out that there was a **maintenance** issue of our machine. This caused a slight delay in our delivery, however, we sent out your order this morning. It should be on its way to your store. If you don't receive the products by this afternoon, please give me a call back. [62]**I'll be more than happy to help you** with it. We apologize for the late delivery. We will make sure that this won't happen in the future. Thank you very much for your **patience**.

해석 좋은 오후입니다, 크리스틴 씨! 저는 기념품 가게의 영애입니다. 저는 고객님께서 받지 못하신 기념품 100개와 관련된 고객님의 메시지를 받았습니다. 저희 직원들과 함께 확인해본 결과 저희 기계에 보수 문제가 있음을 발견했습니다. 이것이 약간의 배송 지연을 초래했으나 저희 측에서는 오늘 아침에 고객님의 물품을 배송했습니다. 아마 고객님의 매장으로 가는 중일 것입니다. 혹시 오늘 오후까지 제품을 받지 못하신다면 다시 전화 주십시오. 이 문제에 대해서 기꺼이 돕겠습니다. 배송 지연과 관련하여 진심으로 사과 드립니다. 이후에 이 같은 일이 일어나지 않도록 약속드리겠습니다. 고객님의 인내심에 깊이 감사드립니다.

📄 어휘_p.195 참조

My Answer

Q2.

Hello, Edward. This is Timothy calling from the sales department. I'm calling you about the revised marketing report that I requested from you last week. As we spoke last week, there were several errors in the report and I asked you to send me a revised one by yesterday. However, as of now, I haven't received the report. The general manager told me that he needs the report to [63]**deliver a presentation** at the meeting in three days. What is the status of this report? When can you send me the report? Please call me as soon as you can. [64]**My extension is 3421.** Thank you.

해석 안녕하십니까, 에드워드 씨. 저는 영업부서의 티모시입니다. 지난 주에 제가 요청했던 마케팅 보고서 수정안과 관련하여 연락 드립니다. 우리가 지난 주에 이야기했던 대로, 보고서에는 몇 가지 문제가 있었고 저는 당신에게 수정안을 어제까지 보내달라고 요청했습니다. 그러나 지금까지 저는 보고서를 받지 못하였습니다. 부장님이 3일 후에 있을 회의에서 발표를 해야 하기 때문에 그 보고서가 필요하다고 말씀하셨습니다. 이 보고서의 상황은 어떤가요? 언제쯤 그 보고서를 보내주실 수 있나요? 가능한 한 빨리 연락해주세요. 제 내선번호는 3421입니다. 감사합니다.

Possible answer

P5_AS 14-2

Hello, Timothy. This is Edward returning your call. I got your message regarding the revised marketing report. I'm very sorry for the delay but one of our employees got into a car accident and I have been very busy taking care of his work. [65]**Would it be possible to ask for an extension of the deadline?** I'll make sure that I will send it to you by tomorrow morning. If not, can I ask for extra manpower? If I can get help with this report, I can finish it by today. What do you think? Please give me a ring. Thank you.

해석 안녕하십니까, 티모시 씨. 답변 전화 드리는 에드워드입니다. 마케팅 보고서 수정안과 관련한 귀하의 메시지를 받았습니다. 지연되어 대단히 죄송합니다만 저희 직원 중 한 명이 차 사고를 당해 제가 그의 업무를 맡느라 매우 바쁩니다. 혹시 기한 연장을 요청해도 될까요? 내일 아침까지는 그것을 보내드릴 수 있으리라 확신합니다. 만약 불가능하다면, 추가 인력을 요청해도 괜찮을까요? 혹시 제가 이 보고서를 작성하는 데 도움을 받을 수 있다면, 이것을 오늘까지 끝낼 수 있을 것 같습니다. 어떻게 생각하십니까? 전화 주십시오. 감사합니다.

어휘_p.195 참조

My Answer

Topic **15**

예약 문의

Inquiry about Reservations

Q1.

P5_AQ 15-1

TOEIC Speaking

Question 10 of 11

Directions: In this part of the test, you will be presented with a problem and asked to propose a solution. You will have 30 seconds to prepare. Then you will have 60 seconds to speak.

In your response, be sure to

• show that you recognize the problem, and

• propose a way of dealing with the problem.

Now listen to the voice message.

RESPONSE TIME
0:00:60

Q2.

P5_AQ 15-2

TOEIC Speaking

Question 10 of 11

Directions: In this part of the test, you will be presented with a problem and asked to propose a solution. You will have 30 seconds to prepare. Then you will have 60 seconds to speak.

In your response, be sure to

• show that you recognize the problem, and

• propose a way of dealing with the problem.

Now listen to the voice message.

RESPONSE TIME
0:00:60

Q3.

TOEIC Speaking

Question 10 of 11

Directions: In this part of the test, you will be presented with a problem and asked to propose a solution. You will have 30 seconds to prepare. Then you will have 60 seconds to speak.

In your response, be sure to

• show that you recognize the problem, and

• propose a way of dealing with the problem.

Now listen to the voice message.

RESPONSE TIME
0:00:60

Answer

Q1.

Hello, Tom! This is Aimee Johnson calling from the Central Hotel. [66]**I am in charge of overseeing** your **banquet** scheduled for the day after tomorrow. Your **secretary** told me that you would send me the guest list by this morning, but we have not received it yet. Without the list, we don't know how much food we need to prepare. It is very important that you send me the guest list by 2 p.m. today **so that** I **can** inform the **chef accordingly**. Could you please send me the list as soon as possible? Please **get back to** me when you get this message.

해석 안녕하세요, 톰 씨! 저는 센트럴 호텔의 에이미 존슨입니다. 저는 내일모레 열리는 귀하의 연회 행사 담당자입니다. 고객님의 비서는 고객님이 참석자 명단을 오늘 아침까지 저에게 보내줄 거라고 말했으나, 저희는 그것을 아직 받지 못했습니다. 그 명단이 없이는 저희가 얼마나 많은 음식을 준비해야 하는지 알 수 없습니다. 고객님께서 참석자 명단을 오늘 오후 두 시까지 보내주셔야 그에 따라 제가 주방장에게 통지할 수 있기 때문에 이는 매우 중요합니다. 가능한 한 빨리 저에게 그 명단을 보내주실 수 있나요? 이 메시지를 받으면 저에게 다시 연락 주시기 바랍니다.

Possible answer

🎧 P5_AS 15-1

Hello, Aimee! This is Tom returning your call. I got your message that you haven't received the guest list for the banquet scheduled for the day after tomorrow. I just checked with my secretary and found out that there was something wrong with our network system. [67]**The Internet was down.** I think that's why you didn't receive the email. I'm terribly sorry for this inconvenience. I'm sending you the final guest list right now. [68]**Please call me to confirm when you have received it.** Thank you very much for your understanding.

해석 안녕하세요, 에이미 씨! 답변 전화 드리는 톰입니다. 내일모레로 예정된 연회 행사를 위한 참석자 명단을 아직 받지 못하셨다는 귀하의 메시지를 받았습니다. 저의 비서에게 방금 확인한 결과 저희 네트워크 시스템에 문제가 생겼다는 사실을 알게 되었습니다. 인터넷이 끊겼더군요. 제 생각에는 이것이 귀하가 이메일을 받지 못한 이유인 것 같습니다. 이러한 불편에 대하여 정말 사과 드립니다. 지금 바로 최종 참석자 명단을 보내드립니다. 그것을 받으시면 확인을 위해 전화 주시기 바랍니다. 고객님의 이해심에 깊이 감사 드립니다.

📄 어휘_p.195 참조

My Answer

Q2.

Hello, Karen. This is Min who reserved your banquet hall for my mom's birthday party next week. Unfortunately, I have to cancel the party because my mom is very sick at the moment. According to the doctor, she needs to stay in bed for another week. Would it be possible to cancel the party? I understand that there is a cancellation charge on the contract. Is there any way that you could waive the cancellation charge? Please call me and let me know your thoughts. Thank you.

해석 안녕하세요, 카렌 씨. 저는 다음 주 어머니 생신잔치를 위해 연회장을 예약한 민입니다. 유감스럽게도 어머니께서 현재 매우 편찮으셔서 파티를 취소해야 합니다. 의사의 말에 따르면 어머니께서는 한 주 더 안정을 취하셔야 합니다. 파티를 취소하는 것이 가능할까요? 저는 계약서에 취소 수수료가 명시되어 있다고 알고 있습니다. 취소 수수료를 철회할 수 있을 만한 방법이 있을까요? 전화 주셔서 귀하의 생각을 알려주시길 바랍니다. 감사합니다.

● Possible answer

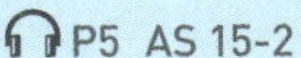

Hello, Min! This is Karen calling from the W restaurant. I'm sorry to hear that your mom is ill. I hope she recovers very soon. Regarding the cancellation charge, I'm afraid that there is no way to waive the charge since it is very last minute. Instead, what I can offer you is to postpone the party until your mom feels better. This way, there is no additional cost you need to pay. I hope this makes sense to you. Please let me know if you have any questions about this. I'll be happy to answer any further questions. Thank you.

해석 안녕하세요, 민 씨! 저는 W 식당의 카렌입니다. 고객님의 어머님께서 편찮으시다니 유감입니다. 어머님께서 곧 회복하시길 바랍니다. 취소 수수료에 관해서는, 행사 날짜가 거의 다 되었기 때문에 요금을 철회할 수 있는 방법이 없어 유감입니다. 대신에, 제가 고객님께 제안할 수 있는 것은 어머님의 건강이 좋아질 때까지 파티를 미루는 방법입니다. 이 방법을 취한다면 고객님께서 추가 비용을 지불하실 필요가 없습니다. 이것이 고객님께 합리적이기를 바랍니다. 이것에 관한 다른 질문이 있으시다면 알려주세요. 어떠한 질문이라도 기쁘게 답변하겠습니다. 감사합니다.

어휘_p.195 참조

My Answer

Answer

Q3.

Hello, John! This is Madison calling about your restaurant. I'd like to reserve your private room for my company dinner next Saturday. However, your staff told me that it is already booked by another group. Since that is the only room with a nice view, my boss really prefers to have a company gathering there. Is there any way to reserve the room? My other concern is that we are expecting about 30 people but I was told that the room can only accommodate up to 25 people. What can we do about this? Please call me back and let me know your suggestions. Thank you.

해석 안녕하세요, 존 씨! 저는 메디슨이고 식당에 관하여 문의하려 합니다. 저는 저희 회사 회식을 위해 다음 주 토요일 특실을 예약하고 싶습니다. 그러나 직원 분이 그 방은 이미 다른 일행에 의해 예약되었다고 말했습니다. 바로 그 방이 전망이 좋은 유일한 방이라 저의 상사는 그곳에서 회사 회식을 하길 진심으로 바라십니다. 그 방을 예약할 다른 방법이 없을까요? 또 다른 걱정은 저희는 30명 정도를 예상하는데 그 방은 25명까지만 수용할 수 있다고 들었습니다. 우리가 이 문제에 관하여 무엇을 할 수 있을까요? 다시 전화 주셔서 귀하의 제안을 알려주시길 바랍니다. 감사합니다.

◐ Possible answer

🎧 P5_AS 15-3

Hello, Madison! This is John speaking from the restaurant. I got your message about reserving the private room with us. I'm afraid that this room is still reserved by another group. What we can do at this point is to put you on the waiting list. If the group cancels the reservation, you can [69]**hold the company dinner at the private room** on that day. In case that it won't happen, we recommend you book another room as an alternative. Also, regarding the number of guests, that's not a problem. We can easily add five more seats to the room. That's not a big deal. [70]**For any further inquiries, please feel free to contact me** at anytime. Thank you.

해석 안녕하세요, 메디슨 씨! 저는 문의하신 식당의 존입니다. 저는 저희 식당의 특실 예약과 관련한 고객님의 메시지를 받았습니다. 이 방이 다른 일행에 의해 여전히 예약되어 있어서 유감입니다. 이 시점에서 저희가 할 수 있는 일은 고객님을 대기명단에 올려드리는 일입니다. 만약 그 일행이 예약을 취소한다면 고객님은 그날 특실에서 회사 회식을 열 수 있습니다. 이 일이 일어나지 않는다면 대안으로 다른 방을 잡으실 것을 제안 드립니다. 아울러 참석자 수에 대해서는 문제가 되지 않습니다. 좌석 다섯 개를 그 방에 더 놔 드릴 수 있습니다. 그건 큰 문제가 아닙니다. 다른 문의사항이 있으시면 언제든지 연락 주세요. 감사합니다.

📄 어휘_p.195 참조

My Answer

TOEIC SPEAKING

Part 6

⭕ **Part Introduction**

TOEIC Speaking Part 6를 파헤친다.

⭕ **Chapter Ⅱ** 준비편

TOEIC Speaking Part 6를 완벽하게 준비한다.

⭕ **Chapter Ⅱ** 실전편

TOEIC Speaking Part 6, 실전문제를 혹독하게 훈련한다.

1. 시험 구성

TOEIC® Speaking *Test*

구분	문제 유형	문항 수	시간
Question 11 (총 11문항)	**Express an opinion** 의견 제시하기	1	답변 시간 60초 답변 준비 시간 15초

파트6는 자신의 의견을 논리적으로 서술하는 유형이다. 주어진 특정 주제에 대해 자신의 의견이나 아이디어를 제공하고 그것을 뒷받침할 수 있게 예시나 근거를 들어 본인의 생각을 상대방에게 알려야 한다. 영어로 좀 더 조리 있고 설득력 있게 말할 수 있는 훈련이 필요하다.

문제가 제시되는 시간은 대략 15초이며, 문제의 답을 준비하는 시간 또한 15초가 주어진다. 그리고 다음 60초 동안 답안을 말하도록 한다.

토익스피킹 파트6는 단 한 문제이지만 많은 응시자들이 대답을 포기하거나 답을 짧게 내는 등 가장 어려워하는 문제이기 때문에 더 열심히 준비해서 좋은 답을 만들어 내야 한다.

이 파트는 어떤 주제에 대해서도 논리적으로 술술 말해야 하기 때문에 영어 스피킹을 공부하는 거의 모든 사람들이 꿈꾸는 수준의 실력을 요한다. 파트6에서 만점 받을 정도로 스피킹 실력을 갖추려면 외국에서 살다 와야 하는 게 아닌가 생각이 들기도 하지만, 역시 방법은 있다. 토픽에 대한 의견 제시에도 순서와 패턴이 있으며 이 데이터를 머릿속에 구축해 놓으면 답변 구현이 많이 쉬워진다.

2. 예시 문항

토익 스피킹 파트6의 문제는 다음과 같은 화면으로 출제된다.

Step 1 지시문: 컴퓨터에서 문제 안내 음성이 나오며 화면으로도 제시된다.

> **TOEIC Speaking**
>
> Question 11 of 11
>
> **Directions:** In this part of the test, you will give your opinion about a specific
>
> ·····▶ 특정 주제에 대해 의견 제시하기
>
> topic. Be sure to say as much as you can in the time allowed. You will have 15
>
> ·····▶ 준비 시간은 15초
>
> seconds to prepare. Then you will have 60 seconds to speak.
>
> ·····▶ 답변 시간은 60초

※ 언제나 같은 화면이 나오므로 잘 기억해 놓도록 한다.

Step 2 문제 제시 화면: 질문이 화면에 보이면서 음성이 나온다.
이때 질문의 요지를 빠르게 파악하고 자신의 의견을 정리해야 한다.

> **TOEIC Speaking**
>
> Question 11 of 11
>
> Do you think that talking on the phone is better to keep in touch with friends
>
> ·····▶ 뒤에 이어지는 두 가지 선택사항 중 한가지를 정해 자신의 의견을 이야기한다.
>
> than writing letters? Why? Why not?
>
> ·····▶ 1-2가지 타당한 이유를 들어 자신의 의견을 뒷받침한다.

15초 동안 자신의 의견에 대한 타당한 근거 1–2가지를 키워드로 정리한다.
완전한 문장으로 준비하다 보면 다음 이유를 생각하지 못해 당황하게 되므로
키워드 단위로 준비하여 문장을 만드는 연습을 해야 한다.

TOEIC Speaking

Question 11 of 11

Do you think that talking on the phone is better to keep in touch with friends than writing letters? Why? Why not?

PREPARATION TIME
0:00:15

Step 4 답변 시간: 질문은 화면에 계속 보인다.

60초 동안 자신의 의견과 그 이유를 조리 있게 말해야 한다.
의견 1문장 + 이유 1–2가지로 5–6개의 문장을 또박또박 천천히 말하면
60초 동안 충분히 답변할 수 있다.

TOEIC Speaking

Question 11 of 11

Do you think that talking on the phone is better to keep in touch with friends than writing letters? Why? Why not?

RESPONSE TIME
0:00:60

3. 출제 경향 및 기본 공략법

최근 토익 스피킹 파트6의 문제들은 답을 빨리 만들어내기 까다롭고 그 소재 또한 매우 다양해지고 있다. 신문, 인터넷, 방송을 통해 시사, 회사 업무, 직장, 교육, 기술, 건강, 환경 등에 대해 전문 지식을 쌓아두기를 당부한다.

문제의 유형은 의견을 묻는 내용으로
- Do you agree,
- Do you prefer,
- What do you think,
- Do you support or oppose,
- What do you consider the most 등으로 시작하는 질문들이 주로 출제된다.

그렇다면 토익 스피킹 파트6를 대할 때 가장 기본적으로 숙지해야 할 공략들을 살펴보자.

어떤 문제를 대하든 이 공략들을 반드시 기억하고 그에 맞는 전략이 즉각적으로 나올 수 있게 체화시켜야 한다.

공략 1 제시된 문제를 최대한 빠른 시간 내에 이해하고, 자신의 주장이 어느 방향으로 전개될지 몇 초 만에 결정해야 한다. 이 단계에서 결정이 늦어진다면 고득점을 얻기는 어렵다.

공략 2 15초간의 준비시간 동안 무엇을 하느냐에 따라 답변의 질이 달라진다. 이 시간 동안 주장의 근거가 되는 이유를 생각하고 연습해야 하는데, 기본적으로 2개는 생각해내야 안정적인 점수를 받을 수 있다.

공략 3 일단 우리말로도 잘 안 되는 논리적 말하기가 영어로 어떻게 가능하냐는 질문이 많다. 다양한 주제에 관한 답변을 보고 그 답변을 자신의 상황에 맞게 변형시켜 꾸준히 연습해야 한다. 한 두 번의 연습만으로 Speaking을 논리적으로 할 순 없다. 부지런히 노력한 사람만이 그 결과를 얻게 된다.

공략 4 다른 파트도 마찬가지이지만, 기출동형문제나 예상문제들을 참조할 땐 꼭 소리 내어 읽도록 한다. 그리고 거기에 자신이 원하는 주장을 대입, 응용하여 연습한다. 열 개 정도 성심을 다해 연습하다 보면 자신만의 기본 답안이 생기고 이 데이터가 결국 Speaking 시험의 열쇠가 된다.

공략 5 답변 서술에 있어서 내가 선호하는 쪽보다는 설명이 보다 쉽고, 이유나 근거를 어느 정도 제시할 수 있는 쪽을 선택하는 것이 좋다. 또, 욕심을 부려서 서둘러 말하려 하지 말고, 몇 문장 안 되더라도 기승전결에 맞게 차분히 말하는 편이 목표 달성에 도움이 된다.

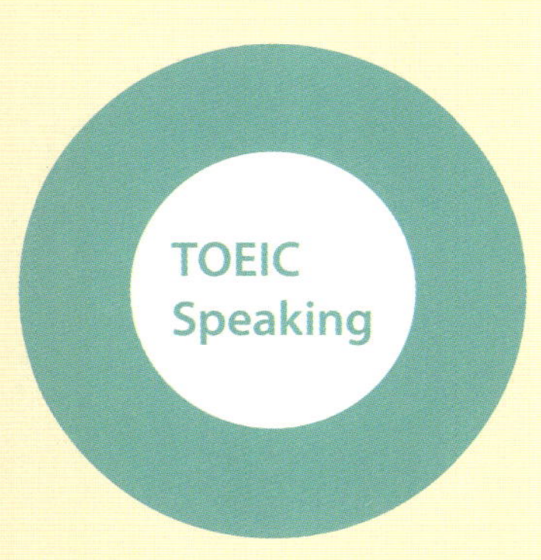

Chapter Ⅰ
준비편

**TOEIC Speaking Part 6를
완벽하게 준비한다.**

ETS TOEIC 시험의 평가 기준에 따르면 Part 3 이후부터는 문법과 어휘, 내용의 일관성과 완성도 면에서 평가된다. 문법과 어휘는 오랜 시간을 들여 충분히 실력을 쌓아야 하지만, 각 파트에서 자주 출제되는 질문들을 중심으로 TOEIC Speaking에 필요한 표현과 어휘를 집중적으로 공부한다면, 충분히 좋은 점수를 확보할 수 있다.

내용의 일관성과 완성도 또한 이 책에서 제시하는 기출동형문제와 풍부한 템플릿을 자신만의 것으로 만들어 낸다면 TOEIC Speaking에서 원하는 점수를 받을 수 있다.

토익 스피킹의 성패를 좌우하는

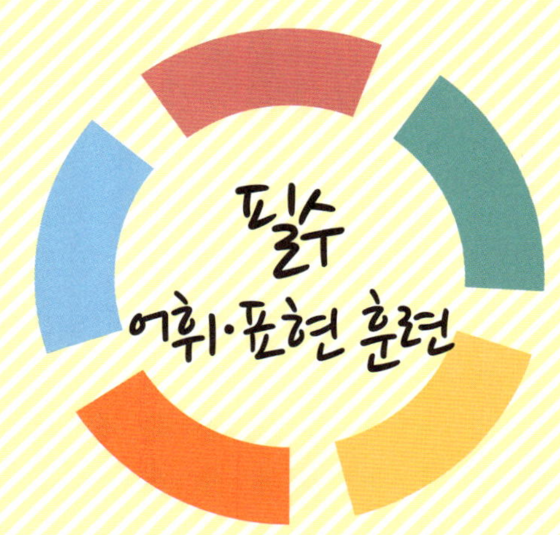

I. 어휘 *Vocabulary & Idioms*

어휘는 Speaking의 기본 중의 기본이다. 적절한 주제에 잘 나오는 어휘 데이터들을 차곡차곡 쌓기만 해도 Speaking 실력이 엄청나게 늘 수 있다. 다음의 어휘와 Chapter Ⅱ 실전문제의 템플릿은 유기적으로 연관되어 있다. 어휘와 문장을 따로 따로 암기하려 하지 말고, 두 가지를 유기적으로 학습하여 내가 알고 있는 단어들을 적재적소에서 활용할 수 있도록 하자.

1.

☐ **convenient** [kənvíːnjənt] 편리한

☐ **travel around** 여기저기 여행하다(다니다)

☐ **polluted** [pəlúːtid] 오염된

☐ **intimacy** [íntiməsi] 친밀감

☐ **public transportation system** 대중교통 시스템

☐ **facility** [fəsíləti] 시설, 기관

☐ **familiar** [fəmíljər] 익숙한

2.

☐ **Western** [wéstərn] 서양의 (*westernized [wéstərnaizd] 서구화된)

☐ **suit** [sjuːt] 정장

- [ ] **traditional** [trədíʃənəl] 전통의, 전통적인 (*tradition [trədíʃən] 전통)
- [ ] **outfit** [áutfit] 옷, 복장
- [ ] **cover** [kʌ́vər] 가리다, 씌우다
- [ ] **figure** [fígər] 몸매; 수치, 숫자; 인물
- [ ] **conserve** [kənsə́:rv] 보호(보존)하다
- [ ] **take a long time to** ~하는 데 오랜 시간이 걸리다
- [ ] **put on** (옷을) 입다
- [ ] **compared to** ~와 비교하여
- [ ] **reasonable** [rí:zənəbl] 합리적인, (가격이) 저렴한
- [ ] **on the other hand** 한편, 다른 한쪽으로
- [ ] **useful** [jú:sfəl] 유용한, 필요한

3.

- [ ] **flavor** [fléivər] 맛, 풍미
- [ ] **refresh** [rifréʃ] 생기를 되찾게 하다, 활력을 주다
- [ ] **instantly** [ínstəntli] 즉시, 즉각
- [ ] **more than anything** 무엇보다도
- [ ] **provide A with B** A에게 B를 제공하다
- [ ] **cultural** [kʌ́ltʃərəl] 문화의, 문화적인

4.

- [ ] **social network (service)** 소셜 네트워크 서비스 (SNS: 웹상에서 이용자들이 인적 네트워크를 형성할 수 있게 해주는 서비스)
- [ ] **contact** [kántækt] 연락하다
- [ ] **a huge amount of** 많은 양의
- [ ] **document** [dákjəmənt] 서류
- [ ] **expose** [ikspóuz] 노출시키다
- [ ] **identification** [aidèntəfikéiʃən] 신원, 신상정보
- [ ] **criminal** [kríminəl] 범죄자
- [ ] **abuse** [əbjú:z] 오용(악용)하다
- [ ] **illegal** [ilí:gəl] 불법의
- [ ] **tend to** ~하는 경향이 있다
- [ ] **focus on** ~에 집중하다
- [ ] **isolated** [áisəlèitid] 고립된

5.

- [ ] **educational** [èdʒukéiʃənəl] 교육적인
- [ ] **culture** [kʌ́ltʃər] 문화
- [ ] **history** [hístəri] 역사
- [ ] **laugh** [læf] 웃다
- [ ] **thanks to** ~ 덕분에
- [ ] **various** [véəriəs] 다양한
- [ ] **relieve** [rilí:v] ~을 덜다, 경감하다
- [ ] **be exposed to** ~에 노출되다
- [ ] **violent** [váiələnt] 폭력적인
- [ ] **take care of** ~을 돌보다
- [ ] **all the time** 항상
- [ ] **creative** [kriéitiv] 창의적인, 창조적인
- [ ] **have a huge effect on** ~에 많은 영향을 미치다
- [ ] **celebrity** [səlébrəti] 유명인사

6.

- [ ] **strict** [strikt] 엄격한 (=rigorous [rígərəs])
- [ ] **mature** [mətjúər] 성숙한

□ **discipline** [dísəplin] 규율, 훈육
□ **trouble maker** 말썽꾼
□ **sensitive** [sénsətiv] 섬세한, 감성적인

□ **graduation** [græ̀dʒuéiʃən] (학교) 졸업
□ **relaxed** [riláekst] 편안한
□ **successful** [səksésfəl] 성공적인

7.

□ **personally** [pə́:rsənəli] 개인적으로
□ **properly** [prápərli] 제대로, 적절히
□ **ability** [əbíləti] 능력

□ **before everything** 무엇보다도
□ **retirement** [ritáiərmənt] 은퇴

8.

□ **atmosphere** [ǽtməsfìər] 분위기
□ **bother** [báðər] 방해하다, 괴롭히다; 신경 쓰다
□ **task** [tæsk] 업무, 과업
□ **be into -ing** ~하는 것을 좋아하다
□ **comfortable** [kʌ́mfərtəbl] 편안한
□ **sales** [séilz] 영업(의); 판매, 매출
□ **display** [displéi] 진열; 진열하다

□ **keep -ing** 계속해서 ~하다
□ **be in trouble -ing** ~하는 데 문제가 생기다
□ **shy** [ʃai] 부끄러움〔수줍음〕이 많은
□ **personality** [pə̀rsənǽləti] 성격
□ **achievement** [ətʃí:vmənt] 업적, 성취
□ **when it comes to** ~에 관해서
□ **outgoing** [áutgòuiŋ] 외향적인

9.

□ **be used to -ing** ~하는 데 익숙하다
□ **be ahead of** ~보다 앞서가다
□ **so-called** 소위, 이른바
□ **night owl** 올빼미 형 인간, 밤에 활동하는 사람 (↔ early bird)

□ **concentrate on** ~에 집중하다
□ **peaceful** [pí:sfəl] 평화로운

10.

□ **historical** [histɔ́rikəl] 역사의, 역사상의
□ **economic** [ì:kənámik] 경제의 (*economically [ì:kənámikəli] 경제적으로)
□ **issue** [íʃu:] 문제, 중요한 점
□ **international** [ìntərnǽʃənəl] 국제적인
□ **terribly** [térəbli] 끔찍하게
□ **seize** [si:z] 꽉 붙잡다, 움켜잡다
□ **geographically** [dʒì:əgrǽfikæli] 지리(학)적으로
□ **regard A as B** A를 B로 간주하다

□ **in the past** 과거에
□ **give up** ~을 포기하다
□ **behave** [bihéiv] 행동하다
□ **saying** [séiiŋ] 속담, 격언

- ☐ **sincere** [sinsíər] 진실한
- ☐ **insist** [insíst] 주장하다
- ☐ **belong to** ~에 속하다
- ☐ **conflict** [kánflikt] 갈등, 충돌
- ☐ **make an effort to** ~하려고 노력하다
- ☐ **apology** [əpálədʒi] 사과
- ☐ **territory** [téritɔ̀ːri] 영토, 영역
- ☐ **bring about** ~을 유발(초래)하다
- ☐ **don't have to** ~할 필요가 없다

11.

- ☐ **get paid** (노동의 대가로) 돈을 받다
- ☐ **once** [wʌns] ~하기만 하면
- ☐ **commercial** [kəmə́ːrʃəl] 광고 (방송) (= advertisement [ædvərtáizmənt])
- ☐ **in some ways** 어떤 면에서
- ☐ **unstable** [ʌnstéibl] 불안정한
- ☐ **script** [skript] 대본
- ☐ **put in** (노력 등을) 들이다
- ☐ **average** [ǽvəridʒ] 평균(의), 보통(의)
- ☐ **appear** [əpíər] 나타나다; (영화 등에) 출연하다
- ☐ **not everyone** 모두가 ~한 것은 아닌
- ☐ **earn** [əːrn] (돈을) 벌다
- ☐ **series** [síəriːz] 연속, 시리즈

12.

- ☐ **protection** [prətékʃən] 보호, 안전
- ☐ **emergency** [imə́ːrdʒənsi] 응급상황, 비상사태
- ☐ **safety** [séifti] 안전
- ☐ **location** [loukéiʃən] 위치
- ☐ **whereabouts** [wéərəbàuts] 소재, 행방
- ☐ **be accompanied by** ~을 동반하다, ~와 함께하다
- ☐ **show off** 자랑하다, 으스대다
- ☐ **be responsible for** ~에 책임을 지다, 책임이 있다
- ☐ **distraction** [distrǽkʃən] 집중을 방해 하는 것
- ☐ **be allowed for** ~에게 허락되다
- ☐ **in case of** ~이 발생할 시에는
- ☐ **call for** ~을 요청하다
- ☐ **keep track of** ~에 대해 계속 알고 있다, 파악하다
- ☐ **wonder about** ~에 대해 궁금해 하다
- ☐ **control over** ~에 대한 통제(력)

13.

- ☐ **order** [ɔ́ːrdər] 주문하다; 주문
- ☐ **offline shop** 오프라인 점포 (인터넷으로 팔지 않는 상점)
- ☐ **compare** [kəmpέər] ~을 비교하다
- ☐ **insecure** [insikjúər] 안전이 보장되지 않은, 불안한
- ☐ **most of the time** 대부분
- ☐ **inconvenient** [ìnkənvíːnjənt] 불편한
- ☐ **discount** [diskáunt] 할인(된 가격)
- ☐ **register** [rédʒistər] ~을 등록하다
- ☐ **protect** [prətékt] ~을 보호하다
- ☐ **negotiate** [nigóuʃièit] 협상(조정)하다

14.

- [ ] **flexible** [fléksəbl] 유연한, 융통성 있는
- [ ] **rush hour** (출퇴근) 혼잡 시간대, 러시아워
- [ ] **in order to** ~하기 위하여
- [ ] **consider** [kənsídər] 고려하다 (*considering [kənsídəriŋ] ~을 고려하면, ~에 관해서는)
- [ ] **maintenance** [méintənəns] 유지, 관리
- [ ] **manage** [mǽnidʒ] ~을 관리(운용)하다
- [ ] **crowded** [kráudid] 붐비는
- [ ] **uncomfortable** [ʌnkʌ́mfərtəbl] 불편한
- [ ] **insurance** [inʃúərəns] 보험

15.

- [ ] **confidence** [kánfidəns] 자신감 (*confident [kánfidənt] 자신감 있는)
- [ ] **self-esteem** 자존감
- [ ] **depression** [dipréʃən] 우울(증)
- [ ] **factor** [fǽktər] 요소
- [ ] **possibly** [pásəbli] 아마도
- [ ] **side effect** 부작용
- [ ] **damage** [dǽmidʒ] 상해, 손해
- [ ] **afford** [əfɔ́ːrd] (~할) 여유가 되다
- [ ] **pay off** (부채를) 갚다
- [ ] **serious** [síəriəs] 심각한
- [ ] **government** [gʌ́vərnmənt] 정부
- [ ] **avoid** [əvɔ́id] ~을 피하다
- [ ] **appearance** [əpíərəns] 외모
- [ ] **seek** [siːk] 구하다, 찾다
- [ ] **permanent** [pə́ːrmənənt] 영구적인, 영원한
- [ ] **consult with** ~와 협의(상담)하다
- [ ] **come with** ~이 딸려 있다
- [ ] **loan** [loun] 대출
- [ ] **debt** [det] 부채, 빚
- [ ] **social issue** 사회 문제
- [ ] **take control of** ~을 통제(지배)하다

16.

- [ ] **complete** [kəmplíːt] 완전한; 완성하다
- [ ] **privacy** [práivəsi] 사생활
- [ ] **chore** [tʃɔːr] 잡일, 집안일
- [ ] **burdensome** [bə́ːrdənsəm] 부담스러운, 힘든 (*burden 부담)
- [ ] **a sense of belonging** 소속감
- [ ] **daily** [déili] 매일의, 일상의
- [ ] **move out** 이사 나가다
- [ ] **freedom** [fríːdəm] 자유
- [ ] **responsibility** [rispànsəbíləti] 책임감
- [ ] **and so on** ~ 등등
- [ ] **security** [sikjúərəti] 안전; 안도감
- [ ] **errand** [érənd] 심부름, 일

17.

- [ ] **custom** [kʌ́stəm] 관습
- [ ] **still** [stil] 여전히
- [ ] **ancestor** [ǽnsestər] 선조, 조상
- [ ] **be in existence** 존재하다
- [ ] **honor** [ánər] ~을 기념하다, 기리다
- [ ] **respect** [rispékt] 존경(공경)하다

- [ ] **no matter what** 뭐니뭐니해도, 무엇보다도
- [ ] **would rather** 차라리 ~하고 싶다
- [ ] **last** [læst] 지속되다, 계속되다
- [ ] **take a rest** 휴식을 취하다
- [ ] **tour package** 일괄 여행 상품
- [ ] **a great deal of** 상당한, 다량의, 많은
- [ ] **motivated** [móutəvèitid] 의욕적인, 동기가 부여된

- [ ] **tiring** [táiəriŋ] 피곤한
- [ ] **normally** [nɔ́ːrməli] 일반적으로, 보통
- [ ] **overseas** [óuvərsìːz] 해외로, 해외의
- [ ] **target** [táːrgit] ~을 겨냥하다; 대상, 타겟
- [ ] **resist** [rizíst] ~에 저항하다, ~을 참다
- [ ] **physical** [fízikəl] 육체의, 신체의

18.

- [ ] **beneficial** [bènəfíʃəl] 유익한, 이로운 (*benefit [bénəfit] 이익이 되다; 이익)
- [ ] **back and forth** 왔다 갔다
- [ ] **at one's convenient time** 언제고 편할 때
- [ ] **sign up for** ~에 등록하다, ~을 신청하다
- [ ] **distracted** [distrǽktid] (정신이) 산만 해진

- [ ] **academy** [əkǽdəmi] (특정 분야의) 학교, 학원
- [ ] **repeatedly** [ripíːtidli] 반복하여, 되풀이하여
- [ ] **log on** (단말기에) 접속하다, 로그인하다

19.

- [ ] **reduce** [ridjúːs] ~을 줄이다
- [ ] **unnecessary** [ʌnnésəsèri] 불필요한
- [ ] **tiredness** [táiərdnis] 피로, 피곤
- [ ] **motivation** [mòutivéiʃən] 동기 (부여)
- [ ] **productivity** [pròudəktívəti] 생산성
- [ ] **put an effort on** ~에 노력을 기울이다
- [ ] **open up** 마음을 터놓다
- [ ] **be part of** ~의 일원이 되다
- [ ] **unsolved** [ʌnsálvd] (문제가) 풀리지 않은

- [ ] **outing** [áutiŋ] 야유회
- [ ] **gathering** [gǽðəriŋ] 모임
- [ ] **lack of** ~의 결핍, 부족 (*lack [læk] ~이 부족하다)
- [ ] **affect** [əfékt] ~에 영향을 미치다
- [ ] **energized** [énərdʒàizd] 활력이 있는, 활력 넘치는
- [ ] **superior** [supíəriər] 상급자, 선배
- [ ] **candid** [kǽndid] 솔직한
- [ ] **take advantage of** ~을 이용[활용]하다
- [ ] **relaxing** [rilǽksiŋ] 편안한

20.

- [ ] **tourist attraction** 관광명소
- [ ] **reserve** [rizə́ːrv] 예약하다
- [ ] **troublesome** [trʌ́blsəm] 골칫거리인
- [ ] **be interested in** ~에 흥미가 있다 (*interest [íntərəst] 흥미)
- [ ] **fixed** [fikst] 고정된
- [ ] **based on** ~에 기초하여
- [ ] **unpleasant** [ʌnplézənt] 불쾌한

- [ ] **itinerary** [aitínərəri] 여행 일정표
- [ ] **arrange** [əréindʒ] 마련하다, 처리하다; 정리하다
- [ ] **have no choice but to** 어쩔 수 없이 ~하다
- [ ] **feel pressed** 압박[부담]을 느끼다

토익 스피킹의 성패를 좌우하는

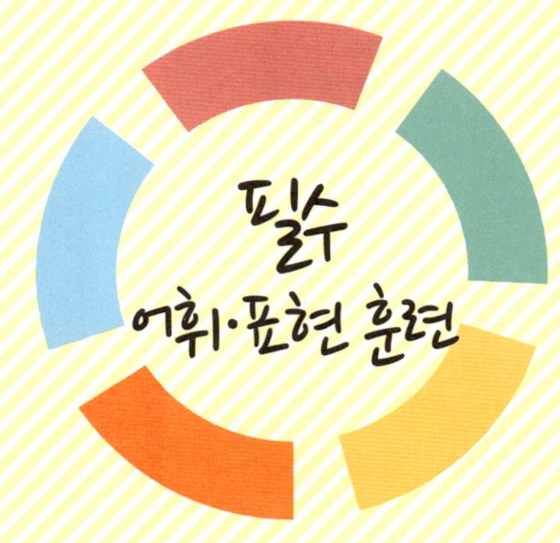

II. 표현 *Patterns*

Speaking에서 문법이란 일정한 패턴 읽기이다. TOEIC Speaking 답변 표현에 적절한 패턴 또는 표현들만 잘 익혀 두어도 어떤 질문을 만나든 두려움 없이 답할 수 있는 용기가 생길 것이다. 다음의 패턴[표현]들을 잘 익혀 두어 TOEIC Speaking 실력을 한 단계 업그레이드 시키도록 하자. 🎧P6_PT

1. You can travel around easily.
여기저기 쉽게 다닐 수 있습니다.

> Travel around: 여기저기 여행하고 다니다

다음 표현을 소리 내어 세 번 읽은 후, 자신의 상황에 맞추어 문장을 만들어 보자.

- ☐ I want to travel around the world. 저는 세계를 여행하고 싶습니다.
- ☐ The Internet enables us to travel around the world without a visa.
  인터넷은 비자 없이도 우리가 세계를 여행할 수 있게 해주었습니다.
- ☐ We had so much fun traveling around. 우리는 여기저기 여행하면서 정말 즐거웠습니다.

My Sentence

2. You have more chances to get a better education.
더 좋은 교육을 받을 기회를 더 많이 가질 수 있습니다.

Have more chances to 　동사　 : 　　　할 기회를 더 많이 가지다

다음 표현을 소리 내어 세 번 읽은 후, 자신의 상황에 맞추어 문장을 만들어 보자.

☐ He will have more chances to win a gold medal. 그는 금메달을 딸 기회를 더 많이 가질 것입니다.

☐ I had few chances to get a good education. 저에게는 교육받을 기회가 거의 없었습니다.

☐ I can have more chances to meet him. 저에게는 그를 만날 기회가 더 많이 있습니다.

My Sentence

3. People these days are not familiar with talking to their neighbors in a city.
사람들은 요즘 도시에서 이웃들과 이야기하는 것에 익숙하지 않습니다.

Be (not) familiar with 　　　　 : 　　　하는 데 익숙하다[익숙하지 않다, 낯설다]

다음 표현을 소리 내어 세 번 읽은 후, 자신의 상황에 맞추어 문장을 만들어 보자.

☐ I am familiar with using this product. 저는 이 제품을 사용하는 데 익숙합니다.

☐ I was not familiar with speaking English in front of a lot of people.
저는 많은 사람들 앞에서 영어로 이야기하는 것이 낯설었습니다.

☐ He is not familiar with computer software. 그는 컴퓨터 소프트웨어에 익숙지 않습니다.

My Sentence

4. They don't have to worry about their figure.
그들은 자신의 몸매에 관해 걱정할 필요가 없습니다.

Don't have to worry about 　　　　 : 　　　에 대해 걱정할 필요가 없다

다음 표현을 소리 내어 세 번 읽은 후, 자신의 상황에 맞추어 문장을 만들어 보자.

☐ We don't have to worry about the product quality. 우리는 제품 품질에 대해 걱정할 필요가 없습니다.

☐ I don't have to worry about traffic jams. 저는 교통 체증을 걱정할 필요가 없습니다.

☐ They don't have to worry about what classes to take.
그들은 어떤 수업을 들을지 걱정할 필요가 없습니다.

My Sentence

5. These days, people seem to be more westernized than before.

오늘날 사람들은 이전에 비해 더 서구화된 것 같습니다.

> Seem to be ______ : ______처럼 보이다, ______인 것 같다

- ☐ She seems to be very healthy. 그녀는 무척 건강해 보입니다.
- ☐ Some people seem to be afraid of meeting people from other countries.

  어떤 사람들은 다른 나라 사람들과의 만남을 두려워 하는 것 같습니다.
- ☐ He seems to be in a bad mood today. 그는 오늘 기분이 좋지 않은 것 같습니다.

My Sentence

6. A suit is more useful than the traditional outfits.

정장은 전통 의상보다 더 활용도가 높습니다.

> More 형용사 than ______ : ______보다 더 형용사 한

- ☐ It is more helpful than the previous one. 그것은 이전의 것보다 더 도움이 됩니다.
- ☐ This process is more complicated than that. 이 절차는 그 절차보다 더 복잡합니다.
- ☐ I am more experienced than her. 저는 그녀보다 경력이 많습니다.

My Sentence

7. Coffee has different types of flavors.

커피는 다양한 종류의 풍미를 지니고 있습니다.

> Have different types of ______ : 다양한 종류의 ______을 가지다[가 있다]

- ☐ The country has different types of weather. 그 나라는 다양한 종류의 기후를 가지고 있습니다.
- ☐ It has different types of topics. 그것에는 다양한 종류의 주제가 있습니다.
- ☐ That disease has different types of symptoms. 그 병은 다양한 종류의 증상이 있습니다.

My Sentence

8. Green tea is good for our health and skin.
녹차는 건강과 피부에 좋습니다.

Be good for 　　　　 : 　　　　 에 좋다

- [ ] It will be good for your career because it is a big company.
  그곳은 대기업이니까 너의 경력에 도움이 될 거야.
- [ ] Being angry is not good for you. 화를 내는 건 당신에게 좋지 않습니다.
- [ ] Swimming is definitely good for your body and mind.
  수영은 확실히 몸과 정신에 좋습니다.

9. Besides, some coffee makers provide us with coffee at a higher price.
게다가 어떤 커피 공급자는 커피를 비싼 가격에 제공하기도 합니다.

Provide 　사람　 with 　사물　 : 　사람　 에게 　사물　 를 제공하다

- [ ] I can provide you with it for free. 제가 당신께 그것을 무료로 드릴 수 있습니다.
- [ ] The newspaper provides us with a lot of information. 신문은 우리에게 많은 정보를 제공합니다.
- [ ] The government should provide their people with a good education.
  정부는 국민들에게 양질의 교육을 제공해야 합니다.

10. By using email or social networks,
이메일이나 SNS를 이용하여

By 　　　　ing : ((수단)) 　　　　 함으로써, 　　　　 하여

- [ ] By making conversation with one another, we could build a good relationship.
  서로 대화를 하면서, 우리는 좋은 관계를 형성할 수 있었습니다.
- [ ] I go to my school using public transportation. 저는 대중교통을 이용해서 학교에 갑니다.
- [ ] We enjoy websites and send e-mails by accessing the Internet.
  우리는 인터넷에 접속함으로써 웹사이트를 즐기고 이메일을 보냅니다.

11. People tend to focus on communication in cyber world these days.

요즘 사람들은 가상세계에서의 의사소통에 집중하는 경향이 있습니다.

> Tend to 동사 : ~~~~하는 경향이 있다

- [ ] People tend to overuse their credit cards. 사람들이 신용카드를 남용하는 경향이 있습니다.
- [ ] Teenagers these days tend to be obsessed with playing computer games.

  요즘 10대들은 컴퓨터 게임에 집착하는 경향이 있습니다.
- [ ] Some people tend to be more open and emotional when they drink.

  어떤 사람들은 술을 마실 때 더 외향적이고 감정적으로 되는 경향이 있습니다.

12. They are becoming more isolated from each other. 그들은 점점 서로에게서 고립되고 있습니다.

> Be isolated from ~~~~ : ~~~~로부터 고립되다

- [ ] He was isolated from others because of an infectious disease.

  그는 전염병 때문에 다른 사람들로부터 고립되었다.
- [ ] It was an island that has been isolated from civilization. 그곳은 문명으로부터 고립된 섬이었다.
- [ ] The country would be isolated from the rest of the world.

  그 나라는 전 세계 나머지 국가들로부터 고립될지 모릅니다.

13. Thanks to various comedy shows on TV, we can relieve stress.

다양한 TV 코미디 쇼 덕분에 우리는 스트레스를 풀 수 있습니다.

> Relieve stress: 스트레스를 풀다

- [ ] Jogging every day is a good way to relieve stress.

  매일 조깅하는 것은 스트레스를 푸는 좋은 방법입니다.
- [ ] In order to relieve my stress, I like to watch action movies.

  스트레스를 풀기 위해서 나는 액션 영화 보는 것을 좋아합니다.
- [ ] Listening to rock music is always helpful for me to relieve stress.

  록 음악을 듣는 것은 제가 스트레스를 푸는 데 언제나 도움이 됩니다.

14. Children are exposed to many violent TV shows these days.

오늘날 아이들은 많은 폭력적인 TV 프로그램에 노출되고 있습니다.

> Be exposed to [명사] : [ ]에 노출되다

- [ ] This product should not be exposed to water. 이 제품은 물에 노출되어서는 안됩니다.
- [ ] Your skin ages faster if it is exposed to the sun too much.

  피부가 햇볕에 지나치게 노출되면 피부가 더 빨리 노화됩니다.
- [ ] She was not exposed to infectious diseases. 그녀는 전염병에 노출되지 않았습니다.

My Sentence

15. TV has a huge effect on them.

TV는 그들에게 매우 큰 영향을 미칩니다.

> Have a huge effect on [ ] : [ ]에 큰 영향을 미치다

- [ ] This will have a huge effect on my promotion. 이것은 내 승진에 큰 영향을 미칠 것입니다.
- [ ] Health has a huge effect on my future. 건강은 내 미래에 큰 영향을 미칩니다.
- [ ] My language skill will have a huge effect on my life.

  제 언어 실력은 제 인생에 큰 영향을 미칠 것입니다.

My Sentence

16. Teenagers can make a wrong decision in their lives.

10대들은 인생을 살면서 잘못된 선택을 할 수 있습니다.

> Make a decision: 결정하다

- [ ] I made a decision to go there. 저는 그곳에 가기로 결정했습니다.
- [ ] He will make a decision about this matter. 그는 이 문제에 대해 결정할 것입니다.
- [ ] They made a decision to keep it secret. 그들은 그것을 비밀로 하기로 결정했습니다.

My Sentence

17. They have to be ready for getting jobs after graduation.

그들은 졸업 후 직업을 얻을 준비를 해야 합니다.

> Be ready for   :   할 준비가 되다

- ☐ I am not ready for the next exam. 전 다음 시험을 볼 준비가 되지 않았습니다.
- ☐ They were ready for the meeting. 그들은 회의를 할 준비가 되었습니다.
- ☐ She is ready for whatever comes. 그녀는 무슨 일이 일어나든 준비가 되어 있습니다.

My Sentence

18. Students may need to talk with adults rather than to learn something in classes.

학생들은 수업에서 무엇인가를 배우기보다는 어른들과 이야기하는 것이 더 필요할지 모릅니다.

> Rather than   :   보다는,   대신에

- ☐ He decided to study rather than watch the game.

  그는 경기를 보는 대신 공부를 하기로 결정했습니다.
- ☐ I would like to drink coffee rather than wine. 저는 와인보다는 커피를 마시고 싶습니다.
- ☐ We were screaming rather than signing. 우리는 노래를 부른다기보다는 소리를 지르고 있었습니다.

My Sentence

19. I want to make enough money.

저는 돈을 많이 벌기를 원합니다.

> Make enough money: 돈을 많이 벌다

- ☐ I am going to make enough money. 저는 돈을 많이 벌 것입니다.
- ☐ If you want to make enough money, you should work hard.

  당신이 돈을 많이 벌고 싶다면, 열심히 일해야 합니다.
- ☐ They made enough money in the stock market. 그들은 주식으로 돈을 많이 벌었습니다.

My Sentence

20. **Without money, people can't even lead their daily lives properly.**
돈이 없다면 사람들은 생계를 제대로 유지하는 것조차 힘듭니다.

> Without 명사 , 주어 can't 동사 : 명사 없이는 동사 할 수 없다
> 꼭 명사 로 동사 하다

- ☐ **Without water and air, people can't live a single day.**
  물과 공기가 없다면 사람들은 하루도 살 수 없습니다.
- ☐ **I can't begin my day without coffee.** 저는 꼭 커피를 마시며 하루를 시작합니다.
- ☐ **Without electricity, we can't do anything.** 전기 없이는 아무것도 할 수 없습니다.

My Sentence

21. **I want to be a successful businessman with lots of abilities in the future.**
저는 미래에 능력을 갖춘 성공한 사업가가 되고 싶습니다.

> With lots of abilities: 능력이 많은

- ☐ **He is a person with lots of abilities, but he doesn't use them.**
  그는 능력이 많은 사람이지만, 그것을 잘 활용하지 못합니다.
- ☐ **The company needs a person with lots of abilities and experiences at the same time.** 그 회사는 능력이 많고 그와 동시에 경험도 풍부한 사람을 원합니다.
- ☐ **You are a talented person with lots of abilities and this is why I like you.**
  당신은 능력이 많은 재능 있는 사람이고, 이것이 제가 당신을 좋아하는 이유입니다.

My Sentence

22. **I have to focus on different computer programs in a quiet atmosphere.**
저는 조용한 분위기에서 각각 다른 컴퓨터 프로그램들에 집중해야 합니다.

> Focus on   :   에 집중하다

- ☐ **I can't focus on my study.** 저는 공부에 집중할 수가 없습니다.
- ☐ **Coffee helps me focus on my work.** 커피는 제가 일에 집중하도록 도와줍니다.
- ☐ **I would say that it's more important to focus on my future.** 저는 제 미래에 집중하는 것이 더 중요하다고 생각합니다.

My Sentence

23. I would be in trouble taking care of my task.
제가 업무를 처리하는 데 문제를 겪을 것입니다.

> **Be in trouble:** 곤경에 처하다, 문제가 생기다

☐ The company is in trouble because its sales went down.
매출이 떨어졌기 때문에, 그 회사는 곤경에 처했습니다.

☐ Exports are in trouble because of the exchange rate. 환율 때문에 수출이 어렵습니다.

☐ She is in financial trouble due to her spending habits.
소비 습관 때문에 그녀는 경제적 곤경에 처했습니다.

24. Sales is not something I can do alone.
영업은 제가 혼자 할 수 있는 일이 아닙니다.

> ▦ is not something I can: ▦ 는 내가 할 수 있는 것이 아니다

☐ This is not something I can do. 이것은 내가 할 수 있는 일이 아닙니다.

☐ It was not something I could handle because the situation was more serious

than I expected. 그 상황은 생각보다 더 심각했기 때문에, 제가 처리할 수 있는 일이 아니었습니다.

☐ This problem is not something I can just pass over.
이 문제는 제가 그냥 넘길 수 있는 것이 아닙니다.

25. I'm used to getting up around 5 a.m. every day to start a day.
저는 매일 아침 5시쯤 일어나 하루를 시작하는 것에 익숙합니다.

> **Be used to** ▦ **ing:** ▦ 하는 데 익숙하다

☐ I am used to eating spicy food. 저는 매운 음식을 먹는 데 익숙합니다.

☐ She is used to telling a lie. 그녀는 거짓말하는 데 익숙합니다.

☐ They are used to not using disposable items. 그들은 일회용품을 사용하지 않는 것에 익숙합니다.

26. I feel that I'm ahead of people.
저는 사람들을 앞서간다고 느낍니다.

> **Be ahead of** ______ : ______ 보다 앞서다

- ☐ It is two weeks ahead of schedule. 일정보다 2주 당겨졌어요.
- ☐ He is ahead of his time. 그는 시대를 앞서는 사람입니다.
- ☐ I finished the work a week ahead of the deadline. 저는 마감일보다 1주일 빨리 일을 마쳤습니다.

27. I'm a so-called night owl person.
저는 소위 '올빼미 형' 사람입니다.

> **So-called:** 소위, 이른바

- ☐ She is a so-called professional. 그녀는 이른바 전문가다.
- ☐ I am afraid of meeting these so-called expert people because of their attitudes. 저는 그들의 태도 때문에 소위 이런 전문가들을 만나는 게 별로입니다.
- ☐ A so-called professor wouldn't have done that kind of thing.
  소위 교수라는 사람이 그런 일을 했을 리가 없습니다.

28. The economic issues we face should be considered something important.
우리가 직면하고 있는 경제 문제들이 중요하게 여겨져야 합니다.

> **Be considered** 명사/형용사 : ______ 로 간주되다, 여겨지다

- ☐ This product is considered innovative. 이 제품은 혁신적인 것으로 여겨집니다.
- ☐ That movie is considered a blockbuster. 그 영화는 대작으로 여겨집니다.
- ☐ People are often considered impolite because of cultural differences.
  사람들은 종종 문화 차이 때문에 무례하다고 여겨집니다.

29. They have insisted that one of our territories, Dok-do, should belong to them.

그들은 우리의 영토인 독도가 자신들의 것이라고 주장하고 있습니다.

Insist that 주어 + 동사 : ～라고 주장하다

☐ She insisted that I made a mistake. 그녀는 내가 실수했다고 주장했습니다.

☐ They insisted that it was on the Internet. 그들은 그것이 인터넷에 나와 있다고 주장했습니다.

☐ He insists that she should come. 그는 그녀가 와야 한다고 주장합니다.

30. It has brought about conflict between two countries.

그것은 두 국가 사이에 갈등을 야기하고 있습니다.

Bring about ～ : ～을 야기하다, 초래하다

☐ It will bring about a good result. 그것은 좋은 결과를 가져올 것입니다.

☐ Science has brought about many changes in our lives.

과학은 우리 삶에 많은 변화를 가져왔습니다.

☐ Carelessness could bring about an accident. 부주의는 사고를 일으킬 수 있습니다.

31. Compared to the hours of work they do

그들이 일하는 시간에 비해

Compared to 명사(구) : ～와 비교하여, ～에 비해

☐ His problem is minuscule compared to yours. 그의 문제는 너에 비하면 사소하다.

☐ Compared to the past, the number of women who work has increased a lot.

과거와 비교하여, 일하는 여성의 수가 크게 증가했습니다.

☐ Compared to the previous year, prices have gone up 5 percent as a whole.

전년도에 비하여, 물가가 전반적으로 5% 올랐습니다.

32. It takes a long time to select a script.
대본을 선택하는 데 오랜 시간이 걸리다.

> Take ⬚⬚⬚ time : 얼마의 시간이 걸리다

- ☐ It will take time to be delivered. 배달되는 데 시간이 걸릴 겁니다.
- ☐ It takes a long time to learn a foreign language. 외국어를 배우는 데는 긴 시간이 걸립니다.
- ☐ It usually takes about half an hour to get to my office.
  출근하는 데 보통 30분이 걸립니다.

33. Actors/actresses put in lots of hours to practice for the role.
배우들은 그 역을 소화하기 위해 상당히 많은 시간을 투자합니다.

> Put in lots of ⬚⬚⬚ : 많은 ⬚⬚⬚을 기울이다[들이다]

- ☐ We put in lots of hours and effort on this new product.
  우리는 이 신제품에 많은 시간과 노력을 기울였습니다.
- ☐ You have to put in lots of hours to get promoted. 승진하려면 많은 시간을 들여야 합니다.
- ☐ They should put in lots of endeavor to correct the error.
  그들은 오류를 바로 잡기 위해 많은 노력을 기울여야 합니다.

34. Their parents can keep track of their location and activities.
부모들이 아이가 있는 장소와 하고 있는 활동에 대해 계속 파악할 수 있습니다.

> Keep track of ⬚⬚⬚ : ⬚⬚⬚에 대해 파악하다

- ☐ A calendar helps you to keep track of time and to remember important dates.
  달력은 시간을 파악하고 중요한 날짜를 기억하도록 도와줍니다.
- ☐ We are trying to keep track of the cause and reason.
  우리는 원인과 이유를 파악하기 위해 노력 중입니다.
- ☐ We are trying to keep track of expenses by means of a computer program.
  우리는 컴퓨터 프로그램을 이용하여 비용에 대해 파악하려고 노력하고 있습니다.

35. Children are always accompanied by parents.

아이들은 항상 부모와 함께 다닙니다.

Be accompanied by ▨▨▨ : ▨▨▨ 을 동반하다

☐ He will be accompanied by his co-workers. 그는 동료와 동행할 것입니다.

☐ Headaches may be accompanied by fever. 두통은 열을 동반할 수 있습니다.

☐ Heavy rain could be accompanied by thunder. 폭우는 천둥을 동반할 수 있습니다.

My Sentence

36. This can be used as a way to show off to other students.

이것은 다른 학생들에게 자랑하는 수단으로 쓰일 수 있습니다.

Be used: 사용되다, 쓰이다

☐ It is used in many ways these days. 그것은 요즘 여러 측면에서 사용됩니다.

☐ English can be used to communicate with one another.

영어는 서로 의사소통하기 위해 사용될 수 있습니다.

☐ Computers are used for writing and teaching. 컴퓨터는 글쓰기와 교육에 쓰입니다.

37. You can order products anytime anywhere.

당신은 언제 어디서나 제품을 주문할 수 있습니다.

Anytime anywhere: 언제 어디서나

☐ You can do it anytime anywhere. 당신은 언제 어디에서나 그것을 할 수 있습니다.

☐ We can access the Internet by means of Wi-Fi anytime anywhere.

우리는 Wi-Fi를 통해 언제 어디서나 인터넷에 접속할 수 있습니다.

☐ With the help of this cell phone, you can keep in touch with your family and friends anytime anywhere.

이 휴대전화의 도움으로, 당신은 언제 어디서나 가족 및 친구들과 연락할 수 있습니다.

My Sentence

38. I am not in favor of on-line shopping.
저는 온라인 쇼핑을 좋아하지 않습니다.

> Be in favor of   :   에 찬성이다,   을 좋아하다

- ☐ I am in favor of her decision. 저는 그녀의 의견에 찬성합니다.
- ☐ The majority of people are in favor of the new policy.
  대다수의 사람들이 새로운 정책에 찬성합니다.
- ☐ I am not in favor of getting plastic surgery. 저는 성형수술을 하는 것에 반대합니다.

My Sentence

39. Actual products usually are different from the one in the picture.
실제 물건들이 사진에 보이는 것과 대개 다릅니다.

> Be different from   :   와 다르다

- ☐ His opinion is different from what he said at first. 그의 의견은 처음에 그가 말한 것과 다릅니다.
- ☐ Twins might be different from one another. 쌍둥이가 서로 다를 수도 있습니다.
- ☐ The movie is totally different from the book in many ways.
  영화는 많은 측면에서 책과 완전히 다릅니다.

My Sentence

40. I can do whatever I want, such as listening to music.
저는 음악을 듣는 등 제가 원하는 무엇이든 할 수 있습니다.

> Whatever   주어   +   동사   :   주어   가   동사   하는 무엇이든

- ☐ I can do whatever I want. 저는 제가 원하는 건 무엇이든 할 수 있습니다.
- ☐ My parents will be with me whatever I do. 내가 무엇을 하든 부모님은 나와 함께 있을 것입니다.
- ☐ Whatever I do, it is perfect all the time. 내가 무엇을 하든지 언제나 완벽합니다.

My Sentence

41. I need to pay for gas which is very expensive in Korea.
한국에서는 매우 비싼 연료비를 지불해야 합니다.

> Need to 동사 : _____ 할 필요가 있다, _____ 해야 한다

- ☐ **We need to keep our mind on studying.** 우리는 공부에 전념해야 합니다.
- ☐ **They need to be there before the boarding time.** 그들은 탑승시간 전에 그곳에 도착해야 합니다.
- ☐ **I don't need to attend the annual meeting this Friday.**
  저는 이번 주 금요일 연례 회의에 참석할 필요가 없습니다.

My Sentence

42. It is a great way to manage my time and feel relaxed.
그것은 제가 시간을 관리하면서도 편안함을 느끼는 매우 좋은 방법입니다.

> Manage my time: 시간을 관리하다

- ☐ **I was not able to manage my time the way I had hoped.**
  저는 제가 기대했던 방식대로 시간을 관리할 수 없었습니다.
- ☐ **If you manage your time effectively, you will be successful.**
  당신이 시간을 효율적으로 관리한다면, 당신은 성공할 것입니다.
- ☐ **I use a planner to manage my time.** 저는 시간을 관리하기 위해 플래너를 사용합니다.

My Sentence

43. This can help them feel more confident in building relationships with people.
이것은 그들이 더 자신감 있게 대인관계를 쌓는 데 도움이 될 것입니다.

> Build relationships with people: (대인)관계를 쌓다[형성하다]

- ☐ **They can build relationships with other people through SNS to a certain extent.** 그들은 SNS를 통해서 어느 정도 대인 관계를 형성할 수 있습니다.
- ☐ **It is crucial to build relationships with people in work and life.**
  직장과 인생에서 대인관계를 쌓는 것은 중요합니다.
- ☐ **Building good relationships with people depends on your attitude.**
  좋은 대인 관계를 형성하는 것은 당신의 태도에 달려 있습니다.

My Sentence

44. It is too expensive for young people to afford.
젊은 사람들이 감당하기에는 너무 비쌉니다.

Too 형용사 to 동사 : 너무 형용사 해서 동사 할 수 없다,
동사 하기에는 너무 형용사 하다

☐ He is too young to read those books. 그는 그 책들을 읽기에는 너무 어립니다.

☐ This chance is too good to be true. 사실이라고 하기에는 이 기회가 너무 좋습니다.

☐ It is too early to judge that. 그것을 판단하기에는 너무 이릅니다.

My Sentence

45. The government should take control of this.
정부는 이것을 규제해야 합니다.

Take control of ____ : ____을 통제[규제]하다

☐ I should find a way to take control of my financial status.
저는 제 재정 상황을 통제할 수 있는 방법을 찾아야 합니다.

☐ The government tried to take control of this situation but they didn't make it.
정부는 이 상황을 규제하기 위해 노력했지만, 그들은 성공하지 못했습니다.

☐ They took greater control of the conversation. 그들이 대화의 주도권을 장악했습니다.

My Sentence

46. You are only responsible for paying for yourself.
당신은 당신 자신만 건사하면 됩니다.

Be responsible for ____ : ____을 책임지다[맡다]

☐ I am responsible for what I do. 저는 제가 하는 일에 책임을 집니다.

☐ The manager will be responsible for the issues regarding meeting next week.
매니저가 다음 주 회의 안건을 발의할 것입니다.

☐ They should be responsible for what they have done.
그들은 그들이 한 행동에 책임을 져야 합니다.

My Sentence

Part 6

47. You feel a sense of belonging and security.

당신은 소속감과 안도감을 느낄 수 있습니다.

> A sense of 명사 : 감[의식]

- ☐ The training session was useful to create a sense of community.

  그 연수는 공동체 의식을 형성하는 데 유익했습니다.

- ☐ A sense of unity was created by wearing uniforms.

  유니폼 착용으로 일체감이 형성되었습니다.

- ☐ I want to feel a sense of belonging. 저는 소속감을 느끼고 싶습니다.

My Sentence

48. My parents often take care of daily errands.

저희 부모님이 대개 매일의 자잘한 일들을 살피십니다.

> Take care of : 을 처리하다, 신경 쓰다

- ☐ I need to take care of the plan. 저는 그 계획을 처리해야 합니다.
- ☐ They didn't take care of the environmental issues. 그들은 환경 문제에 대해 신경 쓰지 않았습니다.
- ☐ We have as many as five tasks to take care of. 우리가 처리해야 할 일이 5개 정도 있습니다.

My Sentence

49. I'd rather spend time traveling abroad during the biggest holidays.

저는 대명절에 해외여행을 하며 보내는 것을 오히려 선호합니다.

> Spend time ing: 하며 시간을 보내다

- ☐ I used to spend time riding a bike in a park. 저는 공원에서 자전거를 타며 시간을 보내곤 했습니다.
- ☐ He spent time reading the business section of a newspaper.

  그는 신문의 비즈니스 면을 보며 시간을 보냈다.

- ☐ I don't need to spend time doing things that won't help me.

  저는 제게 도움이 되지 않을 것들을 하면서 시간을 보낼 필요가 없습니다.

My Sentence

50. That's why it is very hard to resist.
이것이 바로 거부하기가 매우 힘든 이유입니다.

That's why 주어 + 동사 : 그것이 주어 가 동사 하는 이유이다,
그래서 주어 가 동사 하다

- ☐ He was too busy with his studies. That's why he couldn't come.
  그는 공부하느라 너무 바빴습니다. 그래서 그는 오지 못했습니다.
- ☐ That's why he starts to study English. 그래서 그는 영어 공부를 시작했습니다.
- ☐ That's why I asked him the question. 그것이 제가 그에게 질문을 한 이유입니다.

My Sentence

Part 6

51. It is a great deal of physical work.
이것은 상당한 육체노동입니다.

A great deal of : 많은, 상당한

- ☐ I spend a great deal of money on shopping. 저는 쇼핑에 많은 돈을 씁니다.
- ☐ He put a great deal of effort into preparing for the test.
  그는 그 시험을 준비하는 데 많은 노력을 기울였습니다.
- ☐ There will be a great deal of time for questions after this presentation.
  이 발표 이후에 질문 시간이 많이 있을 겁니다.

My Sentence

52. It saves time from traveling back and forth to an academy.
이것은 학원에 왔다 갔다 하는 시간을 절약해줍니다.

Back and forth : 왔다 갔다, 여기저기의

- ☐ I want to work back and forth in many regions. 저는 많은 지역들을 오가며 일하고 싶습니다.
- ☐ Commuting back and forth to Seoul is not easy at all.
  서울로 왔다 갔다 통근하는 것은 전혀 쉽지 않습니다.
- ☐ The weather goes back and forth in the rainy season. 장마철에는 날씨가 오락가락 합니다.

My Sentence

53. After signing up for the courses, 수업에 등록을 하고 난 뒤

Sign up for ⬚ : ⬚ 에 등록하다, ⬚ 을 신청하다

- ☐ If you want to sign up for English class, you should speed up.
  영어 수업을 신청하려면 서둘러야 합니다.
- ☐ I am here to sign up for the gym today. 전 오늘 체육관에 등록하러 왔습니다.
- ☐ Everyone can sign up for the training session. 모든 사람이 연수를 신청할 수 있습니다.

54. You end up giving up the study. 결국에는 공부를 포기하게 됩니다.

End up ⬚ ing: 결국 ⬚ 하게 되다

- ☐ I ended up winning the singing competition as she predicted.
  그녀가 예상한 대로 제가 결국 노래 대회에서 우승했습니다.
- ☐ Since there are plenty of stores, my friend and I ended up going shopping all
  day long. 가게들이 많았기 때문에, 저와 제 친구는 결국 하루 종일 쇼핑을 했습니다.
- ☐ He ended up spending much more than he expected on the last trip.
  그는 지난 여행에서 그가 예상했던 것보다 훨씬 더 많은 돈을 쓰게 되었습니다.

55. It forces many people to drink alcohol.
그 때문에 사람들이 억지로 술을 마십니다.

⬚ forces 사람 to 동사 : ⬚ 가 사람 에게 동사 하도록 강요하다,
⬚ 때문에 어쩔 수 없이 동사 하다

- ☐ They forced many people to eat healthily. 그들은 많은 사람들에게 건강한 식단을 먹게 했습니다.
- ☐ My illness forced me to cancel the meeting. 아파서 회의를 취소할 수밖에 없었습니다.
- ☐ Setting goals will force you to grow eventually.
  목표를 설정하면 결국 성장하게 됩니다.

56. Many office workers suffer from diseases due to heavy drinking.
많은 직장인들이 과음으로 인한 질병 때문에 고생합니다.

> Suffer from ＿＿＿ : ＿＿＿로 고통 받다, 힘들어 하다, 고생하다

- ☐ They were suffering from jet lag. 그들은 시차로 고생하고 있었습니다.
- ☐ Most of them suffer from cold in the winter. 그들 대부분이 겨울에 감기로 힘들어 합니다.
- ☐ Many children from that country are suffering from the lack of water and provisions. 그 나라의 많은 어린 아이들이 식수와 식량 부족으로 고통 받고 있습니다.

My Sentence

57. People can take advantage of the time to discuss any unsolved matters.
사람들이 풀리지 않은 문제들을 토론하는 데 그 시간을 활용할 수 있습니다.

> Take advantage of ＿＿＿ : ＿＿＿을 이용[활용]하다

- ☐ You should take advantage of it. 당신은 그것을 이용해야 합니다.
- ☐ Young people these days are familiar with taking advantage of modern technologies. 요즘 젊은이들은 현대 과학기술을 다루는 데 익숙합니다.
- ☐ I took advantage of free time to improve my English.
  저는 제 영어 실력을 향상시키기 위해 여가 시간을 이용했습니다.

My Sentence

58. All you need to do is follow the tour guide.
당신이 해야 할 것은 가이드를 따라다니는 것뿐입니다.

> All 사람 need to do is ＿＿＿ : ＿＿＿이 해야 할 일은 ＿＿＿일뿐이다, ＿＿＿하기만 하면 되다

- ☐ All you need to do is get in contact with him. 당신은 그와 연락하기만 하면 됩니다.
- ☐ All we need to do is study hard and be on time.
  우리가 해야 할 일은 열심히 공부하고 시간을 잘 지키는 것뿐입니다.
- ☐ All I need to do is pass the test. 제가 해야 할 일은 시험에 통과하는 것뿐입니다.

My Sentence

59. The places that I am not interested in
내가 흥미를 느끼지 않는 장소들

Be interested in ________ : ________ 에 관심이 있다

- ☐ I am interested in doing lots of things. 저는 많은 일을 하는 데 관심이 있습니다.
- ☐ People should be interested in the political future of their country.
  사람들은 그 나라 정치의 미래에 대해 관심을 가져야 합니다.
- ☐ I haven't done it before but I am very interested in it.
  저는 그것을 해보지 않았지만 그것에 관심이 많습니다.

My Sentence

60. I have no choice but to follow the schedule.
저는 일정을 따를 수밖에 없습니다.

Have no choice but to 동사 : ________ 할 수밖에 없다

- ☐ I have no choice but to accept her proposal. 저는 그녀의 제안을 받아들일 수밖에 없습니다.
- ☐ We had no choice but to tell the truth. 우리는 사실을 말할 수밖에 없었습니다.
- ☐ Since the competition got fierce, they had no choice but to lower prices.
  경쟁이 점점 치열해졌기 때문에, 그들은 가격을 내릴 수밖에 없었습니다.

My Sentence

토익 스피킹 준비가 완벽해지는

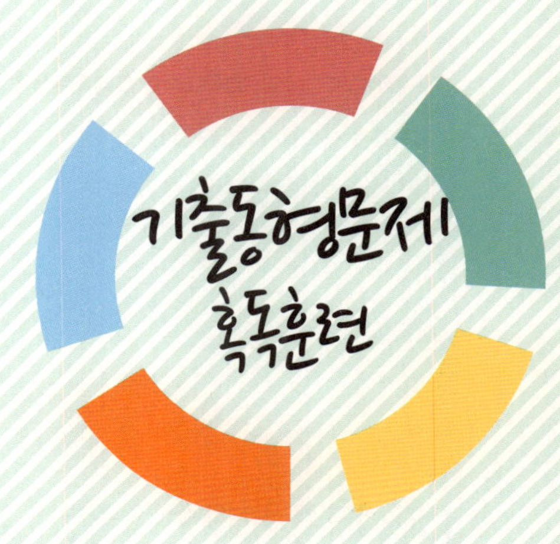

I. 예시문항 혹독훈련

앞서 다뤘던 문제(▶ p.299 참조)에 대한 모범답변을 만드는 과정을 살펴보겠다. 나만의 답변틀을 만들기 위해 꼭 필요한 과정이다. 꼼꼼히 확인하고 최소 10번 이상 반복해서 숙지하자.

서론: 결론부터 말하기

영어에서는 결론부터 말하고 그에 대한 이유나 근거를 드는 것이 중요하다. 합리적인 면을 추구하는 영어식 사고라 할 수 있다.

결론을 말하는 부분은 Part 3에서의 답변 연습과정과 같다. 화면에 보이는 문제를 먼저 이해한 후 주어, 동사를 찾아 자신의 생각을 문제에 대입하여 말하면 된다.

자신의 의견을 이야기 할 때는

I think / In my opinion / From my point of view / I would say / Generally speaking / In most cases 등으로 시작한다.

Do you think that talking on the phone is better to keep in touch with friends than writing letters? Why? Why not? 전화통화로 이야기하는 것이 편지를 쓰는 것보다 친구들과 연락하기 더 좋은 방법이라는 의견에 대해서 어떻게 생각하십니까? 그렇게 생각하는 혹은 그렇게 생각하지 않는 이유는 무엇입니까?

I think that **talking on the phone is better to keep in touch with friends than writing letters**. 저는 전화통화로 이야기하는 것이 편지를 쓰는 것보다 친구들과 연락하기에 더 나은 방법이라고 생각합니다.

이유 말하기 ① : 키워드 정리하기

의견을 정했으면 그 이유에 대한 부분을 빠르게 키워드로 정리하자. 예를 들어 '전화통화를 하는 것이 더 빠르고 편리하다 talking on the phone, fast and easy …' 등.

Talking on the phone is fast and easy.
→ Talking on the phone *is convenient* because it is fast and easy.
→ Talking on the phone *is convenient* because it is faster and easier *than any other way*.

위의 3가지 형태와 같이 기본 이유를 먼저 정한 후 차츰 문장을 늘려 나간다.

일단 쉽게 우리말로 메모한 후, 답변을 할 때 영어로 옮긴다.

(1) 나는 친구들이 많다.

(2) 사는 곳이 서로 다르다.

(3) 그래서 모임이나 급한 일이 있을 땐 전화를 한다.

(4) 전에 편지로 할 땐 시간도 오래 걸렸다

(5) 그런데 전화를 이용하니 빠르고 신속하다.

(6) 편리하다.

이 이유들을 영어로 옮겨보면 다음과 같다.

1. I have many friends.

2. They all live in different cities.

3. So, I call them to let them know when there are gatherings or special occasions.

4. Before, it took longer when I had to write a letter.

5. But since I am using a telephone to keep in touch with my friends, it is faster and easier.

6. It is convenient.

> **완성된 이유**
>
> I have many friends. They all live in different cities. So, I call them to let them know when there are gatherings or special occasions. Before, it took longer when I had to write a letter. But since I am using a telephone to keep in touch with my friends, it is faster and easier. It is convenient.
>
> 저는 친구들이 많습니다. 그들은 사는 곳이 서로 다릅니다. 그래서 저는 모임이나 특별한 일이 있을 때 전화를 걸어 친구들에게 알려줍니다. 이전에, 제가 편지를 써야 했을 때는 시간이 너무 많이 걸렸습니다. 그러나 전화로 친구들에게 연락을 한 이후로는 연락하는 일이 더 빠르고 쉽습니다. 전화 연락은 매우 편리합니다.

서론에서 준비한 내용에 알맞은 결과 접속사(So, Therefore 등)를 붙여 다시 한 번 말한다.

> **So**, I think that talking on the phone is better to keep in touch with friends.
> 다른 궁금한 사항이나 질문이 있으시다면 언제든 연락 주세요.

Tip! 답변을 할 때도 순서가 있다. 다음의 패턴을 머릿속에 입력하고 답변을 정리하면 보다 논리적인 응답을 할 수 있다.

I think …	I prefer to … and here's why.
There are some reasons to support my idea.	More than anything, …
First of all, … For example, …	Besides, …
Second, …	Also, …
For these reasons, …	That's why I …

In my opinion, …	I agree with the opinion that …
First of all, …	There are some reasons to support my idea.
Besides, …	First of all, … For example, …
Those are the reasons why I …	Second, …
	For these reasons, …

From my point of view, I prefer to … for the following reasons.	I disagree that …
First of all, … For example, …	First, …
Second, … In other words, …	Second, …
Therefore, …	For such reasons,

 P6_ST 00

Do you think that talking on the phone is better to keep in touch with friends than writing letters? Why? Why not?

서론: I think that talking on the phone is better to keep in touch with friends than writing letters.

예시: Talking on the phone is convenient because it is fast and easy. I have many friends. They all live in different cities. So, I call them to let them know when there are gatherings or special occasions. Before, it took longer when I had to write a letter. But since I am using a telephone to keep in touch with my friends, it is faster and easier. It is convenient.

결론: So, I think that talking on the phone is better to keep in touch with friends.

II. 기출동형문제 혹독훈련

아래의 기출동형문제들을 보고 나만의 답안 틀을 만들어보자. 파트6는 자신의 의견에 이를 타당하게 뒷받침할 이유와 근거까지 제시해야 하므로 모범답안을 달달 외우기만 해서는 고득점을 얻을 수 없다. 매문제마다 단 두세 문장이라도 자신의 답변을 만들어내야 모범답변까지 활용하여 제대로 답할 수 있다는 걸 잊지 말자. 앞에서 학습한 패턴들을 서론-본론-결론에 적용하면서 한 문제, 한 문제에 공을 들이자. 어느새 파트6에서 술술 말하는 자신을 발견하게 될 것이다.

❶ 예제 1

🎧 P6_ST 01

Question: Some people prefer to have a job that requires a lot of business trips while others prefer to have a job that doesn't involve trips at all. Which do you prefer and why?

서론: 문제를 인용하여 한 두 문장으로 완성한다.

I prefer ____

____

본론: 이유 1-2개와 예시 및 근거

First of all, ____

____

____

____

Second of all, ____

____

____

____

결론: 서론에서 준비한 내용에 알맞은 결과 접속사들을 붙여 다시 한 번 말한다.

For the above reasons, ___________________________________

____

____

Answer

Question: Some people prefer to have a job that requires a lot of business trips while others prefer to have a job that doesn't involve trips at all. Which do you prefer and why?

질문: 어떤 사람들은 출장을 많이 다녀야 하는 직업을 선호하는 반면에 어떤 이들은 출장과 전혀 관련 없는 직업을 갖기를 희망합니다. 당신은 어떤 쪽이며 이유는 무엇입니까?

● **서론: 문제를 인용하여 한 두 문장으로 완성한다.**　　🎧 P6_ST 01_Answer

> **I prefer** to have a job that requires a lot of business trips while others prefer to have a job that doesn't involve trips at all. There are some reasons to support my ideas.
>
> 어떤 사람들은 다른 사람들이 여행을 전혀 하지 않는 직업을 선호하는 반면 저는 출장을 많이 가는 직업을 선호합니다. 여기 제 생각을 뒷받침하는 몇 가지 이유들이 있습니다.

● **본론: 이유 1-2개와 예시 및 근거**

> 이유1: **First of all,** I love traveling.
>
> 예시 및 근거: Even though the main purpose of the trip is business, I can find time for sightseeing. It is the best way to experience many things. For instance, I can try the local food, learn the culture, and meet people.
>
> 이유2: **Second of all,** I am not a type of person who stays in one place and works.
>
> 예시 및 근거: It makes me bored and I easily get tired of doing the same work over and over again. Since a business trip involves different actions and activities, it is more exciting and motivates me to work harder.
>
> 먼저, 저는 여행을 좋아합니다. 여행의 주목적이 일이라고 해도 관광할 시간을 낼 수 있습니다. 많은 것을 경험하기에 최고의 방법입니다. 예를 들어, 지역음식을 맛볼 수 있고 문화를 배울 수 있고 또한 사람들을 만날 수 있습니다. 두 번째로 저는 한 곳에 머물러 일하는 종류의 사람이 아닙니다. 그렇게 하면 저는 지루해지고 계속해서 같은 일을 하는 데 쉽게 싫증이 납니다. 출장은 다양한 움직임과 활동들을 하기 때문에 출장은 더욱 신이 나고 제가 더 열심히 일하도록 동기를 부여해줍니다.

● **결론: 서론에서 준비한 내용에 알맞은 결과 접속사들을 붙여 다시 한 번 말한다.**

> **For the above reasons,** I prefer having a job that requires a lot of business trips rather than staying at an office.
>
> 위의 이유들로 저는 사무실에 앉아 있는 직업보다는 출장을 많이 다녀야 하는 직업을 선호합니다.

어휘 **involve** [inválv] 포함하다　**find time** 시간을 내다　**sightseeing** [sáitsì:iŋ] 관광　**for instance** 예를 들어　**get tired of** ~에 싫증이 나다　**over and over again** 계속해서　**motivate A to** A가 ~하도록 동기를 부여하다, 북돋다

❷ 예제 2

Question: Some people prefer to be friends with a large number of people. Others prefer to have a deeper friendship with just a few close friends. Which do you prefer and why? Give examples and details to support your answer.

서론: 문제를 인용하여 한 두 문장으로 완성한다.

I prefer ____

There are some reasons.

본론: 이유 1–2개와 예시 및 근거

One of the reasons is that ____________________________________

____

____

____

____

Also, ____

____

____

____

결론: 서론에서 준비한 내용에 알맞은 결과 접속사들을 붙여 다시 한 번 말한다.

These are the reasons that ____________________________________

____

Answer

Question: Some people prefer to be friends with a large number of people. Others prefer to have a deeper friendship with just a few close friends. Which do you prefer and why? Give examples and details to support your answer.

질문: 어떤 사람들은 많은 이들과 친구 맺길 선호합니다. 또 어떤 이들은 몇몇 친한 친구들하고만 깊은 우정을 나누길 선호합니다. 당신은 어떤 쪽을 선호하며 그 이유는 무엇입니까? 구체적인 예사들로 당신의 의견을 뒷받침하세요.

서론: 문제를 인용하여 한 두 문장으로 완성한다. 🎧 P6_ST 02_Answer

> **I prefer** to be friends with a large number of people. **There are some reasons.**
>
> 저는 많은 이들과 친구가 되길 선호하는데 그러한 이유가 몇 가지 있습니다.

본론: 이유 1–2개와 예시 및 근거

> 이유1: **One of the reasons is that** I have a chance to learn a lot of things from them.
>
> 예시 및 근거: At least, I can learn one thing from them. From my experience, I had a friend who loved sports. She encouraged me to learn tennis and took me to the course and made me sign up for the course. It is the most exciting sport and I am still playing tennis every Sunday. It really helps me to keep in shape and I find that it is the best way to meet people.
>
> 이유2: **Also,** I can develop my social skills by dealing with many people.
>
> 예시 및 근거: I will learn how to communicate and compromise with others.
>
> 한 가지 이유로는 제가 그들로부터 많은 것을 배울 수 있는 기회를 얻기 때문입니다. 적어도 한 가지는 배울 수 있습니다. 제 경험 상 저에게는 스포츠를 즐기는 친구가 있었습니다. 그녀는 저에게 테니스를 배우길 권유했고 수강과정에 저를 데려가 그곳에 등록하도록 했습니다. 테니스는 정말 재미있는 스포츠이며 저는 아직도 매주 일요일마다 테니스를 칩니다. 테니스는 건강을 유지하는 데 정말 도움이 되고 사람들을 만날 수 있는 최선의 방법입니다. 또한, 여러 사람들을 대함으로써 사교성을 기를 수 있습니다. 저는 다른 사람과 대화하고 조율하는 법을 배울 것입니다.

결론: 서론에서 준비한 내용에 알맞은 결과 접속사들을 붙여 다시 한 번 말한다.

> **These are the reasons that** I think it is better to have a large number of friends.
>
> 이러한 이유들로 저는 친구들이 많은 게 더 좋다고 봅니다.

어휘 **a large number of** 많은 수의 **have a chance to** ~할 기회가 있다 **encourage A to** A에게 ~하도록 권하다, 시키다 **take A to B** A를 B에 데리고 가다 **sign up for** ~에 등록하다, ~을 신청하다 **keep in shape** 건강을 유지하다 **social skill** 사교성 **deal with** ~을 돌보다; ~을 다루다, 대하다 **compromise with** ~와 타협[조율]하다

❸ 예제 3

Question: Would you prefer to make a very important decision on your own or ask others to get their opinions? Give specific reasons and details to support your answer.

서론: 문제를 인용하여 한 두 문장으로 완성한다.

In my case, I prefer ____
There are some reasons to support my idea.

본론: 이유 1–2개와 예시 및 근거

One of the reasons is that ______________________________________
____
____
____
____
____
Also, ____
____
____
____

결론: 서론에서 준비한 내용에 알맞은 결과 접속사들을 붙여 다시 한 번 말한다.

There are many other reasons that ______________________________
____
but these are the main reasons.

Answer

Question: Would you prefer to make a very important decision on your own or ask others to get their opinions? Give specific reasons and details to support your answer.

질문: 당신은 매우 중요한 결정을 당신 혼자 내리는 것과 다른 이들에게 의견을 구하는 것 중 어느 쪽을 선호합니까? 구체적인 이유들로 당신의 의견을 뒷받침하세요.

● **서론: 문제를 인용하여 한 두 문장으로 완성한다.** 　　　　　　　　🎧 P6_ST 03_Answer

In my case, I prefer to ask others to get their opinions before making an important decision. **There are some reasons to support my idea.**

저의 경우, 중요한 결정을 하기 전 주위의 의견을 구하는 걸 선호합니다. 제 생각을 뒷받침하기 위한 몇 가지 이유들이 있습니다.

● **본론: 이유 1-2개와 예시 및 근거**

이유1: **One of the reasons is that** I can make a better choice because I will have various options to choose from.

예시 및 근거: I can't experience all the situations but by asking the questions, I can hear their experiences or knowledge which will help me to make the right decision.

이유2: **Also,** I can trust their advice or opinions since they will try to give me the best opinions or ideas to make a decision.

한 가지 이유는 저에게 다양한 선택권이 주어지기 때문에 더 나은 선택을 할 수 있다는 점입니다. 저는 모든 상황을 경험할 수는 없지만 질문을 함으로써 다른 사람의 경험과 지식을 들을 수 있고 이것은 제가 올바른 결정을 할 수 있도록 도움이 됩니다. 그들은 제가 결정하는 데 있어 가장 좋은 아이디어나 의견을 주려고 노력하기 때문에 저는 그들의 충고나 의견을 믿을 수 있습니다.

● **결론: 서론에서 준비한 내용에 알맞은 결과 접속사들을 붙여 다시 한 번 말한다.**

There are many other reasons that I will ask others to get their opinions before making an important decision **but these are the main reasons.**

제가 중요한 결정을 하기 전 다른 사람들에게 의견을 묻는 데에는 다른 많은 이유들이 있지만 이것들이 주요한 이유들입니다.

어휘 **make a decision** 결정을 하다　**get one's opinion** 의견을 구하다　**various** [véəriəs] 다양한　**option** [ápʃən] 선택권, 선택사항　**knowledge** [nálidʒ] 지식

❸ 예제 4

Question: Do you prefer to plan ahead when spending money to buy things or instantly buy things when you need them? Give examples and details to support your answer.

서론: 문제를 인용하여 한 두 문장으로 완성한다.

In my case, I prefer _______________________________________

____

본론: 이유 1–2개와 예시 및 근거

First of all, ____

____

____

____

Moreover, ____

____

____

____

결론: 서론에서 준비한 내용에 알맞은 결과 접속사들을 붙여 다시 한 번 말한다.

Therefore, ____

____

Answer

Question: Do you prefer to plan ahead when spending money to buy things or instantly buy things when you need them? Give examples and details to support your answer.

질문: 당신은 물건 사는 데 돈을 쓰기 전 계획하는 편입니까, 아니면 필요할 때 충동적으로 구매하는 편입니까? 구체적인 예들로 당신의 의견을 뒷받침하세요.

🔴 서론: 문제를 인용하여 한 두 문장으로 완성한다.

🎧 P6_ST 04_Answer

> **In my case, I prefer** to plan ahead when spending money to buy things rather than instantly buy things when I need them. **There are some reasons for it.**
>
> 저의 경우에는, 필요할 때 급하게 물건을 사기보다는 물건 사는 데 돈을 쓰기 전 계획하는 편입니다. 그러한 데는 몇 가지 이유가 있습니다.

🔴 본론: 이유 1–2개와 예시 및 근거

> 이유1: **First of all,** if I don't plan before spending money, I end up buying unnecessary things instantly.
>
> 예시 및 근거: It doesn't matter how much I have and I don't care how expensive they are. I am a type of person who just can't resist if something catches my eye.
>
> 이유2: **Moreover,** I went through difficult times financially a number of years ago because of my spending habit. I don't want to make the same mistake again.
>
> 첫 번째로, 만약 돈을 쓰기 전 계획을 세우지 않으면 저는 결국 불필요한 물건을 그 자리에서 살 것입니다. 저에게 얼마만큼의 돈이 있는지가 중요하지 않고 물건의 가격이 얼마나 비싼지 저는 신경 쓰지 않습니다. 저는 무엇인가 제 눈에 띄면 참지 못하는 사람이거든요. 게다가 몇 년 전에 저는 제 소비습관 때문에 경제적으로 어려움을 겪었습니다. 저는 같은 실수를 반복하고 싶지 않습니다.

🔴 결론: 서론에서 준비한 내용에 알맞은 결과 접속사들을 붙여 다시 한 번 말한다.

> **Therefore,** I definitely prefer to plan before spending money.
>
> 그러므로 저는 당연히 돈을 쓰기 전 계획을 세우는 편입니다.

어휘 **ahead** [əhéd] 미리, 전에 (= before) **instantly** [ínstəntli] 즉각, 즉시 **rather than** ~라기 보다는 **end up –ing** 결국 ~하다 **unnecessary** [ʌnnésəsèri] 불필요한 **resist** [rizíst] (하고 싶은 것을) 참다, 견디다 **catch one's eyes** ~의 눈을 끌다 **go through** ~을 겪다 **financially** [fainǽnʃəli] 경제적으로 **definitely** [défənitli] 당연히

🎧 P6_ST 05

Question: Some people prefer to try new things and others prefer to stay within the experiences they have. Which do you prefer and why? Give reasons and details to support your answer.

서론: 문제를 인용하여 한 두 문장으로 완성한다.

____

____ for some reasons.

본론: 이유 1–2개와 예시 및 근거

First of all, _______________________________

____

____

____

Also, ____

____

____

결론: 서론에서 준비한 내용에 알맞은 결과 접속사들을 붙여 다시 한 번 말한다.

These are the reasons that ___________________

____

Answer

Question: Some people prefer to try new things and others prefer to stay within the experiences they have. Which do you prefer and why? Give reasons and details to support your answer.

질문: 어떤 사람들은 새로운 일을 해보는 편이고 또 어떤 이들은 자신이 경험한 것만을 하는 편입니다. 당신은 어느 쪽을 선호하며 그 이유는 무엇입니까? 구체적인 예들로 당신의 의견을 뒷받침하세요.

서론: 문제를 인용하여 한 두 문장으로 완성한다.

🎧 P6_ST 05_Answer

> While others prefer to stay within the experiences they have, I prefer to try new things **for some reasons**.
>
> 어떤 사람들은 자신이 경험한 것만 하는 편이지만 저는 몇 가지 이유에서 새로운 일을 해보는 걸 선호합니다.

본론: 이유 1-2개와 예시 및 근거

> 이유1: **First of all,** whenever I try new things I feel more alive.
>
> 예시 및 근거: It motivates me to work hard and I have a chance to learn new things. I really enjoy learning from scratch.
>
> 이유2: **Also,** if I get a chance to work at different places to try new things, I will meet many people who are involved in different fields.
>
> 예시 및 근거: This way, I can broaden my network.
>
> 첫 번째로, 새로운 것을 시도할 때마다 저는 살아있는 느낌이 듭니다. 그 느낌 때문에 저는 열심히 일하고 새로운 것을 배울 기회를 얻기도 합니다. 저는 처음부터 배우는 걸 정말 즐깁니다. 또한 제가 새로운 것을 해보려고 여러 곳에서 일을 하다 보면 다양한 분야에 종사하는 사람들을 많이 만나게 됩니다. 이렇게 저는 제 인맥을 넓혀 나갈 수 있습니다.

결론: 서론에서 준비한 내용에 알맞은 결과 접속사들을 붙여 다시 한 번 말한다.

> **These are the reasons that** I prefer to try new things.
>
> 이러한 이유들 때문에 저는 새로운 일을 해보는 걸 선호합니다.

어휘 **whenever** [wenévər] ~할 때마다 **motivate A to** A가 ~하도록 동기를 부여하다 **from scratch** 처음부터, (아무것도 없는 상태에) 바닥부터 **involved in** ~와 관련된[연루된] **field** [fiːld] 분야 **broaden** [brɔ́ːdən] 넓히다, 넓어지다 **network** [nétwə̀ːrk] (연결) 망, 인맥

❸ 예제 6

Question: Do you agree that getting a higher education can bring people more chances of getting a job? Why or why not? Give specific reasons and details to support your answer.

서론: 문제를 인용하여 한 두 문장으로 완성한다.

I agree that ____
___________________________________ There are some reasons to support my idea.

본론: 이유 1–2개와 예시 및 근거

First of all, ____
____
____
____
____

Second of all, ____
____
____
____
____

결론: 서론에서 준비한 내용에 알맞은 결과 접속사들을 붙여 다시 한 번 말한다.

Therefore, ____
____

Answer

Question: Do you agree that getting a higher education can bring people more chances of getting a job? Why or why not? Give specific reasons and details to support your answer.

질문: 교육 수준이 높으면 직업을 얻을 기회가 더 많다는 데 동의합니까? 그렇게 생각하는 또는 그렇게 생각하지 않는 이유는 무엇입니까? 구체적인 예들로 당신의 의견을 뒷받침하세요.

서론: 문제를 인용하여 한 두 문장으로 완성한다.

🎧 P6_ST 06_Answer

I agree that getting a higher education can bring people more chances of getting a job. **There are some reasons to support my idea.**

교육 수준이 높으면 직업을 얻을 기회가 더 많다는 데 저는 동의합니다. 제 생각을 뒷받침할 이유들이 있습니다.

본론: 이유 1–2개와 예시 및 근거

이유1: **First of all,** people who have a higher education are usually smart and knowledgeable.

예시 및 근거: So, they work very efficiently and productively since they have enough knowledge to resolve the situation. Therefore, many companies want to hire people with a higher education.

이유2: **Second of all,** this society requires a higher education background since jobs require a broad range of knowledge.

예시 및 근거: If we want to be recognized and want to have more opportunities we need to have a higher education. It seems that society is becoming very competitive.

첫 번째로 교육 수준이 높은 사람들이 일반적으로 똑똑하고 지식이 많습니다. 그래서 그들은 상황을 해결하는 데 충분한 지식을 가지고 있어 매우 효율적이고 생산적으로 일합니다. 따라서 많은 회사에서 교육 수준이 높은 사람들을 고용하길 원합니다. 두 번째로는 일자리들이 다양하고 폭넓은 지식을 요구하기 때문에 사회가 높은 학력을 요구합니다. 만약 우리가 인정받고 더 많은 기회를 갖길 원한다면 교육 수준이 높아야 합니다. 사회가 점점 더 경쟁이 심해지는 것 같습니다.

결론: 서론에서 준비한 내용에 알맞은 결과 접속사들을 붙여 다시 한 번 말한다.

Therefore, people must have a higher education in order to have more chances to get a job. 그래서 직업을 얻는 데 있어 더 많은 기회를 얻기 위해선 사람들은 더 높은 수준의 교육을 받아야 합니다.

어휘 **knowledgeable** [nálidʒəbl] 아는 것이 많은, 지식이 많은 **efficiently** [ifíʃəntli] 효율적으로 **productively** [prədʎktivli] 생산적으로 **resolve** [rizálv] 해결하다 **hire** [háiər] 고용하다 **require** [rikwáiər] 필요로 하다 **a broad range of** 폭넓은 **recognized** [rékəgnàizd] 인정받는 **It seems that** ~인 것 같다 **competitive** [kəmpétitiv] 경쟁적인, 경쟁이 심한

Question: Some people think it is necessary to spend some time together outside of work to socialize with colleagues. Do you agree or disagree with this opinion? Give specific reasons and details to support your answer.

서론: 문제를 인용하여 한 두 문장으로 완성한다.

I agree that ____
____ for some reasons.

본론: 이유 1–2개와 예시 및 근거

One of the reasons is that ________________________________
____
____
____
Also, ____
____
____

결론: 서론에서 준비한 내용에 알맞은 결과 접속사들을 붙여 다시 한 번 말한다.

So ____
____

Answer

Question: Some people think it is necessary to spend some time together outside of work to socialize with colleagues. Do you agree or disagree with this opinion? Give specific reasons and details to support your answer.

질문: 어떤 사람들은 직장동료와의 원활한 사회생활을 위해 업무 외 시간을 함께 보내는 것이 필요하다고 생각합니다. 당신은 이 의견에 동의합니까 혹은 동의하지 않습니까? 구체적인 이유들로 의견을 뒷받침하세요.

서론: 문제를 인용하여 한 두 문장으로 완성한다.　🎧 P6_ST 07_Answer

I agree that it is necessary to spend some time together outside of work to socialize with colleagues **for some reasons**.

저는 몇 가지 이유 때문에 직장동료와의 원활한 사회생활을 위해 업무 외 시간을 함께 보내는 것이 필요하다는 데 동의합니다.

본론: 이유 1–2개와 예시 및 근거

이유1: **One of the reasons is that** they can get to know each other.

예시 및 근거: If they feel that they are close to each other, it is much easier for them to work together as a team by building up strong relationships.

이유2: **Also,** it is a good way to relieve their stress.

예시 및 근거: They can have a chance to talk about work or share common interests outside of the company.

그 이유 중 하나는 서로에 대해 알게 될 수 있다는 것입니다. 만약 서로가 가깝다고 느끼게 되면 단단한 유대관계를 형성하여 팀으로 함께 일하는 데 훨씬 더 수월합니다. 또한 스트레스를 줄일 수 있는 좋은 방법이기도 합니다. 그들은 회사 밖에서 일에 대해 이야기하거나 공통된 관심거리를 공유할 수 있는 기회를 가질 수 있습니다.

결론: 서론에서 준비한 내용에 알맞은 결과 접속사들을 붙여 다시 한 번 말한다.

So I think that colleagues must have a chance to socialize outside of work.

그래서 저는 직장동료들끼리 직장 밖에서 어울릴 기회를 가져야 한다고 생각합니다.

어휘 **socialize (with)** (~와) 어울리다　**colleague** [kάliːg] 동료　**get to** ~하게 되다　**close** [klous] (사이가) 가까운
build up ~을 형성하다, 쌓다　**relationship** [riléiʃənʃip] (유대, 인간) 관계　**relieve** [rilíːv] 완화하다, 경감시키다
share [ʃɛər] 공유하다　**common** [kάmən] 공통된　**interest** [íntərəst] 관심사, 관심거리

"

Question: Do you agree that a student's ability to keep a good relationship with other peers at school is more important than having good grades? Why or why not? Give specific reasons and details to support your answer.

서론: 문제를 인용하여 한 두 문장으로 완성한다.

Of course. ______________________________

____

There are some reasons for that.

본론: 이유 1~2개와 예시 및 근거

First, ______________________________

____

____

____

Moreover, ______________________________

____

____

____

결론: 서론에서 준비한 내용에 알맞은 결과 접속사들을 붙여 다시 한 번 말한다.

These are the reasons that ______________________________

____

Answer

Question: Do you agree that a student's ability to keep a good relationship with other peers is more important than having good grades? Why or why not? Give specific reasons and details to support your answer.

질문: 당신은 학생이 반 친구들과 잘 지내는 능력이 성적을 잘 받는 것보다 더 중요하다고 생각합니까? 그렇게 생각하는 이유 또는 그렇게 생각하지 않는 이유는 무엇입니까? 구체적인 이유들로 의견을 뒷받침하세요.

서론: 문제를 인용하여 한 두 문장으로 완성한다.　　🎧 P6_ST 08_Answer

Of course. A student's ability to keep a good relationship with other peers is more important than having good grades. **There are some reasons for that.**

물론입니다. 학생이 반 친구들과 잘 지내는 능력이 성적을 잘 받는 것보다 더 중요합니다. 그것에는 몇 가지 이유가 있습니다.

본론: 이유 1-2개와 예시 및 근거

이유1: **First,** students will learn from others.

예시 및 근거: There are many things that can't be learned from books. They must learn life skills in real situations with others for their better future. They will learn how to accept their mistakes and errors and eventually learn the differences among people.

이유2: **Moreover,** while they are doing things with a number of peers, they will learn about cooperating with others and the importance of teamwork.

첫 번째로는 학생들이 다른 사람들로부터 배운다는 것입니다. 책으로는 배울 수 없는 것이 많이 있습니다. 그들은 더 나은 미래를 위해 삶에 필요한 기술들을 실제 상황에서 다른 사람들과 함께 배워야 합니다. 그들은 자신의 실수와 잘못을 받아들이는 법을 배우면서 결국 사람들 사이에서 차이를 배우게 됩니다. 게다가 그들은 많은 동료들과 함께 일을 하면서 다른 사람들과 협력하는 것을 배우고 팀워크의 중요성을 배우게 됩니다.

결론: 서론에서 준비한 내용에 알맞은 결과 접속사들을 붙여 다시 한 번 말한다.

These are the reasons that a student's ability to keep a good relationship with other peers is more important than having good grades.

이러한 이유로 저는 학생이 반 친구들과 잘 지내는 능력이 성적을 잘 받는 것보다 더 중요하다고 생각합니다.

어휘 **peer** [piər] 동료, 급우　**have a good grade** 성적을 잘 받다　**accept** [əksépt] ~을 받아들이다　**eventually** [ivéntʃuəli] 결국　**difference** [dífərəns] 차이(점)　**cooperate with** ~와 협력하다

🎧 P6_ST 09

Question: Some people think that it is important to have an interest in current events and things happening in the world, although one may have no interest in them. Do you agree or disagree with this opinion? Give reasons and details to support your answer.

● **서론: 문제를 인용하여 한 두 문장으로 완성한다.**

I think that ____
______________________________________ There are some reasons.

● **본론: 이유 1~2개와 예시 및 근거**

First of all, ____
____
____
____
____

Also, ____
____
____
____

● **결론: 서론에서 준비한 내용에 알맞은 결과 접속사들을 붙여 다시 한 번 말한다.**

These are the reasons that I think ______________________________
____

Answer

Question: Some people think that it is important to have an interest in current events and things happening in the world, although one may have no interest in them. Do you agree or disagree with this opinion? Give reasons and details to support your answer.

질문: 어떤 사람들은 시사 문제들과 세계에서 일어나고 있는 일들에 관심을 가지는 것이 중요하다고 생각하는 반면에, 그런 것들에 전혀 관심이 없는 이도 있습니다. 당신은 이 의견에 동의합니까 혹은 동의하지 않습니까? 구체적인 이유들로 의견을 뒷받침하세요.

서론: 문제를 인용하여 한 두 문장으로 완성한다.

🎧 P6_ST 09_Answer

I think that it is important to have an interest in current events and things happening in the world. **There are some reasons.**

저는 시사 문제들과 세계에서 일어나고 있는 일들에 관심을 가지는 것이 중요하다고 생각합니다. 그러한 데는 몇 가지 이유가 있습니다.

본론: 이유 1–2개와 예시 및 근거

이유1: **First of all,** if they don't know current issues and events, they can't talk with others.

예시 및 근거: Generally, when people are spending time with others for business or personal reasons, they always talk about things happening around us. So if people don't follow with it, they can't hang around with them.

이유2: **Also,** it will lead to their success.

예시 및 근거: Business is all about connections with people. If people can't catch up with current issues and events, they can't really be in a circle.

첫 번째로는 만약 사람들이 시사 사건들과 문제들에 대해 알지 못한다면 다른 사람들과 이야기할 수 없습니다. 일반적으로 사람들이 일적으로든 개인적인 이유로든 다른 사람들과 시간을 보낼 때 그들은 우리 주변에서 일어나는 일들에 대해 항상 이야기합니다. 그래서 만약 사람들이 이것을 따라가지 못하면 그들과 같이 어울릴 수 없습니다. 또한 이는 성공으로도 이어집니다. 일은 사람들과의 인맥이 전부입니다. 만약 사람들이 시사 사건들이나 문제들을 계속해서 따라 잡지 않으면 무리에 속하기가 정말 어렵습니다.

결론: 서론에서 준비한 내용에 알맞은 결과 접속사들을 붙여 다시 한 번 말한다.

These are the reasons that I think it is important to have an interest in current events and things happening in the world.

이러한 이유들로 저는 시사 문제들과 세계에서 일어나고 있는 일들에 관심을 가지는 것이 중요하다고 생각합니다.

어휘 **have an interest in** ~에 관심을 갖다 (*have no interest in ~에 관심이 없다) **current events** 시사 문제 **generally** [dʒénərəli] 일반적으로 **follow with** ~을 따라잡다, 따라가다 (= catch up with) **hang around with** ~와 어울리다 **lead to** ~로 이어지다, 연결되다 **all about** ~이 전부다 **connection** [kənékʃən] 연결, 접속 **circle** [sə́ːrkl] 원(형): (연결된 사람들의) 사회, 무리

🎧 P6_ST 10

Question: Do you agree that advertisements have a great influence on a consumer's decision to purchase a certain product? Why or why not? Give specific reasons and details to support your answer.

서론: 문제를 인용하여 한 문장으로 완성한다.

To tell you the truth, ____
________________________ I would like to support my opinion with some ideas.

본론: 이유 1–2개와 예시 및 근거

First, ____
____
____
____
____

Moreover, ____
____
____
____
____

결론: 서론에서 준비한 내용에 알맞은 결과 접속사들을 붙여 다시 한 번 말한다.

These are the main reasons that ________________________________
____

Answer

Question: Do you agree that advertisements have a great influence on a consumer's decision to purchase a certain product? Why or why not? Give specific reasons and details to support your answer.

질문: 당신은 광고가 특정 상품을 구매하는 소비자의 결정에 큰 영향을 미친다는 데 동의합니까? 그렇게 생각하는 이유 혹은 그렇게 생각하지 않는 이유는 무엇입니까? 구체적인 이유들로 당신의 의견을 뒷받침하세요.

서론: 문제를 인용하여 한 두 문장으로 완성한다.

🎧 P6_ST 10_Answer

> **To tell you the truth,** it has a great influence on a consumer's decision to purchase a certain product. **I would like to support my opinion with some ideas.**
>
> 사실대로 말하면 광고는 특정 물건을 구매하는 소비자의 결정에 많은 영향을 미칩니다. 몇 가지 이유를 들어 제 의견을 뒷받침하고 싶습니다.

본론: 이유 1-2개와 예시 및 근거

> 이유1: **First,** through advertisements, consumers can get various information.
>
> 예시 및 근거: With this useful information consumers can compare its qualities, prices, features and more before they make any purchase. So they can make better choices on products.
>
> 이유2: **Moreover,** consumers can easily be tempted by its advertisement since it presents the product's sales, free gifts and shows images with famous celebrities to draw consumers' trust.
>
> 첫 번째로 광고를 통해 소비자들은 다양한 정보를 얻을 수 있습니다. 이 유용한 정보로 소비자들은 물건을 구입하기 전 물건의 질, 가격, 특징 등을 비교할 수 있습니다. 그럼으로써 더 나은 상품을 선택할 수 있습니다. 게다가 소비자들은 상품 광고에 더 쉽게 자극을 받는데 광고가 제품의 판매량, 사은품을 보여주고 소비자의 신뢰를 끌어내기 위해 유명 연예인을 내세운 이미지들을 보여주기 때문입니다.

결론: 서론에서 준비한 내용에 알맞은 결과 접속사들을 붙여 다시 한 번 말한다.

> **These are the main reasons that** advertisements have a great influence on a consumer's decision.
>
> 이것들이 광고가 소비자의 결정에 많은 영향을 미치는 주요 이유들입니다.

어휘 **advertisement** [ædvərtáizmənt] 광고 (= ad) **have a great influence on** ~에 큰[많은] 영향을 미치다 **purchase** [pə́:rtʃəs] 구입[구매]하다; 구입[구매] **product** [prádəkt] 상품, 제품 **to tell you the truth** 사실대로 말하자면 **useful** [jú:sfəl] 유용한 **compare** [kəmpéər] 비교하다 **quality** [kwáləti] (품)질 **feature** [fí:tʃər] 특징 **tempted** [temptid] 유혹에 빠지는 **free gift** 사은품 **celebrity** [səlébrəti] 유명인사 **draw** [drɔ:] ~을 이끌어내다 **trust** [trʌst] 믿음, 신뢰

Chapter Ⅱ
실전편

TOEIC Speaking Part 6,
실전문제를 혹독하게 훈련한다.

도시와 농촌 (City vs. Countryside) | 한복과 양복 (*Han-bok* vs. Suits) | 커피와 녹차 (Coffee vs. Green Tea) | 컴퓨터의 장점과 단점 (Computers: Advantages and Disadvantages) | TV의 유익과 해악 (TV: Benefits vs. Harms) | 교육, 엄격인가 관용인가 (Education: Strictness vs. Generosity) | 직업, 수입인가 경험인가 (Jobs: Income vs. Experience) | 혼자서 일하기 vs. 팀으로 일하기 (Work Alone vs. Work in a Team) | 아침형 인간 vs. 저녁형 인간 (Early Birds vs. Night Owls) | 일본과 친구가 되어야 될까요? (Being Friends of Japan) | 영화배우 수입 논란 (Actors/Actresses Get Paid Too Much?) | 휴대전화 소지 (Carrying Mobile Phones) | 온라인 쇼핑 (On-line Shopping) | 대중교통 이용 vs. 자가 운전 (Using Public Transportation vs. Driving Your Own Car) | 성형수술 (Plastic Surgery) | 가족과 함께 살기 vs. 혼자 살기 (Living Alone or Living with Family) | 명절 보내기, 가족과 또는 혼자? (Spending Holidays with Family or Alone) | 온라인 강의 수강 (Taking On-line Courses) | 회식과 야유회 줄이기 (Reducing Company Dinners and Outings) | 단체 여행 (A Group Tour)

파트6에서 좋은 점수를 받기 위해서는 60초라는 긴 시간 동안 자신의 의견을 정확하게 전달해야 한다. 말을 많이 하는 것보다는 서론, 본론, 결론에 맞추어 체계적으로 답변하는 것이 중요하다. 한 두 문장만 말하는 것이 아니므로 발음을 또박또박 말해야만 듣는 입장에서 이해하기 쉽고 점수로 이어질 수 있다. 즉, 발음은 차근차근 또렷하게 하면서 많은 말을 체계적으로 답변하는 연습이 필요하다. 파트6에서는 시간 안배, 정확한 발음, 기승전결에 입각한 논리 Speaking이 시험의 성패를 좌우함을 잊지 말고 20개의 실전 문제와 40개의 답변문항으로 완벽히 준비하자!

Topic 1

도시와 농촌
City vs. Countryside

TOEIC Speaking

Question 11 of 11

Directions: In this part of the test, you will give your opinion about a specific topic. Be sure to say as much as you can in the time allowed. You will have 15 seconds to prepare. Then you will have 60 seconds to speak.

Question: Some people prefer to live in a city, but others think it's better to live in a country area. Which area do you think is better and why?

RESPONSE TIME
00:00:60

Answer

Q.

 Some people prefer to live in a city, but others think it's better to live in a country area.
Which area do you think is better and why?

해석 어떤 사람들의 경우 도시에서 살기를 선호하고 또 다른 사람들은 시골 지역에 사는 게 좋다고 합니다. 당신은 어느 쪽을 선호합니까?
그리고 이유는 무엇인가요?

My Answer

 Part 6는 나만의 답변 구성이 무엇보다 중요하다. 문제에 대한 답변틀을 스스로 구성해보고 뒤에 이어지
는 모범 답안과 비교하자. 모범답안은 적어도 5회씩 큰소리로 읽자.

서론

본론

결론

🔴 Possible answer

❶ I think living in a city is better than living in a country area. There are some reasons to support my idea. First of all, it is more **convenient**. For example, a city has a great **public transportation system** so [1]**you can travel around easily.** Second, if you live in a big city, [2]**you have more chances to get a better education** and have better **facilities**. Education is very important for some people in Korea. For these reasons, I prefer to live in a city rather than a country area.

해석 저는 도시에 사는 것이 시골 지역에 사는 것보다 낫다고 생각합니다. 제 생각을 뒷받침할 몇 가지 이유들이 있습니다. 첫 번째로, 도시에 살면 편리합니다. 예를 들어 도시는 훌륭한 대중교통 시스템을 갖추고 있기 때문에 여기저기 쉽게 다닐 수 있습니다. 두 번째로는, 만약 당신이 대도시에 거주한다면 보다 더 좋은 교육과 시설들을 접할 기회들을 더 많이 가질 수 있습니다. 한국에서 어떤 이들에게는 교육이 매우 중요합니다. 이러한 이유로 저는 시골 지역보다 도시에 사는 것을 선호합니다.

📄 어휘_p.304 참조

🔴 Possible answer

❷ In my opinion, living in the country is better than living in a big city. There are some reasons to support my idea. First of all, you can get fresh air living in the countryside. If you live in a city, you will have **polluted** air every day. Besides, people in the country are very nice and kind. [3]**People these days are not familiar with talking to their neighbors in a city.** You can have more **intimacy** with your neighbors. For these reasons, I prefer to live in the country rather than a city.

해석 저로서는 시골에 사는 것이 도시에 사는 것보다 낫다고 생각합니다. 제 생각을 뒷받침할 몇 가지 이유들이 있습니다. 첫 번째로, 시골 지역에서는 상쾌한 공기를 마실 수 있습니다. 만약 도시에 거주한다면, 매일 오염된 공기를 마시게 될 것입니다. 게다가, 시골 지역의 사람들은 매우 착하고 친절합니다. 사람들은 요즘 도시에서 이웃들과 이야기하는 것에 익숙하지 않습니다. 당신은 이웃들과 좀 더 친밀해질 수 있습니다. 이러한 이유로, 저는 시골에 사는 것을 도시에 사는 것보다 선호합니다.

📄 어휘_p.304 참조

Topic 2

한복과 양복
Han-bok vs. Suits

🎧 P6_AQ 02

TOEIC Speaking

Question 11 of 11

Directions: In this part of the test, you will give your opinion about a specific topic. Be sure to say as much as you can in the time allowed. You will have 15 seconds to prepare. Then you will have 60 seconds to speak.

Question: Some people prefer to wear a Han-bok rather than a Western suit on special days. Which one do you prefer and why?

RESPONSE TIME
00:00:60

Answer

Q.

Some people prefer to wear a Han-bok rather than a Western suit on special days. Which one do you prefer and why?

해석 어떤 사람들은 특별한 날에 정장을 입기보다는 한복 입는 것을 선호합니다. 당신은 어느 쪽을 더 선호하나요, 그렇다면 그 이유는 무엇인가요?

My Answer

Part 6는 나만의 답변 구성이 무엇보다 중요하다. 문제에 대한 답변틀을 스스로 구성해보고 뒤에 이어지는 모범 답안과 비교하자. 모범답안은 적어도 5회씩 큰소리로 읽자.

서론

본론

결론

Possible answer   🎧 P6_AS 02-1

❶ From my point of view, I prefer to wear a Han-bok, the Korean **traditional outfit**, on special days for the following reasons. First of all, they are beautiful for anyone. For example, a Han-bok **covers** people's body shape so [4]**they don't have to worry about their figure.** Second, we have to **conserve** our traditional outfits. [5]**These days, people seem to be more westernized than before.** I think it is one of the good ways to keep our **tradition**. Therefore, I prefer to wear a Han-bok on special days.

해석 제 관점에서, 저는 다음 몇 가지 이유들 때문에 특별한 날 한국의 전통의상인 한복 입는 것을 선호합니다. 첫 번째로, 한복은 누구에게나 아름답게 잘 어울립니다. 예를 들어 한복은 사람들의 체형을 가릴 수 있기 때문에 사람들이 자신의 몸매에 관해 걱정할 필요가 없습니다. 두 번째로, 우리는 고유의 전통 의상을 보존해야 합니다. 오늘날 사람들은 이전에 비해 더 서구화된 것 같습니다. 제 생각에 한복 착용이 우리의 전통을 보존할 수 있는 좋은 방법 중 하나인 것 같습니다. 그러므로 저는 특별한 날에 한복을 입는 것을 선호합니다.

📄 어휘_p.305 참조

Possible answer   🎧 P6_AS 02-2

❷ From my point of view, I prefer to wear a suit rather than a Han-bok on special days for the following reasons. First of all, it is easier and more comfortable to wear. For example, a Han-bok **takes a long time to put on compared to** a Western-style suit. Second, the price for a suit is more **reasonable**. People don't often wear a Han-bok. **On the other hand,** [6]**a suit is more useful than the traditional outfits.** Those are the reasons why I prefer to wear a suit than a Han-bok.

해석 제 관점에서, 저는 아래의 몇 가지 이유들 때문에 특별한 날 한복보다 정장을 입는 것을 선호합니다. 첫 번째로, 정장은 더 입기 쉽고 편리합니다. 예를 들어 한복은 서양식 정장에 비해 입는 시간이 오래 걸립니다. 두 번째로, 정장의 가격이 더 저렴합니다. 사람들은 한복을 자주 입지 않습니다. 반면에, 정장은 전통 의상보다 활용도가 더 높습니다. 이러한 이유들 때문에 저는 한복보다 정장을 선호합니다.

📄 어휘_p.305 참조

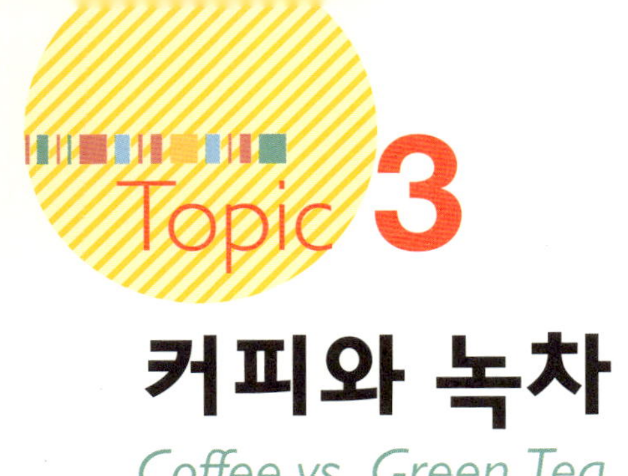

Topic **3**

커피와 녹차
Coffee vs. Green Tea

TOEIC Speaking

Question 11 of 11

Directions: In this part of the test, you will give your opinion about a specific topic. Be sure to say as much as you can in the time allowed. You will have 15 seconds to prepare. Then you will have 60 seconds to speak.

Question: Do you prefer to drink coffee or green tea? Why?

RESPONSE TIME
00:00:60

Answer

Q.

Do you prefer to drink coffee or green tea? Why?

해석 커피 또는 녹차 중 어느 쪽을 선호하나요? 그 이유는 무엇인가요?

My Answer

Part 6는 나만의 답변 구성이 무엇보다 중요하다. 문제에 대한 답변틀을 스스로 구성해보고 뒤에 이어지는 모범 답안과 비교하자. 모범답안은 적어도 5회씩 큰소리로 읽자.

서론

본론

결론

❶ I prefer to drink coffee rather than green tea, and here's why. More than anything, it is easy to get anywhere in Korea and the price is reasonable. Coffee wakes people up when they have to work in the very early morning and late night. Besides, [7]**coffee has different types of flavors** so we can choose various tastes and flavors. Sometimes, just one cup of coffee helps one's mind **refresh instantly**. For these reasons, I prefer to drink coffee rather than green tea.

해석 저는 녹차보다 커피 마시는 것을 선호하며 여기에 이유가 있습니다. 무엇보다도, 커피는 한국 어느 곳에서나 구하기 쉬우며 가격이 저렴합니다. 커피는 사람들이 매우 이른 아침과 밤늦게 일해야 할 때 잠에서 깨워줍니다. 게다가 커피는 다양한 종류의 풍미를 지니고 있기 때문에 우리는 다양한 맛과 향을 고를 수 있습니다. 이따금 단 한 잔의 커피는 우리의 마음에 즉시 활력을 주는 데 도움이 되기도 합니다. 이러한 이유로, 저는 녹차보다 커피 마시는 것을 선호합니다.

📄 어휘_p.305 참조

❷ I prefer to drink green tea rather than coffee, and here's why. More than anything, [8]**green tea is good for our health and skin** because it has lots of vitamin C. [9]**Besides, some coffee makers provide us with coffee at a higher price.** Green tea is more reasonable than coffee. Also, it is Korean traditional tea. Why don't we enjoy our own tea for **cultural** reasons? That's why I prefer to drink green tea rather than coffee.

해석 저는 커피보다 녹차 마시는 것을 더욱 선호하며 이유는 다음과 같습니다. 무엇보다도, 녹차는 비타민C 성분이 풍부하여 건강과 피부에 좋습니다. 게다가 어떤 커피 공급자는 커피를 비싼 가격에 제공하기도 합니다. 녹차는 커피보다 저렴합니다. 또한, 녹차는 한국의 전통 차입니다. 문화적인 이유 때문에라도 우리 고유의 차를 즐기는 것이 어떨까요? 이것이 제가 커피보다 녹차를 선호하는 이유입니다.

📄 어휘_p.305 참조

Topic 4

컴퓨터의 장점과 단점
Computers: Advantages and Disadvantages

Part 6

TOEIC Speaking

Question 11 of 11

Directions: In this part of the test, you will give your opinion about a specific topic. Be sure to say as much as you can in the time allowed. You will have 15 seconds to prepare. Then you will have 60 seconds to speak.

Question: Some people think computers are helpful but some don't. What about you?

RESPONSE TIME
00:00:60

Answer

Q.

Some people think computers are helpful but some don't. What about you?

해석 어떤 사람들은 컴퓨터가 도움이 된다고 생각하지만 다른 사람들은 그렇게 생각하지 않습니다. 당신은 어떻게 생각하나요?

My Answer

Part 6는 나만의 답변 구성이 무엇보다 중요하다. 문제에 대한 답변틀을 스스로 구성해보고 뒤에 이어지는 모범 답안과 비교하자. 모범답안은 적어도 5회씩 큰소리로 읽자.

서론

본론

결론

◐ Possible answer 🎧 P6_AS 04-1

❶ I agree with the opinion that computers are useful and helpful for our lives. There are some reasons to support my idea. First of all, computers save our time when we work more than before. For example, [10]**by using email or social networks,** we can contact each other within a short period of time. Second, they can contain a huge amount of files so we don't have to bring heavy documents to work. For these reasons, I agree with that computers are useful in our lives.

해석 저는 컴퓨터가 우리의 삶에 유용하고 도움이 된다는 의견에 동의합니다. 제 의견을 뒷받침하기 위한 몇 가지 이유가 있습니다. 첫 번째로, 컴퓨터 때문에 우리가 일하는 시간이 그 전보다 더 줄어들었습니다. 예를 들어 이메일이나 SNS를 이용하여 우리는 매우 빨리 서로 연락을 할 수 있습니다. 두 번째로는 컴퓨터가 매우 많은 양의 파일을 저장할 수 있기 때문에 우리는 직장으로 무거운 서류들을 가지고 다닐 필요가 없습니다. 이러한 이유들로, 저는 컴퓨터가 우리의 삶에 유용하다는 점에 찬성합니다.

📄 어휘_p.305 참조

◐ Possible answer 🎧 P6_AS 04-2

❷ I disagree with the opinion that computers are helpful for our lives for the following reasons. First of all, people are too easy to expose their identification. Some criminals abuse their identification to do illegal activities. Second, [11]**people tend to focus on communication in cyber world these days. [12]They are** not familiar with having relationships in reality and are **becoming more isolated from each other.** For these reasons, I disagree that computers are useful in our lives.

해석 저는 다음의 이유들 때문에 컴퓨터가 우리의 삶에 도움이 된다는 의견에 동의하지 않습니다. 첫 번째로, 사람들의 신원이 너무 쉽게 노출됩니다. 어떤 범죄자들은 사람들의 신원을 불법적인 행위에 악용합니다. 두 번째로, 요즘 사람들은 가상세계에서의 의사소통에 집중하는 경향이 있습니다. 그들은 현실세계에서 인간관계를 맺는 데 익숙하지 않고 점점 서로에게서 고립되고 있습니다. 이러한 이유들로, 저는 컴퓨터가 우리의 삶에서 유용하다는 점에 동의하지 않습니다.

📄 어휘_p.305 참조

Topic 5

TV의 유익과 해악
TV: Benefits vs. Harm

TOEIC Speaking

Question 11 of 11

Directions: In this part of the test, you will give your opinion about a specific topic. Be sure to say as much as you can in the time allowed. You will have 15 seconds to prepare. Then you will have 60 seconds to speak.

Question: Some people think TVs are useful but some don't. What about you?

RESPONSE TIME

00:00:60

Answer

Q.

Some people think TVs are useful but some don't. What about you?

 어떤 사람들은 TV가 유용하다고 생각하는 반면 어떤 사람들은 그렇게 생각하지 않습니다. 당신은 어떻게 생각하나요?

My Answer

Part 6는 나만의 답변 구성이 무엇보다 중요하다. 문제에 대한 답변틀을 스스로 구성해보고 뒤에 이어지는 모범 답안과 비교하자. 모범답안은 적어도 5회씩 큰소리로 읽자.

서론

본론

결론

❶ I agree that TVs are useful in our lives for the following two reasons. First, they give us lots of information through many TV shows. There are many educational TV shows these days. If we just watch TV at home, we can experience many different kinds of culture and history. Second, TVs make us laugh. [13]**Thanks to various comedy shows on TV, we can relieve stress** and enjoy the funny stories anytime. For such reasons, I agree that TVs are useful for our lives.

해석 저는 TV가 우리 삶에 유용하다는 데 다음의 두 가지 이유를 들어 동의합니다. 첫 번째로, TV 쇼를 통해 우리는 많은 정보를 얻습니다. 요즘 교육적인 TV 쇼들이 많이 있습니다. 우리가 집에서 TV를 시청하는 것만으로도 우리는 각양각색의 문화와 역사를 경험할 수 있습니다. 두 번째로, TV는 우리를 웃게 만듭니다. 다양한 TV 코미디 쇼 덕분에 우리는 스트레스를 풀 수 있으며 언제나 재미있는 이야기들을 즐길 수 있습니다. 이러한 이유들 때문에 저는 우리 삶에 TV가 유용하다는 의견에 찬성합니다.

📄 어휘_p.305 참조

❷ I disagree that TVs are useful in our lives for the following two reasons. First, [14]**children are exposed to many violent TV shows these days.** Some parents are not able to take care of their kids all the time. Second, if students watch TV too much, they become less creative. [15]**TV has a huge effect on them.** Teenagers tend to follow what celebrities do without thinking. For such reasons, I disagree that TVs are useful for our lives.

해석 저는 다음의 두 가지 이유로 TV가 우리의 삶에 있어 유용하다는 의견에 반대합니다. 첫 번째로, 오늘날 아이들은 많은 폭력적인 TV 쇼에 노출되고 있습니다. 어떤 부모들은 아이들을 항상 돌볼 수 없습니다. 두 번째로, 만약 학생들이 TV를 너무 많이 시청한다면 그들은 창의적인 사고를 하지 못합니다. TV는 아이들에게 매우 큰 영향을 미칩니다. 10대들은 유명인사들이 하는 것을 생각 없이 따라 하는 경향이 있습니다. 이러한 이유들로, 저는 TV가 우리 삶에 유용하다는 의견에 반대합니다.

📄 어휘_p.305 참조

교육, 엄격인가 관용인가

Education: Strictness vs. Generosity

Part 6

🎧 P6_AQ 06

TOEIC Speaking

Question 11 of 11

Directions: In this part of the test, you will give your opinion about a specific topic. Be sure to say as much as you can in the time allowed. You will have 15 seconds to prepare. Then you will have 60 seconds to speak.

Question: Some people think education should be strict, but some don't. What about you?

RESPONSE TIME
00:00:60

Answer

Q.

Some people think education should be **strict**, but some don't. What about you?

해석 어떤 사람들은 교육이 엄격해야 한다고 생각하는 반면 그렇지 않은 사람들도 있습니다. 당신은 어떻게 생각하나요?

My Answer

Part 6는 나만의 답변 구성이 무엇보다 중요하다. 문제에 대한 답변틀을 스스로 구성해보고 뒤에 이어지는 모범 답안과 비교하자. 모범답안은 적어도 5회씩 큰소리로 읽자.

서론

본론

결론

Possible answer
P6_AS 06-1

❶ From my point of view, education should be strict in classes. There are several reasons for the idea. Firstly, [16]**teenagers can make a wrong decision in their lives** because they are not mature yet. They need rigorous rules and discipline to follow in classes and schools. Secondly, [17]**they have to be ready for getting jobs after graduation.** If they are not trained well enough at schools, they can be trouble makers in society. For these reasons, I think education should be strict.

해석 제 관점으로는, 수업 시간에 교육방식이 엄격해야 한다고 생각합니다. 이러한 생각에는 몇 가지 이유가 있습니다. 첫 번째로, 10대들은 아직 성숙하지 못하기 때문에 인생을 살면서 잘못된 선택을 할 수 있습니다. 그들은 수업 중에 그리고 학교에서 따라야 할 엄격한 규칙과 규율이 필요합니다. 두 번째로는, 그들은 졸업 후 직업을 가질 준비를 해야 합니다. 만약 그들이 학교에서 충분히 훈련 받지 못한다면, 사회 부적응자가 될 수 있습니다. 저는 이러한 이유들로 인하여 교육은 엄격해야 된다고 생각합니다.

어휘_p.305–306 참조

Possible answer
P6_AS 06-2

❷ From my point of view, education should be relaxed in classes. There are several reasons for the idea. Firstly, teenagers are sensitive. Teachers and parents should take care of their children and listen to what problems they have. Secondly, [18]**students may need to talk with adults rather than to learn something in classes.** Getting high scores is not the best way to have successful school lives. They need to know what their future dreams are rather than get better grades in classes. For these reasons, I think education should not be too strict.

해석 저의 관점으로는, 수업 시간에 교육방식이 편안해야 합니다. 이러한 생각에는 몇 가지 이유가 있습니다. 첫 번째로, 10대들은 매우 감성적입니다. 선생님과 부모들은 아이들을 돌봐야 하며 그들이 가진 문제가 무엇인지 귀 기울여야 합니다. 두 번째로, 학생들은 수업에서 무엇인가를 배우기보다는 어른들과 이야기하는 것이 더 필요할지 모릅니다. 높은 성적을 받는 것은 학교생활을 잘하는 가장 좋은 방법이 아닙니다. 학생들은 학교 성적을 더 잘 받는 것보다는 자신의 장래희망이 무엇인지 알아야 합니다. 저는 이러한 이유로 교육이 너무 엄격해서는 안된다고 생각합니다.

어휘_p.306 참조

Topic 7

직업, 수입인가 경험인가

Jobs: Income vs. Experience

P6_AQ 07

Directions: In this part of the test, you will give your opinion about a specific topic. Be sure to say as much as you can in the time allowed. You will have 15 seconds to prepare. Then you will have 60 seconds to speak.

Question: When you look for a job, what's more important to you, money or experience? What would be your choice?

RESPONSE TIME
00:00:60

Answer

Q.

When you look for a job, what's more important to you, money or experience? What would be your choice?

해석 직업을 구할 때 돈과 경험 중 무엇이 더 중요한가요? 당신의 선택은 무엇입니까?

My Answer

Part 6는 나만의 답변 구성이 무엇보다 중요하다. 문제에 대한 답변틀을 스스로 구성해보고 뒤에 이어지는 모범 답안과 비교하자. 모범답안은 적어도 5회씩 큰소리로 읽자.

서론

본론

결론

Possible answer

❶ When I try to get a job, I **personally** prefer to work for money rather than experience. I have some reasons why I say this. **Before everything,** [19]**I want to make enough money** to get anything I want. [20]**Without money, people can't even lead their daily lives properly.** Second of all, I want to travel all around the world after my retirement. To do that, I have to save enough money before my **retirement**. For such reasons, I prefer to work for a good salary rather than experience.

해석 직업을 구하려할 때, 저는 개인적으로 경험보다는 돈을 선호합니다. 이렇게 말하는 데는 몇 가지 이유가 있습니다. 무엇보다도, 저는 원하는 것을 뭐든 얻기 위해 돈을 많이 벌기를 원합니다. 돈이 없다면 사람들은 생계를 제대로 유지하는 것조차 힘듭니다. 두 번째로, 저는 은퇴 이후에 전 세계를 돌며 여행을 하고 싶습니다. 그렇게 하기 위해서는, 은퇴 전에 충분한 돈을 모아야 합니다. 이러한 이유들로 저는 경험보다 충분한 급여를 원하는 편입니다.

어휘_p.306 참조

Possible answer

P6_AS 07-2

❷ When I get a job, I personally prefer to work for various experiences rather than money. I have some reasons why I say this. Before everything, I want to learn to take care of different types of projects while I work. [21]**I want to be a successful businessman with lots of abilities in the future.** Second, I want to have an interesting life rather than make money. Money is not everything. I think good experience will make a better quality life than money does. For such reasons, I prefer to work for good experiences rather than money.

해석 제가 직업을 구할 때, 저는 개인적으로 돈보다는 다양한 경험들을 선호합니다. 이렇게 말하는 데에는 몇 가지 이유가 있습니다. 무엇보다도, 일하는 동안에 저는 다양한 유형의 업무를 처리하는 걸 배우고 싶습니다. 저는 미래에 능력을 갖춘 성공한 사업가가 되고 싶습니다. 두 번째로, 저는 돈을 버는 것보다는 흥미로운 삶을 영위하고 싶습니다. 돈이 전부일 수 없습니다. 저는 돈보다는 좋은 경험이 더 가치 있는 삶을 만든다고 생각합니다. 이러한 이유들로 저는 돈보다는 값진 경험을 위해 일하길 선호합니다.

어휘_p.306 참조

혼자서 일하기 vs. 팀으로 일하기

Work Alone vs. Work in a Team

Part 6

P6_AQ 08

TOEIC Speaking

Question 11 of 11

Directions: In this part of the test, you will give your opinion about a specific topic. Be sure to say as much as you can in the time allowed. You will have 15 seconds to prepare. Then you will have 60 seconds to speak.

Question: Do you prefer to work alone or in a team?

RESPONSE TIME
00:00:60

Answer

Q.

Do you prefer to work alone or in a team?

해석 혼자서 일하는 것과 팀으로 일하는 것 중 어느 쪽을 선호하시나요?

My Answer

Part 6는 나만의 답변 구성이 무엇보다 중요하다. 문제에 대한 답변틀을 스스로 구성해보고 뒤에 이어지는 모범 답안과 비교하자. 모범답안은 적어도 5회씩 큰소리로 읽자.

서론

본론

결론

● Possible answer 🎧 P6_AS 08-1

❶ I prefer to work alone rather than work in a team. As a computer programmer, I can give some reasons from my own experience. Firstly, [22]**I have to focus on different computer programs in a quiet atmosphere.** If others keep bothering me while I work, [23]**I would be in trouble taking care of my task.** Second, I'm very shy and into being alone rather than in a group. Because of my personality, I feel much more comfortable and make better achievement when working alone. For these reasons, I prefer to work alone rather than work in a team.

해석 저는 팀으로 일하는 것보다는 혼자 일하는 것을 선호합니다. 컴퓨터 프로그래머로서, 저는 나만의 경험에서 우러나오는 이유들을 몇 가지 말할 수 있습니다. 첫 번째로, 저는 조용한 분위기에서 여러 컴퓨터 프로그램들에 집중해야 합니다. 만약 제가 일하는 동안 다른 이들이 계속해서 방해가 된다면, 업무를 처리하는 데 문제를 겪을 것입니다. 두 번째로, 저는 수줍음이 매우 많고 집단 내에 있는 것보다는 혼자 있는 것을 좋아합니다. 이러한 성격 때문에, 저는 혼자서 일을 할 때 훨씬 더 편안함을 느끼고 더 나은 성과를 냅니다. 이러한 이유들로 저는 팀을 이루어 일하는 것보다 혼자 일하는 것을 선호합니다.

📄 어휘_p.306 참조

● Possible answer 🎧 P6_AS 08-2

❷ I prefer to work in a team rather than work alone. As a sales manager, I can give some reasons from my own experience. Firstly, I have to get help from other departments when it comes to product display, pricing and marketing. [24]**Sales is not something I can do alone.** Second, I'm very outgoing and work well with others. Because of my personality, I feel much more comfortable and make better achievement when I work with people. For these reasons, I prefer to work in a team rather than work alone.

해석 저는 혼자 일하는 것보다 팀으로 일하는 것을 선호합니다. 영업 매니저로서, 저는 저만의 경험에서 우러나오는 이유들을 몇 가지 말할 수 있습니다. 첫 번째로, 저는 상품진열, 가격 책정, 홍보에 관해 다른 부서의 도움을 받아야 합니다. 영업은 제가 혼자 할 수 있는 일이 아닙니다. 두 번째로, 저는 매우 활발하고 다른 사람들과 원만하게 일합니다. 이러한 성격 때문에, 저는 사람들과 같이 일을 할 때 더욱 편안함을 느끼고 더 나은 성과를 냅니다. 이러한 이유들로 인해서 저는 팀을 이루어 일하는 것을 혼자 일하는 것보다 선호합니다.

📄 어휘_p.306 참조

아침형 인간 vs. 저녁형 인간

Early Birds vs. Night Owls

🎧 P6_AQ 09

TOEIC Speaking

Question 11 of 11

Directions: In this part of the test, you will give your opinion about a specific topic. Be sure to say as much as you can in the time allowed. You will have 15 seconds to prepare. Then you will have 60 seconds to speak.

Question: Some people get up early in the morning while others prefer to work late at night. Which do you prefer?

RESPONSE TIME
00:00:60

Answer

Q.

 Some people get up early in the morning while others prefer to work late at night. Which do you prefer?

해석 어떤 사람들은 아침 일찍 일어나는 걸 선호하지만 어떤 사람들은 늦게까지 일하는 걸 선호합니다. 당신은 어느 쪽을 선호하나요?

My Answer

Part 6는 나만의 답변 구성이 무엇보다 중요하다. 문제에 대한 답변틀을 스스로 구성해보고 뒤에 이어지는 모범 답안과 비교하자. 모범답안은 적어도 5회씩 큰소리로 읽자.

서론

본론

결론

❶ I think working in the early morning is better for me than working at late night. I have some reasons to support my idea. First of all, [25]**I'm used to getting** **up around 5 a.m. every day to start a day.** For me, it is easier to **concentrate on** my work before breakfast. Second, I enjoy the fresh air with a cup of coffee in the morning. If I start my day earlier than others, [26]**I feel that I'm ahead of** **people.** That's the reason why I think working in the early morning is better for me than at night.

해석 저는 이른 아침에 일하는 것이 밤늦게 일하는 것보다 더 낫다고 생각합니다. 이러한 저의 생각을 뒷받침할 몇 가지 이유가 있습니다. 우선, 저는 매일 아침 5시쯤 일어나 하루를 시작하는 것에 익숙합니다. 저로서는 아침 식사를 하기 전 일에 집중하는 것이 더 쉽습니다. 두 번째로, 저는 아침에 커피 한 잔과 함께 신선한 공기를 즐깁니다. 남들보다 하루를 일찍 시작할 때 저는 사람들을 앞서간다고 느낍니다. 이 것이 바로 제가 이른 아침에 일하는 것이 밤에 일하는 것보다 낫다고 느끼는 이유입니다.

📄 어휘_p.306 참조

❷ I think working at late night is better for me than working in the morning. I have some reasons to support my idea. First of all, I usually go to bed after midnight. For me, it is easier to concentrate on my work when all my family members sleep because it is more quiet and **peaceful.** Second, I prefer to listen to classical music coming from radio stations at late night while I work. [27]**I'm a so-called night owl person.** If I do something in the early morning, I would not make a better result from my work. That's the reason why I think working at late night is better for me than in the morning.

해석 저는 늦은 밤에 일하는 것이 아침에 일하는 것보다 더 낫다고 생각합니다. 이러한 저의 생각을 뒷받침하는 몇 가지 이유들이 있습니 다. 우선, 저는 보통 자정이 넘어서야 잠자리에 듭니다. 저로서는 온 가족이 자고 있을 때 제 일에 집중하기가 더 편한데 조용하고 평화롭기 때문입니다. 두 번째로, 저는 일하면서 늦은 밤 라디오 방송국에서 흘러나오는 클래식 음악 듣는 것을 선호합니다. 저는 소위 '올빼미 형' 사람입니다. 제가 이른 아침에 무언가를 한다면, 더 나은 업무 성과를 내기 어려울 것입니다. 이것이 바로 제가 생각하기에 밤늦게 일하는 것이 아침에 일하는 것보다 더 좋다고 여기는 이유입니다.

📄 어휘_p.306 참조

Topic 10

일본과 친구가 되어야 될까요?

Being Friends of Japan

P6_AQ 10

TOEIC Speaking

Question 11 of 11

Directions: In this part of the test, you will give your opinion about a specific topic. Be sure to say as much as you can in the time allowed. You will have 15 seconds to prepare. Then you will have 60 seconds to speak.

Question: Can we be friends of Japan? Why do you think so?

RESPONSE TIME
00:00:60

Answer

Q.

Can we be friends of Japan? Why do you think so?

해석 일본과 친구가 될 수 있을까요? 왜 그렇게 생각하나요?

My Answer

Part 6는 나만의 답변 구성이 무엇보다 중요하다. 문제에 대한 답변틀을 스스로 구성해보고 뒤에 이어지는 모범 답안과 비교하자. 모범답안은 적어도 5회씩 큰소리로 읽자.

서론

본론

결론

● Possible answer

❶ From my point of view, there is no reason why our countries cannot be close just because of historical reasons. What happened in the past is not possible to be changed. In addition, ²⁸**the economic issues we face should be considered something important.** Should we give up international business with the country because they behaved so terribly in the past? There is an old saying that 'Seize the day.' The time we live in is more important. That's why I think it is better that we keep Japan as a friendly nation both geographically and economically.

해석 저의 관점으로는, 역사적인 이유들 때문에 우리 국가들이 가까워지면 안 되는 이유가 없습니다. 과거에 일어났던 일을 바꾸기는 불가능합니다. 게다가 우리가 직면하고 있는 경제 문제들이 중요하게 여겨져야 합니다. 과거에 그들이 행했던 끔찍한 행동들 때문에 우리가 일본과 관련된 국제적인 사업들을 포기해야만 할까요? '상황을 직시하라' 는 격언이 있습니다. 우리가 살고 있는 시대가 더욱 중요합니다. 바로 이것이 제가 일본과 지형적으로 또 경제적으로 친밀한 국가로 유지하는 것이 더욱 좋을 거라 생각하는 이유입니다.

📄 어휘_p.306 참조

● Possible answer

❷ From my point of view, there are some reasons why we should not regard Japan as a friend. They've never given us a sincere apology for what they did to our nation in the past. In addition, ²⁹**they have insisted that one of our territories, Dok-do, should belong to them.** ³⁰**It has brought about conflict between two countries** and I wonder if they are ready to be a good friend of us. If they are not, we cannot be either. That's why I think we don't have to make an effort to be a good friend with them.

해석 제 관점으로는, 우리가 일본을 우방으로 생각해서는 안 되는 몇 가지 역사적 이유가 있습니다. 그들은 과거에 우리나라에 행했던 일에 대해서 단 한 번도 진실한 사과를 하지 않았습니다. 게다가 그들은 우리의 영토인 독도가 자기 땅이라고 주장하고 있습니다. 그것은 두 국가 사이에 갈등을 야기하고 있고 저는 그들이 과연 우리나라의 좋은 친구가 될 준비가 되어 있는지 의문입니다. 그들이 그렇게 할 준비가 되어 있지 않다면, 우리 또한 그럴 수 없습니다. 이것이 우리가 그들과 좋은 친구가 되기 위해서 노력할 필요가 없다고 생각하는 이유입니다.

📄 어휘_p.306–307 참조

Topic 11

영화배우 수입 논란

Actors/Actresses Get Paid Too Much?

TOEIC Speaking

Question 11 of 11

Directions: In this part of the test, you will give your opinion about a specific topic. Be sure to say as much as you can in the time allowed. You will have 15 seconds to prepare. Then you will have 60 seconds to speak.

Question: Some people think that actors/actresses get paid too much. Do you agree or disagree?

RESPONSE TIME
00:00:60

Answer

Q.

Some people think that actors/actresses get paid too much. Do you agree or disagree?

해석 어떤 사람들은 배우들이 출연료를 너무 많이 받는다고 생각하는 데 동의하나요 아니면 동의하지 않나요?

My Answer

Part 6는 나만의 답변 구성이 무엇보다 중요하다. 문제에 대한 답변틀을 스스로 구성해보고 뒤에 이어지는 모범 답안과 비교하자. 모범답안은 적어도 5회씩 큰소리로 읽자.

서론

본론

결론

❶ I also think that actors/actresses get paid more than they should. Here are some reasons why I agree with the above opinion. The main reason is that their pay is very high [31]**compared to the hours of work they do.** When you think of **average** office workers, they don't make as much as the actors/actresses. Just because they are famous, I don't think they should make much more than average people. In addition, **once** they become famous, they **appear** in TV **commercials**, on magazines and in other **advertisements**. There are many ways for them to make money unlike average people. These are the reasons why I think they should not get paid much.

해석 저 역시 영화배우들이 합당한 수준보다 높은 출연료를 받는다고 생각합니다. 제가 위의 의견에 동의하는 데는 몇 가지 이유가 있습니다. 가장 중요한 이유는 그들의 수입이 일하는 시간에 비해 매우 높다는 것입니다. 평균적인 사무실 노동자를 생각해볼 때, 그들은 영화배우들만큼의 돈을 많이 벌지 못합니다. 단지 그들이 유명하다는 이유로, 그들이 보통 사람들보다 훨씬 더 많은 수입을 올리면 안 된다고 생각합니다. 게다가 일단 그들이 한 번 유명해지면 TV 광고, 잡지, 광고들에 출연합니다. 그들에게는 일반 사람들과는 달리 돈을 벌 수 있는 수많은 방법이 존재합니다. 이것이 제가 그들이 너무 높은 출연료를 받는다고 생각하는 이유들입니다.

📄 어휘_p.307 참조

❷ **In some ways**, it is true that they get paid too much, however, I disagree with the above opinion. Here are some reasons why I don't agree. The main reason is that it is very difficult to be a famous actor/actress. They spend years training and practicing before they become popular and **not everyone** becomes successful. In addition, their job is very **unstable** so it is impossible to **earn** money like average people. That's because [32]**it takes a long time to select a script** and produce a movie or TV **series**. In addition, to make one film or TV series, [33]**actors/actresses put in lots of hours to practice for the role.** For these reasons, I think actors/actresses should get paid a lot.

해석 어떤 면에서 그들이 출연료를 너무 많이 받는다는 것은 사실이지만, 저는 위의 의견에 동의하지 않습니다. 제가 동의하지 않는 데는 몇 가지 이유가 있습니다. 가장 중요한 이유는 유명한 영화배우가 되는 것이 매우 어렵기 때문입니다. 그들은 유명해지기 전까지 수년을 훈련과 연습에 투자하지만 그렇다고 해서 모두가 성공하는 것이 아닙니다. 게다가 그들의 직업은 매우 불안정하기 때문에 보통 사람들처럼 돈을 버는 것이 불가능합니다. 그것이 바로 대본을 선택하고 영화나 TV 시리즈를 제작하는 데 오랜 시간이 걸리는 이유입니다. 게다가 영화 TV 시리즈를 만들기 위해 배우들은 그 역을 소화하기 위해 상당히 많은 시간을 투자합니다. 이러한 이유들 때문에 저는 영화배우들이 출연료를 많이 받아야 한다고 생각합니다.

📄 어휘_p.307 참조

Topic 12

휴대전화 소지
Carrying Mobile Phones

P6_AQ 12

TOEIC Speaking

Question 11 of 11

Directions: In this part of the test, you will give your opinion about a specific topic. Be sure to say as much as you can in the time allowed. You will have 15 seconds to prepare. Then you will have 60 seconds to speak.

Question: Some people think that young school students should carry mobile phones. Do you agree or disagree?

RESPONSE TIME
00:00:60

Answer

Q.

Some people think that young school students should carry mobile phones. Do you agree or disagree?

해석 어떤 사람들은 어린 학생들이 휴대전화를 갖고 다녀야 한다고 생각합니다. 이에 동의하나요 아니면 동의하지 않나요?

My Answer

Part 6는 나만의 답변 구성이 무엇보다 중요하다. 문제에 대한 답변틀을 스스로 구성해보고 뒤에 이어지는 모범 답안과 비교하자. 모범답안은 적어도 5회씩 큰소리로 읽자.

서론

본론

결론

Possible answer

P6_AS 12-1

❶ I believe that young students should carry mobile phones. There are some reasons to support my idea. First of all, they should carry mobile phones for protection. In case of emergency, they can easily call for help. I think it is necessary for their safety. Another reason is that [34]their parents can keep track of their location and activities. Parents often wonder about their children's whereabouts. With the mobile phones, children can easily communicate with their parents. It is very convenient to both of them. For these reasons, I prefer children to have a mobile phone.

해석 저는 어린 학생들이 휴대전화를 가지고 다녀야 한다고 생각합니다. 제 의견을 뒷받침할 몇 가지 이유가 있습니다. 첫 번째로 그들은 안전을 위해 휴대전화를 가지고 다녀야 합니다. (그래야) 긴급상황일 때 쉽게 도움을 요청할 수 있습니다. 이것은 그들의 안전을 위해서 꼭 필요하다고 생각합니다. 또 다른 이유는 부모들이 아이가 있는 장소와 하고 있는 활동에 대해 계속 파악할 수 있기 때문입니다. 부모들은 주로 자녀들의 소재를 궁금해 합니다. 휴대전화가 있으면 아이들은 부모들과 쉽게 의사소통할 수 있습니다. 이것은 양쪽 모두에게 매우 편리합니다. 저는 이러한 이유들 때문에 아이들이 휴대전화를 소지하는 것을 선호합니다.

어휘_p.307 참조

Possible answer

P6_AS 12-2

❷ In my opinion, students should not carry mobile phones. Here are some reasons to support my idea. First of all, [35]children are always accompanied by parents so there is no reason for them to carry mobile phones. [36]This can be used as a way to show off to other students. Second, some children who carry smart phones may be exposed to on-line games. Simply, they are too young to take care of their phone and be responsible for it. Lastly, having a mobile phone can be a distraction when studying. Many children use the phone to play video games and watch movies. Some students may not have control over it. These are the reasons why mobile phones should not be allowed for young students.

해석 제 의견으로는, 학생들이 휴대전화를 소지하지 않아야 합니다. 제 생각을 뒷받침할 몇 가지 이유들이 있습니다. 우선 아이들은 항상 부모와 함께 다니기 때문에 휴대전화를 가지고 다닐 이유가 없습니다. 휴대전화는 다른 학생들에게 자랑하는 수단으로 쓰일 수 있습니다. 두 번째로는, 스마트폰을 소지한 어떤 아이들은 온라인 게임에 노출될 수 있습니다. 간단히 말해서, 그들은 너무 어려서 휴대전화를 잘 쓰고 그것에 대한 책임을 지기가 어렵습니다. 마지막으로 휴대전화를 가지고 있는 것은 학업에 방해가 될 수 있습니다. 많은 아이들이 비디오 게임을 하고 영화를 보는 데 휴대전화를 사용합니다. 어떤 학생들은 그것을 절제하지 못할지 모릅니다. 이러한 이유로 어린 학생들에게 휴대전화 사용이 허락되어서는 안 된다고 생각합니다.

어휘_p.307 참조

온라인 쇼핑

On-line Shopping

🎧 P6_AQ 13

TOEIC Speaking

Question 11 of 11

Directions: In this part of the test, you will give your opinion about a specific topic. Be sure to say as much as you can in the time allowed. You will have 15 seconds to prepare. Then you will have 60 seconds to speak.

Question: Some people believe that on-line shopping is useful but some don't. What do you think?

RESPONSE TIME
00:00:60

Answer

Q.

Some people believe that on-line shopping is useful but some don't. What do you think?

해석 어떤 사람들은 온라인 쇼핑이 유용하다고 하고 어떤 사람들은 아니라고 생각합니다. 당신은 어떻게 생각하나요?

My Answer

Part 6는 나만의 답변 구성이 무엇보다 중요하다. 문제에 대한 답변틀을 스스로 구성해보고 뒤에 이어지는 모범 답안과 비교하자. 모범답안은 적어도 5회씩 큰소리로 읽자.

서론

본론

결론

❶ In my opinion, I believe that on-line shopping is useful and there are some reasons. First of all, on-line shopping is easy and simple. [37]**You can order products anytime anywhere.** It can save lots of time and energy instead of going to offline shops. Second, before you buy anything, you can read other people's reviews on the website. It is very helpful to understand the product. It is a good way to compare products. Lastly, you can find a good discount online. There are many online shopping malls and you can easily compare prices. Therefore, I prefer to purchase products online.

해석 제 관점으로 볼 때, 온라인 쇼핑은 유용하다고 생각하며 몇 가지 이유가 있습니다. 무엇보다도, 온라인 쇼핑은 쉽고 간단합니다. 당신은 언제 어디서나 제품을 주문할 수 있습니다. 이것은 오프라인 상점에 가는 대신에 많은 시간과 에너지를 절약할 수 있습니다. 두 번째로, 어떤 것을 사기 전에 다른 사람들이 쓴 후기를 웹사이트에서 읽어볼 수 있습니다. 이것은 제품을 이해하는 데 매우 유용합니다. 이것은 제품을 비교해볼 수 있는 좋은 방법입니다. 마지막으로, 괜찮은 조건의 할인제품을 온라인에서 찾을 수 있습니다. 온라인에는 많은 쇼핑몰이 있기 때문에 가격을 쉽게 비교해볼 수 있습니다. 그러므로 저는 온라인을 통한 물건 구매를 선호합니다.

📄 어휘_p.307 참조

❷ There are many disadvantages of using on-line shopping. [38]**I am not in favor of on-line shopping** for the following reasons. First of all, I worry about my personal information because I believe it is very insecure. Before I make any purchases, I have to register my personal information on their sites. But most of the time, my information is shared by other sites. They don't really protect personal data. Also, [39]**actual products usually are different from the one in the picture.** It is very inconvenient in many ways. For example, I can't really ask any questions and can't negotiate the price since there is no one to help me. Therefore, I don't think on-line shopping is useful.

해석 온라인 쇼핑을 이용하는 데 있어 많은 단점이 있습니다. 저는 다음의 이유로 온라인 쇼핑을 좋아하지 않습니다. 첫 번째로 저는 온라인 쇼핑이 매우 안전하지 않다고 생각하기에 저의 개인정보에 대해 걱정이 됩니다. 물건을 구입하기 전 저는 그 사이트에 저의 개인 정보를 등록해야 합니다. 하지만 대부분 제 정보가 다른 사이트들과 공유됩니다. 그들은 개인정보를 전혀 보호해주지 않아요. 또한 실제 물건들이 사진에 보이는 것과 대개 다릅니다. 온라인 쇼핑은 많은 면에서 매우 불편합니다. 예를 들어 도와줄 사람이 없으므로 질문을 할 수도 없고 가격을 조정할 수 없습니다. 그러므로 저는 온라인 쇼핑이 유용하다고 생각하지 않습니다.

📄 어휘_p.307 참조

Topic 14

대중교통 이용 vs. 자가 운전

Using Public Transportation vs. Driving Your Own Car

Part 6

🎧 P6_AQ 14

TOEIC Speaking

Question 11 of 11

Directions: In this part of the test, you will give your opinion about a specific topic. Be sure to say as much as you can in the time allowed. You will have 15 seconds to prepare. Then you will have 60 seconds to speak.

Question: When you get around the city, do you prefer to drive your own car or use public transportation?

RESPONSE TIME
00:00:60

Answer

Q.

 When you get around the city, do you prefer to drive your own car or use public transportation?

해석 시내를 돌아다닐 때 자가 운전을 선호하나요, 아니면 대중교통 이용을 선호하나요?

My Answer

Part 6는 나만의 답변 구성이 무엇보다 중요하다. 문제에 대한 답변틀을 스스로 구성해보고 뒤에 이어지는 모범 답안과 비교하자. 모범답안은 적어도 5회씩 큰소리로 읽자.

서론

본론

결론

Possible answer   P6_AS 14-1

❶ I personally like to use my own car anywhere I go. These are the reasons to support my ideas. First of all, it is really convenient and **flexible** to drive my car. When I drive, [40]**I can** make my own schedule and **do whatever I want, such as listening to music.** Secondly, I don't need to think about being in a **crowded** bus or subway. During **rush hour**, it is very **uncomfortable** to be on the bus or subway. In short, I can't imagine my life without my car.

해석 저는 개인적으로 제가 가는 곳은 어디든 직접 운전하는 것을 좋아합니다. 이러한 제 생각을 뒷받침할 몇 가지 이유들이 있습니다. 무엇보다도, 자가운전은 정말로 편리하고 융통성이 있습니다. 운전을 하면서 저는 나만의 일정을 짜고 음악을 듣는 등 제가 원하는 무엇이든 할 수 있습니다. 두 번째로, 붐비는 버스나 지하철 안에 있는 것에 대해서 생각할 필요가 없습니다. 출퇴근 시간 동안, 버스 또는 지하철 안에 있는 것은 매우 불편합니다. 요컨대, 저는 차가 없는 제 인생은 상상할 수 없습니다.

어휘_p.308 참조

Possible answer   P6_AS 14-2

❷ I personally like to use public transportation systems such as a bus or subway. These are the reasons to support my ideas. First of all, using public transportation is much cheaper than driving my own car. **In order to** drive, [41]**I need to pay for gas which is very expensive in Korea.** Additionally, I should **consider** the cost of **maintenance** and **insurance**. **Considering** these, public transportation is very reasonable. Secondly, I can use time more effectively when I take public transportation. I can read a book, study English, watch a movie etc. [42]**It is a great way to manage my time and feel relaxed.** These are the reasons why I prefer to take public transportation.

해석 저는 개인적으로 버스나 지하철과 같은 대중교통 시스템 이용을 좋아합니다. 이러한 제 생각을 뒷받침할 몇 가지 이유들이 있습니다. 무엇보다도, 대중교통 이용은 자가 운전보다 훨씬 저렴합니다. 운전을 하려면 한국에서는 매우 비싼 연료비를 지불해야 합니다. 또한, 유지 및 보험에 드는 비용을 고려해야 합니다. 이것들을 고려하면 대중교통은 꽤 저렴합니다. 두 번째로, 대중교통을 이용할 때는 시간을 보다 효율적으로 이용할 수 있습니다. 책을 읽을 수도, 영어를 공부할 수도 있으며 영화를 감상하는 등 많은 것들을 할 수 있습니다. 이것은 제가 시간을 관리하면서도 편안함을 느끼는 매우 좋은 방법입니다. 바로 이 이유들이 제가 대중교통 이용을 선호하는 까닭입니다.

어휘_p.308 참조

성형수술
Plastic Surgery

TOEIC Speaking

Question 11 of 11

Directions: In this part of the test, you will give your opinion about a specific topic. Be sure to say as much as you can in the time allowed. You will have 15 seconds to prepare. Then you will have 60 seconds to speak.

Question: Some people think it is necessary to have plastic surgery. Do you agree or disagree?

RESPONSE TIME
00:00:60

Answer

Q.

Some people think it is necessary to have plastic surgery. Do you agree or disagree?

해석 어떤 사람들은 성형 수술을 받는 것이 필요하다고 생각합니다. 당신은 이에 동의 하나요. 아니면 동의하지 않나요?

My Answer

Part 6는 나만의 답변 구성이 무엇보다 중요하다. 문제에 대한 답변틀을 스스로 구성해보고 뒤에 이어지는 모범 답안과 비교하자. 모범답안은 적어도 5회씩 큰소리로 읽자.

서론

본론

결론

❶ If it is necessary, I agree that people should have plastic surgery. There are some reasons to support my idea. First of all, people can gain confidence and self-esteem after the surgery. [43]**This can help them avoid depression and feel more confident in building relationships with people.** Second, this can create higher opportunities to get hired in the job market. In our society, appearance is a big factor when seeking a job. If some people can get a better job after the surgery, I think people shouldn't be so negative about getting plastic surgery. For these reasons, I agree with getting plastic surgery.

해석 저는 필요한 경우 사람들이 성형수술을 해야 한다는 데 동의합니다. 그렇게 생각하는 몇 가지 이유들이 있습니다. 무엇보다도, 사람들은 수술 이후에 자신감과 자존감을 얻을 수 있습니다. 이것은 우울증을 피하고 더 자신감 있게 대인관계를 쌓는 데 도움이 될 것입니다. 두 번째로, 성형수술은 취업 시장에서 고용될 기회를 더 많이 만들 수 있습니다. 우리 사회에서 외모는 직업을 구할 때 매우 중요한 요소입니다. 만약 어떤 사람들이 성형수술 후 더 좋은 직업을 가질 수 있다면 저는 사람들이 성형수술을 받는 것에 관해서 너무 부정적이지 말아야 한다고 생각합니다. 이러한 이유들로 인하여 저는 성형수술 받는 것을 찬성합니다.

📄 어휘_p.308 참조

❷ I totally disagree that people should have plastic surgery. First of all, it can be very dangerous and possibly create permanent side effects. Before the surgery, it is very important to consult with doctors and carefully review the possible damage to your health. Second, getting plastic surgery comes with a high price. Simply, [44]**it is too expensive for young people to afford.** Many young people get a loan just to get the surgery done and many of them spend years paying off its debt. I think this is a serious social issue and [45]**the government should take control of this.** For these reasons, I disagree with plastic surgery.

해석 저는 성형수술을 해야 하는 것에 대해 강력하게 반대합니다. 무엇보다도, 성형수술은 매우 위험하고 영구적인 부작용을 초래할 가능성이 있습니다. 수술 전 의사와 상담하는 것은 물론이고 건강 상 상해를 입을 수 있는 가능성에 대하여 꼼꼼하게 검토하는 것이 매우 중요합니다. 두 번째로는, 성형수술을 받으면 비용이 매우 많이 듭니다. 즉, 젊은 사람들이 감당하기에는 너무 비쌉니다. 많은 젊은이들이 단지 수술을 받기 위해 대출을 받고 또 많은 사람들이 몇 년씩 그 빚을 갚습니다. 제 생각에 이것은 심각한 사회 문제이며 정부는 이것을 규제해야 합니다. 저는 이러한 이유들로 인해서 성형수술에 동의하지 않습니다.

📄 어휘_p.308 참조

가족과 함께 살기 vs. 혼자 살기

Living Alone or Living with Family

Part **6**

P6_AQ 16

TOEIC Speaking

Question 11 of 11

Directions: In this part of the test, you will give your opinion about a specific topic. Be sure to say as much as you can in the time allowed. You will have 15 seconds to prepare. Then you will have 60 seconds to speak.

Question: Some people prefer to live alone while others choose to live with their families. Which one do you think is better and why?

RESPONSE TIME
00:00:60

Answer

Q.

 Some people prefer to live alone while others choose to live with their families. Which one do you think is better and why?

해석 어떤 사람들은 혼자 살기를 선호하는 반면 또 다른 사람들은 가족과 살기를 선택합니다. 당신은 어느 쪽이 더 낫습니까? 그 이유는 무엇인가요?

My Answer

Part 6는 나만의 답변 구성이 무엇보다 중요하다. 문제에 대한 답변틀을 스스로 구성해보고 뒤에 이어지는 모범 답안과 비교하자. 모범답안은 적어도 5회씩 큰소리로 읽자.

서론

본론

결론

Possible answer

P6_AS 16-1

❶ I prefer to live alone to living with my family. When you live alone, you can have **complete freedom**. You don't need to think about being bothered by others. At home, you can enjoy **privacy**; do whatever and whenever you want without thinking about others. Second, you have less **responsibility** when you live alone. For example, when you live with parents or roommates, you have to do **chores** around the house, pay for bills together, **and so on**. However, when you live alone, [46]**you are only responsible for paying for yourself.** This is much easier and less **burdensome** on you. These are the reasons why I prefer to live alone rather than live with family members.

해석 저는 가족들과 사는 것보다 혼자 사는 것을 선호합니다. 당신이 혼자 산다면 완전한 자유를 얻을 수 있습니다. 당신은 다른 사람들에게 방해 받는 것을 생각하지 않아도 됩니다. 집에서 당신은 사생활을 즐길 수 있습니다. 다른 사람에 대해 생각하지 않으면서 당신이 원하는 것은 무엇이든 언제든 할 수 있습니다. 두 번째로는, 혼자 살면 책임감을 덜 느낄 수 있습니다. 예를 들어 당신이 가족 혹은 룸메이트와 산다면 집안일을 하고 함께 관리비를 내는 등등의 일을 꼭 해야 합니다. 그러나 혼자 살면 자기 자신을 건사하는 것만 책임지면 됩니다. 이것은 훨씬 편하고 부담이 덜 합니다. 바로 이러한 이유들로 저는 가족들과 함께 사는 것보다는 혼자 사는 것을 선호합니다.

📄 어휘_p.308 참조

Possible answer

P6_AS 16-2

❷ I choose to live with my family and there are some reasons. First of all, when you live with your family, [47]**you feel a sense of belonging and security.** Family is an important part of our lives and when you live with them, you feel more comfortable and protected. Additionally, [48]**my parents often take care of daily errands** such as cleaning the house and going for food shopping so it is really easy for me to live with my parents. If you **move out** and live alone, it is a big part of your monthly expenses so it will be very difficult for you to save money for your future. For the above reasons, I prefer to live with my family.

해석 저는 가족들과 함께 사는 것을 선택하며 몇 가지 이유들이 있습니다. 무엇보다도 가족들과 함께 살면 소속감과 안도감을 느낄 수 있습니다. 가족은 우리 삶에 있어서 매우 중요한 부분이며 그들과 함께 살면 더욱 편안하고 안전하게 느낍니다. 게다가 저희 부모님은 대개 집안 청소와 식품 장보기 등 매일의 자잘한 일들을 살피시고 그래서 저로서는 부모님과 함께 사는 것이 매우 편합니다. 만약 당신이 분가하여 혼자 살게 된다면 그것은 한 달 지출에 드는 비용이 크기 때문에 미래를 위해 저축하는 것이 힘들 겁니다. 위의 이유들로 인해서 저는 가족과 사는 것을 선호합니다.

📄 어휘_p.308 참조

명절 보내기, 가족과 또는 혼자?

Spending Holidays with Family or Alone

P6_AQ 17

TOEIC Speaking

Question 11 of 11

Directions: In this part of the test, you will give your opinion about a specific topic. Be sure to say as much as you can in the time allowed. You will have 15 seconds to prepare. Then you will have 60 seconds to speak.

Question: Some people think that it is important to have leisure time even during the biggest national holidays such as Korean Thanksgiving. Instead of celebrating the holiday with their families, some people choose to travel abroad for pleasure. Which one do you prefer to do and why?

RESPONSE TIME
00:00:60

Answer

Q.

Some people think that it is important to have leisure time even during the biggest national holidays such as Korean Thanksgiving. Instead of celebrating the holiday with their families, some people choose to travel abroad for pleasure. Which one do you prefer to do and why?

해석 어떤 사람들은 한국의 추석과 같은 큰 국가 명절에조차도 여가 시간을 보내는 것이 중요하다고 생각합니다. 가족과 함께 명절을 지내기 보다는 어떤 사람들은 즐거움을 위해 해외여행 가는 것을 선택합니다. 당신은 어느 쪽을 더 선호하나요? 그리고 그 이유는 무엇인가요?

My Answer

Part 6는 나만의 답변 구성이 무엇보다 중요하다. 문제에 대한 답변틀을 스스로 구성해보고 뒤에 이어지는 모범 답안과 비교하자. 모범답안은 적어도 5회씩 큰소리로 읽자.

서론

본론

결론

🔴 **Possible answer**

❶ I believe that during the biggest holidays such as Korean Thanksgiving and New Year's Day, people should follow the traditional culture and spend time with families. Traditional customs are still in existence for many reasons such as honoring ancestors and respecting the oldest members of the family. No matter what, I think these customs should be kept and followed. These are the ways to keep our traditions and have families gather. These holidays can be very tiring because of traveling long distances to one's hometown and preparing special dishes. However, from these experiences, we learn the importance of family and build stronger relationships with them.

해석 저는 한국의 추석과 설날과 같은 대명절에 사람들이 전통 문화를 따르고 가족들과 함께 시간을 보내야 한다고 생각합니다. 조상을 기리고 집안의 어르신을 공경하는 전통적인 관습은 많은 이유들로 인해 여전히 존재합니다. 뭐니 뭐니 해도 저는 이러한 전통들을 반드시 지키고 따라야 한다고 생각합니다. 이런 것들은 전통을 지키고 가족들을 한데 모이게 하는 방법입니다. 이러한 명절은 장기간의 귀경길과 명절 음식 준비로 인해 매우 피곤할 수 있습니다. 그러나 이러한 경험들로부터 우리는 가족의 중요성을 배우고 돈독한 가족 관계를 쌓을 수 있습니다.

📄 어휘_p.308–309 참조

🔴 **Possible answer**

❷ ⁴⁹**I'd rather spend time traveling abroad during the biggest holidays** such as Korean Thanksgiving and New Year's Day. First of all, these holidays tend to be longer and each of them normally lasts 3-5 days. This is a great opportunity to travel overseas and take a rest from work or school. Additionally, many travel agencies target these holidays and sell the tour packages at a reasonable price. ⁵⁰**That's why it is very hard to resist.** Secondly, every year I clean the house and help my mom cook traditional foods. ⁵¹**It is a great deal of physical work.** After the holidays, I feel more tired and less motivated to go back to work. For the above reasons, I prefer to travel abroad during the national holidays.

해석 저는 한국의 추석과 설날과 같은 대명절에 해외여행을 하며 보내는 것을 오히려 선호합니다. 무엇보다도 이러한 명절들은 꽤 긴 편이며 각 명절은 일반적으로 3일에서 5일까지 이어집니다. 이것은 해외를 여행하거나 직장 또는 학교를 벗어나 휴식을 취할 수 있는 좋은 기회입니다. 게다가 많은 여행사들은 이러한 명절을 겨냥하여 저렴한 가격에 많은 여행 상품들을 선보이고 있습니다. 이것이 바로 해외여행을 거부하기가 매우 힘든 이유입니다. 두 번째로, 매년 저는 집안을 청소하고 어머니가 전통 음식 만드는 일을 돕습니다. 이것은 상당한 육체 노동입니다. 저는 명절 이후에 더욱 피곤함을 느끼고 업무 등의 일상으로 돌아오고 싶은 의욕이 감소합니다. 위의 이유들을 통하여, 저는 명절에 해외여행을 하는 것을 선호합니다.

📄 어휘_p.309 참조

Topic **18**

온라인 강의 수강
Taking On-line Courses

🎧 P6_AQ 18

TOEIC Speaking

Question 11 of 11

Directions: In this part of the test, you will give your opinion about a specific topic. Be sure to say as much as you can in the time allowed. You will have 15 seconds to prepare. Then you will have 60 seconds to speak.

Question: Do you agree that it is beneficial for students to take on-line courses? Why or why not? Give specific reasons and details to support your answer.

RESPONSE TIME
00:00:60

Answer

Q.

 Do you agree that it is beneficial for students to take on-line courses? Why or why not? Give specific reasons and details to support your answer.

해석 온라인 강의 수강이 학생들에게 유익하다는 데 동의하나요? 동의하는 이유와 그렇지 않은 이유는 무엇입니까? 구체적인 이유들로 당신의 의견을 뒷받침하세요.

My Answer

 Part 6는 나만의 답변 구성이 무엇보다 중요하다. 문제에 대한 답변틀을 스스로 구성해보고 뒤에 이어지는 모범 답안과 비교하자. 모범답안은 적어도 5회씩 큰소리로 읽자.

서론

본론

결론

● Possible answer P6_AS 18-1

❶ I agree that it is beneficial for students to take on-line courses. There are some reasons. First of all, students can listen to on-line courses whenever they like. [52]**It** has a flexible schedule and also **saves time from traveling back and forth to an academy.** Students can study the course at their convenient time. Second, students can watch the on-line course repeatedly. This is a great way to review what they learned. It can also help them better remember the key point of each lesson. For these reasons, I prefer to take on-line courses.

해석 저는 온라인 강의 수강이 학생들에게 유익하다는 데 동의합니다. 거기에는 몇 가지 이유가 있습니다. 무엇보다도 학생들은 그들이 원하는 시간에는 언제라도 온라인 강의를 들을 수 있습니다. 온라인 강의는 융통성 있게 일정이 운용돼서 학원에 왔다 갔다 하는 시간을 절약할 수 있습니다. 학생들은 자신이 편할 때 언제든 강의를 들을 수 있습니다. 두 번째로, 학생들은 온라인 강의를 반복해서 볼 수 있습니다. 이것은 자신이 배운 것을 복습할 수 있는 좋은 방법입니다. 이것은 또한 그들이 강의 요점을 더 잘 기억할 수 있도록 도와줄 수 있습니다. 이러한 이유들로 저는 온라인 강의 수강을 선호합니다.

어휘_p.309 참조

● Possible answer P6_AS 18-2

❷ I disagree that on-line courses will benefit students for some reasons. First of all, it is very difficult to have discipline to study the on-line course. [53]**After signing up for the courses,** many students don't bother to log on to the website because they get very lazy. Second, during the study, it is so easy to get distracted. When students study alone at home, they can be easily bothered by SNS, text messages and phone calls. Simply, it is really hard to concentrate on the course and [54]**you end up giving up the study.** For these reasons, I don't prefer to take on-line courses.

해석 저는 몇 가지 이유 때문에 온라인 강의가 학생들에게 유익하다는 데 동의하지 않습니다. 무엇보다도, 온라인 강의는 공부하는 규율을 세우기가 매우 어렵습니다. 수업에 등록을 하고 난 뒤 많은 학생들이 매우 게을러지기 때문에 웹사이트에 신경 써서 로그인하지 않습니다. 두 번째로는, 공부를 하는 중에 정신이 산만해지가 쉽습니다. 학생들이 집에서 혼자 공부를 하면 SNS, 문자 메시지, 전화 통화로 쉽게 방해를 받을 수 있습니다. 즉 강의에 집중하기가 매우 어려우며 결국에는 공부를 포기하게 됩니다. 이러한 이유들로, 저는 온라인 강의 수강을 선호하지 않습니다.

어휘_p.309 참조

회식과 야유회 줄이기

Reducing Company Dinners and Outings

TOEIC Speaking

Question 11 of 11

Directions: In this part of the test, you will give your opinion about a specific topic. Be sure to say as much as you can in the time allowed. You will have 15 seconds to prepare. Then you will have 60 seconds to speak.

Question: These days, some companies are reducing the number of company dinners and outings. Do you agree or disagree with this move? Give specific reasons to support your ideas.

RESPONSE TIME
00:00:60

Answer

Q.

These days, some companies are reducing the number of company dinners and outings.
Do you agree or disagree with this move? Give specific reasons to support your ideas.

해석 요즘 어떤 회사는 회식이나 야유회를 줄여나갑니다. 이러한 경향에 동의하십니까, 동의하지 않으십니까? 구체적인 이유를 들어 당신의 생각을 뒷받침하세요.

My Answer

Part 6는 나만의 답변 구성이 무엇보다 중요하다. 문제에 대한 답변틀을 스스로 구성해보고 뒤에 이어지는 모범 답안과 비교하자. 모범답안은 적어도 5회씩 큰소리로 읽자.

서론

본론

결론

❶ I agree that companies should reduce the number of company outings and dinners. Simply, there are too many **unnecessary** company **gatherings** which create **tiredness** and **lack of** **motivation**. This can directly **affect productivity** at work. The day after company gatherings, people feel more tired and less **energized** to work. Also, [55]**it forces many people to drink alcohol** without considering their health. [56]**Many office workers suffer from diseases due to heavy drinking.** For the above reasons, I think companies should **put** more **efforts on** reducing the number of company outings.

해석 저는 기업들이 회사 야유회와 회식 횟수를 줄여야 한다는 데 동의합니다. 간단히 말해 피로를 유발하고 동기 부여가 되지 않는 불필요한 회사 모임이 너무 많습니다. 이것은 업무 생산성에 직접적으로 영향을 미칩니다. 회사 모임 후 다음 날에 사람들은 업무에 있어 더 피곤함을 느끼고 열의가 떨어집니다. 또한 회식 때문에 사람들이 건강을 생각하지 않고 억지로 술을 마십니다. 많은 직장인들이 과음으로 인한 질병 때문에 고생합니다. 위의 이유들 때문에 저는 기업들이 회사 모임 횟수를 줄이는 데 더 많은 노력을 기울여야 한다고 생각합니다.

📄 어휘_p.309 참조

❷ I don't believe that companies should reduce the number of gatherings such as dinners and outings. Here are the reasons to support my ideas. First of all, company gatherings are a great place to build stronger relationships with co-workers and **superiors**. At the gatherings people tend to **open up** and have **candid** conversations with each other. Secondly, you can feel a sense of belonging and **being part of** the team. At company gatherings, [57]**people can take advantage of the time to discuss any unsolved matters** or other important points in a more **relaxing** environment. For the above reasons, I think companies should continue to have company gatherings.

해석 저는 기업들이 회식과 야유회 같은 모임 횟수를 줄여야 한다고 생각하지 않습니다. 이러한 제 생각을 뒷받침할 몇 가지 이유들이 있습니다. 무엇보다도, 회사모임은 동료와 상급자 사이의 관계를 더욱 돈독히 쌓기에 정말 좋은 자리입니다. 모임에서 사람들은 마음을 열고 서로 솔직한 대화를 나누곤 합니다. 두 번째로는, 팀의 일원이라는 소속감을 느낄 수 있습니다. 회사 모임에서 사람들은 풀리지 않은 문제들이나 다른 중요한 사안에 대해 보다 편안한 분위기에서 토론하는 데 그 시간을 활용할 수 있습니다. 위의 이유들로 인해서 저는 기업들이 회사 모임을 계속해서 유지해야 한다고 생각합니다

📄 어휘_p.309 참조

Topic **20**

단체 여행
A Group Tour

🎧 P6_AQ 20

Directions: In this part of the test, you will give your opinion about a specific topic. Be sure to say as much as you can in the time allowed. You will have 15 seconds to prepare. Then you will have 60 seconds to speak.

Question: Do you agree that the best way to travel is in a group led by a tour guide? Give specific details to support your answer.

RESPONSE TIME
00:00:60

Answer

Q.

 Do you agree that the best way to travel is in a group led by a tour guide? Give specific details to support your answer.

해석 여행 가이드가 이끌어주는 그룹 여행이 가장 좋다는 데 동의하나요? 구체적인 예로 당신의 의견을 뒷받침하세요.

My Answer

Part 6는 나만의 답변 구성이 무엇보다 중요하다. 문제에 대한 답변틀을 스스로 구성해보고 뒤에 이어지는 모범 답안과 비교하자. 모범답안은 적어도 5회씩 큰소리로 읽자.

서론

본론

결론

🔴 Possible answer   🎧 P6_AS 20-1

❶ In my opinion, it is better to travel in a group led by a tour guide. There are some reasons to support my ideas. First of all, tour packages offered by a travel agency are well-planned including famous tourist attractions and popular restaurants. The tour itinerary normally comes with the most popular places to visit in the city so you won't miss anything. Secondly, with the tour guide, [58]**all you need to do is follow the tour guide** and have fun. When you travel alone, you need to plan everything from reserving a flight ticket to arranging a place to stay. This can be very tiring and troublesome. For the above reasons, I prefer to travel in a group led by a tour guide.

해석 제 의견으로는 여행 가이드와 함께 단체로 여행하는 것이 더욱 좋다고 생각합니다. 저의 의견을 지지하는 데에는 몇 가지 이유가 있습니다. 무엇보다도, 여행사가 제공하는 여행 상품은 관광명소와 맛집들을 포함하여 체계적으로 짜여 있습니다. 여행 일정은 일반적으로 절대 놓치면 안 되는, 그 도시에서 가장 유명한 방문 장소들로 이루어져 있습니다. 두 번째로, 여행 가이드와 함께 다니면 당신은 가이드를 따라다니며 즐기기만 하면 됩니다. 혼자 여행을 하게 되면, 비행기표를 예약하기부터 숙소 선정까지 모든 계획을 짜야 합니다. 이것은 매우 지치고 문제가 많아질 수 있습니다. 위의 이유들로 인해 저는 여행 가이드으 인솔에 따르는 단체 여행을 선호합니다.

📄 어휘_p.309 참조

🔴 Possible answer   🎧 P6_AS 20-2

❷ I prefer to travel with my friends or alone, not in a group led by a tour guide. There are some reasons to support my ideas. When I travel with a tour guide, the travel schedule comes with [59]**the places that I am not interested in.** Because it is a fixed itinerary, [60]**I have no choice but to follow the schedule.** I often feel it's a waste of time and money. That's why I like to make my own schedule and travel around based on my own interests. Second, tour packages always include shopping at expensive department stores or shops. Sometimes, I feel pressed to buy things from the tour guide and it is a very unpleasant experience. For the above reasons, I prefer to travel alone without a tour guide.

해석 저는 여행 가이드가 인솔하는 단체 여행이 아니라 친구들과 혹은 혼자서 여행하는 편을 선호합니다. 이러한 의견을 지지하는 데에는 몇 가지 이유가 있습니다. 여행 가이드와 여행할 때, 제가 흥미를 느끼지 않는 장소들이 여행 일정에 포함됩니다. 고정된 일정이기 때문에 저는 그 일정을 따를 수밖에 없습니다. 저는 보통 그것이 시간과 돈 낭비라고 느껴집니다. 이것이 바로 제가 저만의 흥미에 기초하여 제 나름의 일정을 짜 여행하기를 좋아하는 이유입니다. 두 번째로는, 여행 상품에는 항상 가격이 비싼 백화점이나 상점 쇼핑이 포함됩니다. 때때로 저는 여행 가이드가 무언가를 사라고 부담을 주는 걸 느끼고 이것은 매우 달갑지 않은 경험입니다. 저는 위의 이유들로 인하여 여행 가이드 없이 혼자 여행하는 것을 선호합니다.

📄 어휘_p.309 참조

김대균이 자신있게 권한다

토익 고득점의 비결은 가장 좋은 문제를
가장 많이 풀어보는 것이다!

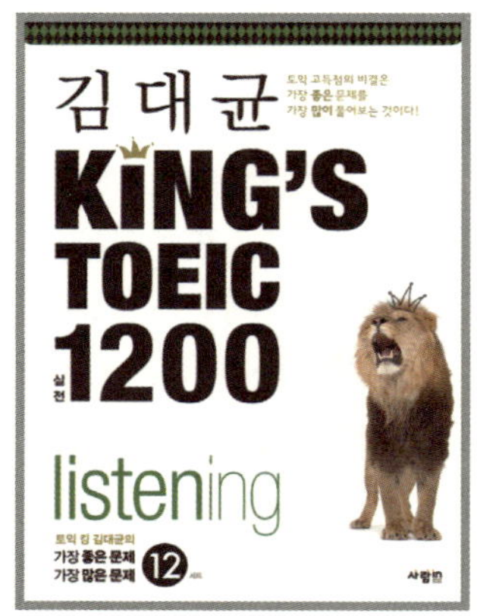

김대균 저 | 4x6배판 | 304쪽 | 14,000원

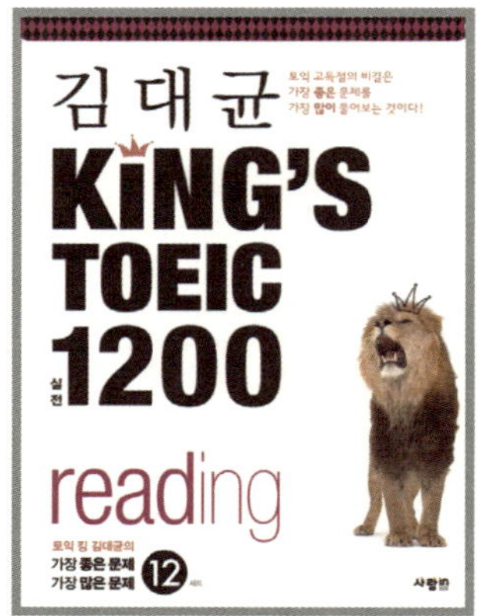

김대균 저 | 4x6배판 | 392쪽 | 14,000원

토익 킹 김대균의 비법은 어느 날 갑자기 얻어진 것이 아니다. 그의 비법은 그가
무수히 많은 시험을 보며 얻은 통계의 결과일 뿐 어느 날 하늘에서 떨어진 비법이
아니다. 그의 토익 답이 보이는 강의는 매번 토익 시험을 치루며 새로운 경향을
따라가고 학생들에게 전달하며 얻은 결과이다.

그 결과물이 KING'S TOEIC 실전 1200이며 이제 김대균의 현장 강의를 책으로
볼 수 있다.

LC	**RC**
Actual Test 12회분으로 실전 완벽 대비	Actual Test 12회분으로 실전 완벽 대비
모든 문제 스크립트 수록	모든 지문 해석 다운로드
점수대별 학습 플랜과 문제 풀이 전략	점수대별 학습 플랜과 문제 풀이 전략
토익 스터디 학습 방법 공개	토익 스터디 학습 방법 공개
Actual Test 및 복습용 MP3 파일 무료제공	

토익 킹 김대균의 실전 현장 강의

최신 경향의 가장 좋은 문제, 가장 많은 문제,
차원이 다른 답이 보이는 해설

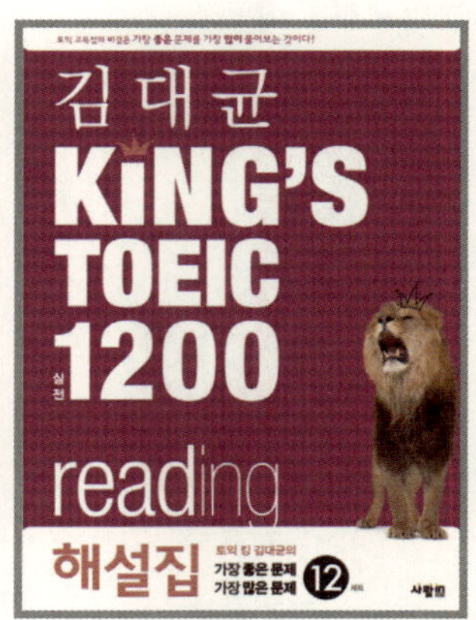

김대균 저 | 4x6배판 | 468쪽 | 16,800원　　　　김대균 저 | 4x6배판 | 616쪽 | 19,800원

지금의 토익은 138~140번에는 어려운 어휘나 새로운 표현이 나온다.

매번 새롭게 출제된다.

파트 7은 길어지고 있다.

리스닝 속도는 빨라진다.

따라서 이것을 반영하여 학습자의 실력을 키워주는 것이 좋은 문제집이다.
거기에 더 좋은 문제집이 되기 위해서는 앞으로 나올 문제도 필수적으로 포함해야 한다!
이 책이 바로 이 모든 것을 반영한 더 좋은 문제집과 해설집이라고 확신한다. 거기에 더
하여　YBM 종로 E4U 실전반 수강생에게 실제 문제를 풀어보게 하여 난이도를 하나
하나 물어 문제에 표시한 것도 이 책만이 가진 특징이다.
이 문제집을 단계별로 풀어보고 해설서를 이용해 반복하여 정리하면
반드시 좋은 결과가 있을 것이다.

토익은 토익만의 법칙이 있습니다

법칙만 알면 답은 쉽게 보입니다

토익은 기본기가 중요합니다

기본기만 탄탄하면 점수는 쑥쑥 올라갑니다

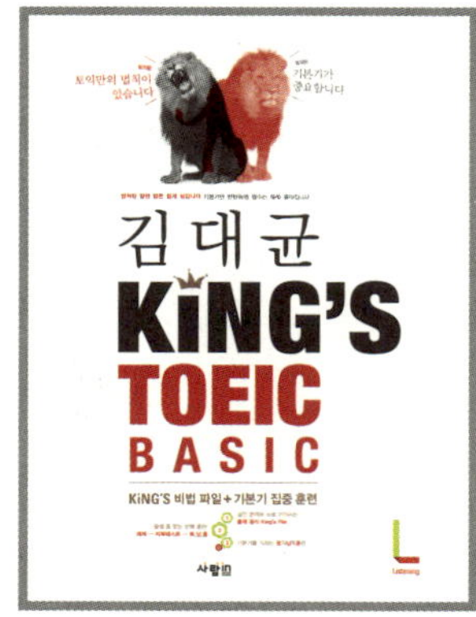

김대균 저 | 4x6배판 | 608쪽 | 17,800원

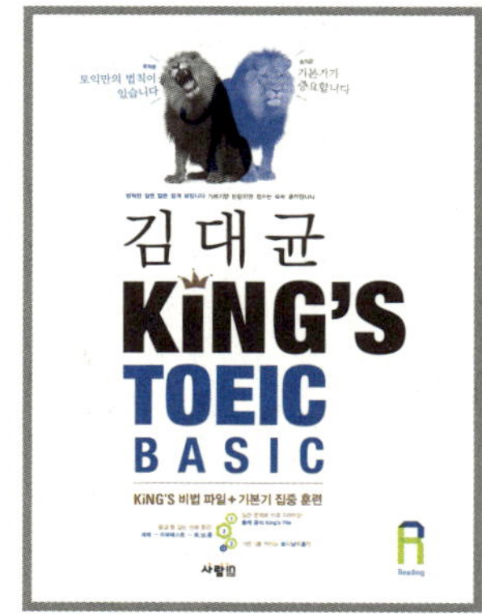

김대균 저 | 4x6배판 | 700쪽 | 17,800원

TOEIC 시험에서 가장 출제 빈도가 높은 기본 출제 유형만 총집합시켜 놓은 Basic 수험서. 파트별 문제 유형을 한 번에 정리할 수 있는 김대균의 King's File로 분류되어 있어 자신의 취약점을 찾아 집중적으로 학습하기에 용이하다. 기본 문제를 빠짐 없이 풀어본 후, 〈토익 낭독 훈련북〉을 통해 앞서 풀어본 문제들을 한 문장 한 문장 완전히 내 것으로 소화시키도록 해준다. King's File 별 예제→Practice&Review→토익낭독훈련으로 이어지는 물 샐 틈 없는 반복 훈련으로 토익의 기본기를 확실히 다지도록 이끈다.

[교재 구성]

LC　1 출제 유형을 샅샅이 파헤친 본 교재
　　　2 문제에 등장한 문장을 완전히 내 것으로 만드는 토익 낭독 훈련북(책 속의 책)
　　　3 LC MP3 CD 1

RC　1 출제 유형을 샅샅이 파헤친 본 교재
　　　2 문제에 등장한 문장을 완전히 내 것으로 만드는 토익 낭독 훈련북(책 속의 책)

혹독훈련

TOEIC
Speaking

Part 356
혹독훈련